邓广铭宋史人物书系

辛弃疾传
辛稼轩年谱

邓广铭 著

生活·讀書·新知 三联书店

Copyright © 2017 by SDX Joint Publishing Company.
All Rights Reserved.
本作品版权由生活·读书·新知三联书店所有。
未经许可，不得翻印。

图书在版编目（CIP）数据

辛弃疾传·辛稼轩年谱/邓广铭著.—北京：生活·
读书·新知三联书店，2017.3（2025.3 重印）
（邓广铭宋史人物书系）
ISBN 978-7-108-05885-0

Ⅰ.①辛… Ⅱ.①邓… Ⅲ.①辛弃疾（1140—1207）-
传记 ②辛弃疾（1140—1207）-年谱 Ⅳ.① K825.6

中国版本图书馆 CIP 数据核字（2017）第 013742 号

特邀编辑	孙晓林
责任编辑	冯金红
装帧设计	宁成春
责任印制	董 欢
出版发行	生活·讀書·新知 三联书店
	（北京市东城区美术馆东街 22 号 100010）
网　　址	www.sdxjpc.com
经　　销	新华书店
印　　刷	河北鹏润印刷有限公司
版　　次	2017 年 3 月北京第 1 版
	2025 年 3 月北京第 10 次印刷
开　　本	889 毫米 × 1194 毫米　1/32　印张 9.625
字　　数	235 千字
印　　数	28,001-31,000 册
定　　价	59.00 元

（印装查询：01064002715；邮购查询：01084010542）

1952年作者在北京东厂胡同1号书斋内

稼軒長短句卷之一

哨遍

秋水觀

蝸角鬭爭左觸右蠻一戰連千里君試思方寸此心微總虛空并包無際喻此理言泰山毫末從來天地一稊米嗟小大相言鳩鵬自樂之二蟲又何知記跖行仁義孔丘非更殤樂長年老彭悲火鼠論寒氷蠶語熟之誰同異嘆貴賤隨時連城璧

国家图书馆藏元大德三年广信书院刻本《稼轩长短句》书影

辛弃疾手迹《去国帖》

不同版本的《辛弃疾传》《辛稼轩年谱》

目　录

辛弃疾传

一　12 世纪 20 年代的大事变 …………………………… 003
   1. 金的兴起和辽的灭亡 ………………………………… 003
   2. 宋金的交涉。金兵的南侵 …………………………… 004
   3. 大地主们往南逃，广大人民在斗争 ………………… 005
   4. 女真侵略者扑灭河北、山东的忠义民兵 …………… 007

二　12 世纪中叶宋金两国间的斗争 …………………… 010
   1. 从伪齐傀儡政权的出现到它的被取消 ……………… 010
   2. 岳飞的抗金斗争。赵构、秦桧的对金投降 ………… 011
   3. 屯田军进驻中原。完颜亮迁都燕京 ………………… 012
   4. 女真侵略者掠夺华北农田和欺压华北人民的罪行 … 013
   5. 完颜亮的南侵。华北人民群起反抗金的统治 ……… 014

三　起义以前的辛弃疾 ………………………………… 017
   1. 少年英俊 ……………………………………………… 017
   2. 两次燕京之行 ………………………………………… 018

四 起义军中的"掌书记" …… 020
1. 追擒叛徒义端和尚 …… 020
2. "决策南向" …… 021
3. 缚取叛徒张安国 …… 023

五 南归后的最初十年 …… 025
1. 宋兵在符离的溃败 …… 025
2. "御戎十论"(即"美芹十论") …… 026
3. 歌词创作活动的开始 …… 028
4. 作"九议"上宰相虞允文 …… 029
5. 上疏论严守淮南的必要和可能 …… 032

六 在滁州知州任上 …… 035
1. 当时的滁州 …… 035
2. 多方面的兴建工作 …… 036

七 扑灭了赖文政领导的茶商军 …… 039
1. 贩卖私茶的行帮是怎样产生的 …… 039
2. 以赖文政为首的茶商军的起事 …… 040
3. 辛弃疾把茶商军扑灭了 …… 042

八 一个认真负责、奋发有为的封疆大吏 …… 045
1. "二年历遍楚山川" …… 045
2. 一道申诉民间疾苦的奏章 …… 046
3. 整顿湖南乡社。建置湖南飞虎军 …… 048
4. 在隆兴府举办荒政 …… 052

九　信州十年的闲退生涯 055
　　1."带湖买得新风月" 055
　　2.心情上的矛盾 057
　　3.借歌词为"陶写之具" 058
　　4.陈亮的来访 063
　　5.异军特起的稼轩词 068

一〇　从"起废为监司"到再被废黜 071
　　1.任福建提点刑狱一年 071
　　2.论奏长江上游的军事防御布置 075
　　3.任福建安抚使一年 075

一一　又是整整八年的闲退生涯 078
　　1."使世相忘却自难" 078
　　2.移居铅山县的期思市 080
　　3."庆元党禁"和朱熹之死 082

一二　晚年的用舍行藏 085
　　1.起帅浙东 085
　　2.金国的情况 086
　　3.辛弃疾对金国军事情况进行侦察 088
　　4.陆放翁的送行诗 089
　　5.论奏金国必乱必亡,愿属元老大臣预为应变计 090
　　6.在镇江知府任上 093
　　7.赍志以殁 096

后　　记 098

辛稼轩年谱

增订辛稼轩年谱题记 105
编　例 109
世　系 111
辛稼轩年谱 112
稼轩后裔 276
附　录 280

编　后 .... 邓小南　292

辛弃疾传

一 12世纪20年代的大事变

1. 金的兴起和辽的灭亡

由于北宋末年以宋徽宗赵佶为首的最高统治集团的腐朽昏暴，使得北宋辖境之内的阶级矛盾日趋激化。这班昏愦糊涂的统治者们为了转移人民的视线，竟打算发动一场战争。他们知道在辽国的东北方有一个女真族崛兴起来，建立了金国，和辽国作战，连续打败辽的大军，占领辽的领土。他们料想，辽国必然招架不住了，如果趁这机会和女真族联合起来，从南北双方夹攻辽国，辽国必然灭亡，这样便可把石敬瑭割归辽国的燕、云十六州之地一齐收复。而在赢得这次战功之后，也就可以提高对国内人民的镇压的威望。

有了这样的估计和意图之后，这班荒唐鬼果然就这样办了。他们在1118到1120这几年内曾几次派人由海道到金国去，商议和金人夹攻辽国的事。就在1120年，紧接在宋金双方订立了夹攻辽国的盟约之后，宋江和方腊所领导的农民起义相继在黄河下游和浙水沿岸爆发了。

到1122年春间，南北两支起义军全已被镇压下去，北宋政府便出动了二十万以上的军队，并且把刚被击溃的散在北方各地的农民武装也一齐收编进去，开赴攻打辽国燕京的前线。

北宋最高统治集团把算盘打错了。首先是对敌我力量的估计全都大错：辽国的兵力在对金作战时虽是每战必败，到迎击北宋的军队时，只出动了原来驻守燕京的一部分兵力，在1122年却两次大败宋军。在吃了两次败仗之后，北宋的皇帝和将相全都放弃了攻取燕京的念头，便暗中派人去请金人由居庸关进军，攻打燕京。金人在进入居庸关后，竟是毫不费力地把燕京攻占了。

到燕京被金人攻占之后，辽国在事实上便已灭亡，它的全部境土已全为金人所占领了。

2．宋金的交涉。金兵的南侵

北宋自建国以来就处在辽国的威逼之下，到这时，辽国是灭亡了，代之而兴的金国，比之辽国却更为落后，对北宋说来，是一个更难和平相处的国家。这是因为建立了金国的女真族，这时候还处在奴隶制社会的低级阶段，即家长奴隶制的阶段，掠夺和杀伐乃是它的习性之故。

北宋的最高统治集团，不知道赶紧去聚集力量从事卫国保民，却妄想与虎谋皮，和金人提出交涉：北宋前此出兵未能夺取到的燕云十六州的土地和人民，要金国一一交割给北宋。

金国的统治者在最初还没有摸清北宋军政力量的虚实，所以当北宋提出如上的要求时，便以北宋每年交付银二十万两、绢三十万匹、铜钱一百万贯为代价，把燕京及其附近六个州的地方让归北宋所有。由于双方交涉时使命往返的频繁，没有多久，金人对北宋的文恬武嬉的情况就全已洞悉了，到1125年冬，金人便从现今的河北省和山西省两路出兵，要去攻打北宋的首都开封了。

赵佶听到金兵南下的消息之后，不敢亲自担当抵抗敌人的工作，便急忙传位给他的儿子赵桓（死后称为钦宗）。

西路的金兵，受到山西人民和北宋驻守太原军队的牵制，长时期不能前进，只有东路金兵在1126年春渡河包围了开封，并向北宋政府提出两项要求：一是要北宋政府偿付金人极大数量的军费，二是要北宋政府把太原、中山（今河北省定县）、河间（今河北省河间县）三镇和这三镇所辖境土全部割让给金国。

当金兵南下的消息传到各地的时候，不但驻守陕西的军队因接到北宋政府的命令而急急前去救援开封，各地的乡兵和人民也自动组织起来向开封集中。这些军队陆续到达开封城下，也陆续给予敌人一些打击。金兵这次是长驱直入的，黄河北岸的一些重要城镇还都是宋兵驻守着，他们也很可能出而阻截住金兵的归路。女真统帅既怀着这样的顾虑，开封城外的侵略军又受到宋方人民军队和政府军队的打击，他们便在暗地里考虑尽早从开封撤退的事了。那般昏庸而又怯懦的北宋最高统治集团对这一形势却又是缺乏正确估计的，已经是金兵撤退的前夕了，他们却答应了金人的赔款割地的全部要求！

北宋政府虽然要把河北、河东（今山西省）等三镇的土地和人民出卖给金国，这三镇的人民却不甘心落入女真族的奴役之下。因而，女真侵略军在北归之后，并不能凭靠北宋政府的卖国约言而劫取到三镇的土地和人民。这就只有再向北宋的卖国政府加强军事的压力。而西路金兵也已于这年九月把太原攻陷，于是，就在1126年的冬天，东西两路金兵又一齐南下，攻破开封，把北宋的新皇帝和老皇帝一齐扣押在兵营当中，通过宋廷大臣中的一些败类，尽量把各个府库中的以及官户民户的金银币帛加以搜刮。1127年的四月，挈带着这两个赵姓皇帝和几千名皇亲贵族，盘载着几千车金银财货，北归金国了。

3. 大地主们往南逃，广大人民在斗争

在金国的侵略兵马南下的时候，首先遭受到它的焚杀劫掠的惨祸的，是河东、河北的人民。豪绅大地主阶级中的一部分人，都纷纷逃奔，迁徙到暂时还没有战祸的地方，有的更远远地迁徙到江

淮流域的一些州县中去避难。大量的劳动人民却留恋着自己的乡土，不但不肯迁徙到别的地方去，而且要出死力保卫自己的家乡，不使它被女真兵马所蹂躏，所占据。他们自动地结合起来，靠山的到山中结寨，靠水的到水旁结寨，千方百计地给予女真兵马一次一次的打击。单就在河东地区的活动来说，不但能够长期地把西路金兵牵制在太原城下，有一次且几乎包抄了西路金兵统帅粘罕的大营。

黄河北岸的相州（今河南省安阳县）和磁州（今河北省磁县）一带，也出现了无数支忠义民兵的组织。他们分别邀击女真兵马，碰到北宋政府派往金国去商谈丧权辱国条件的使臣，也一律截留，或者简直就把这样的卖国使臣杀掉。例如，在磁州的民兵查明王云的出使是要去出卖祖国的，因而激起了义愤，立即宣布了他的罪状，杀掉了他❶。

被围在开封城内的赵桓，也常常听到河东、河北忠义民兵打击女真侵略者的一些消息❷。从赵姓皇室的立场看来，这样的一些消息是使他们感到"一则以喜，一则以惧"的：其所以可喜，是金国兵马在受到各地忠义民兵的打击之后可能即解开封之围而去；其所以可惧，是这些忠义民兵很可能在打击金国侵略者的过程当中日益壮大起来，果真如此，则在打退金国兵马之后，赵姓皇室的统治权也未必不被推翻。为求赵姓统治权之不致因此而失坠，赵桓便派人缒城而出，送一封蜡丸密信给当时正在相州的他的九弟——康王赵构，任命他为河北兵马大元帅，把河东、河北以及其他各地的忠义民兵和政府军队都放在他的统帅之下，要他去救援开封。

赵构的怯懦是不亚于赵姓皇室中的任何一人的。他受命为河

---

❶ 此据《宗泽遗事》，见《宗忠简公集》卷七。
❷ 见李心传《建炎以来系年要录》卷一夹注中所引赵甡之《遗史》和洪迈的奏疏。

北兵马大元帅之后，并不敢把打击侵略者的领导责任承担起来，还照旧躲躲闪闪地转徙于黄河以北的地区。直到女真侵略者颠覆了北宋的政权，俘虏了赵佶、赵桓以及赵姓皇亲贵族和朝廷大臣男女共几千人，撤离开封北归之后，赵构才绕道到河南的应天府去登上皇帝之位，而对于广大人民所属望于他的，抗拒敌人和卫国保民的工作，却依然是不敢承担起来。他所日夜考虑的，只是如何能尽早从敌人兵马威胁下的中原之地逃脱开，如何能尽早逃向东南的繁华城市去尽情享乐一番，以及诸如此类的一些问题。到1127年十月，赵构便带领着他新组成的小朝廷的全班人马逃向扬州去了。

4.女真侵略者扑灭河北、山东的忠义民兵

赵构从应天府更向东南逃跑，这表明，他是情愿把黄河以北的土地和人民奉送给敌人了，然而这时黄河北岸忠义民兵对敌人的斗争却正在剧烈展开。敌人抽调河北的壮丁去当兵，要河北的汉族人民都薙发垂辫，改穿女真人的服装，又常常捕捉大量的劳动人民到东北或西北境外去出卖或换易马匹。每有一次这类的罪行和罪恶命令，便使得河北人民抗敌斗争的情绪更为激化一番，投入斗争中的人数也在成千成万地增多着❶。在太行山的东麓，先后曾形成了好几支声势极为壮大的队伍。例如，在庆源府（今河北省赵县）的五马山有马扩和一个冒牌的信王赵榛等人领导下的上十万人的一支，在共城县（今河南省辉县）有王彦领导下的将近十万人的一支。协助地方官吏坚守州县城的更是所在皆是。

宋廷的南迁既等于表示情愿放弃黄河以北的土地和人民，女真侵略者便也进一步想把河北、山东之地攫为己有，遂把全副军事力量集中在这一区域，向各处的忠义民兵进行其残酷的扫荡工作。

---

❶ 据张汇的《金虏节要》，见《三朝北盟会编》卷一九七。

金国的兵马首先向太行山麓那些忠义民兵的营寨进发。民兵营寨的人数虽已愈聚愈多，然而枪仗和器甲却是非常短缺的，粮食、衣物和金钱的来源也全不充畅。在组织、领导和物资的接济等方面，全急需宋廷的最高统治者们作通盘的筹措和大力的支援，各营寨的首领们也接连不断地向宋廷呼吁，然而宋廷的君臣却是些毫无良心的极端自私自利之徒，他们只是担心到：如果是真的信王赵榛被民兵们拥戴起来，则在稍有成功之后，必将成为赵构的皇位的争夺者，因而对于这些艰苦抗战的人民武装，宁愿其尽快被敌人扑灭，对于他们的呼吁遂都置若罔闻。因此，几个声势最为雄壮的民兵营寨，在1128年内便相继被侵略者的大军所击破。

在太行山麓的忠义民兵营寨被击破之后，金国酋帅粘罕、挞懒等人便合兵去攻打河北和山东的一些重要州城和县城。

从五马山寨撤退了的马扩，这时正在山东馆陶县境聚集义兵，挞懒的兵马在攻陷冀州之后立即移师到博州（今山东省聊城县），乘马扩率军进驻清平县城尚未安定之际，便去加以袭击，再一次把马扩的军队打败。

在这同时，粘罕又亲自领兵去包围濮州。濮州是个小郡，粘罕初到即有轻视之意。驻守濮州的将官姚端知其如此，便乘其不备，于夜间率众去偷袭粘罕的军营，粘罕赤足而逃，险些儿被姚端所俘获❶。粘罕老羞成怒，便更用力围攻。城中军民在坚守了一个多月之后，精疲力竭，终于被金人攻陷了。由于怀恨姚端的夜袭，金人在城破之后，对于城中的居民，不分"少长良贱"，大肆屠杀，对于城中的房舍，也放火一律烧光❷。

当金兵去围攻澶州的时候，也遭受到城中军民的顽强抵抗。到攻陷之后，也把城中居民悉数屠杀，连一个婴儿也没有留下。十

---

❶ 见徐梦莘《三朝北盟会编》卷一一八，建炎二年十月十二日记事。
❷ 同上书卷一一九，建炎二年十一月十五日记事。

几年后有人从外乡回到澶州，在全城之中竟找不到一户旧有的居民❶。

此后西起相州，北至沧州，中经大名府，东经东平而至济南、淄州、青州、潍州等地，在1129年内先后全都陷入金人手中。

在攻陷东平府后，金国兵马的主力便指向宋廷所在的扬州。1129年春初即攻下徐州，长驱而南。赵构于二月初从扬州仓皇渡江，逃往杭州。在此以后，淮水以北的各个州县，包括开封和应天府在内，或则经由金人的攻打，或则出于宋方守臣的自动放弃，都已相继被金兵占据。因而也就在1129这一年内，宋国和金国在事实上已等于是划淮为界了。

---

❶ 见徐梦莘《三朝北盟会编》卷一一九，建炎二年十一月十五日记事。

二　12世纪中叶宋金两国间的斗争

1. 从伪齐傀儡政权的出现到它的被取消

金国在1122年刚把辽的全部境土吞并，在1127年的年初又把北宋灭亡，其后又以不满两年的工夫而伸展其势力直到淮水北岸。这一系列的军事进展，实在是过于快了一些。从金国的统治者看来，也觉得他们的政治力量还远远落在军事实力之后。如果就把北起松花江、南达淮水北岸的这一广大地区都放在这一政权的直接统治之下，这是连金国的统治者也有茫然无从措手之感的。而何况，中原以及华北地区的汉族人民还到处在从事武装反抗，军马铁蹄的扫荡既还不能镇压得住，想从事政治上的统治，自然更感棘手。

既有这样一些顾虑，金国的统治者便在1130年册立宋方降臣刘豫为齐国皇帝，把陕西、淮北、山东和河北（大名以南）之地都划归这一傀儡政权去统治。他们希望采用这种间接统治的办法，一方面可使这一区域的汉族人民对女真统治者的斗争稍稍缓和一些，另一方面可使伪齐政权编成一支力量不太强大的汉族军队去抵制南宋，则金国的全部军事和政治力量，便都可用在加强对直接统治区域内的各族人民的镇压工作上去了。

在此后的几年之内，在杭州安顿下来的南宋政权的军政实力逐渐加强，抗战派人物的主张，在极大多数具有民族意识的士大夫和各阶层民户的支持之下，迫使南宋政府不能不勉强俯从。一遇到南宋军队积极抗战，伪齐傀儡政权自问非其本身力量所能招架得住，便急忙向金国乞求出兵为援，这使得金国统治者颇感到一些厌烦。而在对于伪齐境内人民的勒索方面，傀儡们虽已竭尽其敲剥的能事，却也始终不能满足其女真主子们的贪欲。1137年，金国最高统治集团内部发生了一次政变，挞懒一派人代替粘罕掌握了大权。几年以来，在对山东民户的搜刮方面，伪齐和挞懒之间是存在着很大的矛盾的，在挞懒掌握了金朝的大权之后，便明令废掉刘豫，并且把伪齐政权取消了。

2. 岳飞的抗金斗争。赵构、秦桧的对金投降

挞懒一派不但废掉了伪齐政权，还想进一步从政治上对南宋作诱降之计。在伪齐政权既废之后，金国向南宋提议，如果南宋肯作金的藩属，像前此伪齐之对于金国那样，则金国情愿把河南和陕西之地"赐还"给南宋。南宋这时正是卖国贼秦桧独揽大权的时候，在此以前他和赵构一直苦于要投降而不可得，现既得到金方的这等提议，他们当然要不顾一切地应承下来。却不料，当双方正在办理"交割"手续之际，金国又发生了政变，挞懒一派被推翻，兀朮一派继起当权。于是，金和南宋前此所谈条件也全被推翻，而且在1140年春夏间，兀朮又带领兵马大举南侵了。

南侵的金军首先在顺昌（今安徽省阜阳县）城下被宋将刘锜打得大败，紧接着便是岳飞由鄂州（今湖北省武昌）进军北上抗金，在郾城和颍昌（今河南省许昌县）几次打败了兀朮的主力，而岳家军的先锋部队且更北上而克复了郑州，西上而克复了洛阳。河东、河北境内的忠义民兵也在敌后大为活跃起来，切断敌人的补给线，要迎接岳家军渡河北上，直捣幽、燕。

正当岳家军节节胜利，使得兀朮已经惊惶战栗、准备从河南

撤师北返的时候，秦桧和赵构竟也同样地惊惶战栗起来了。他们害怕岳飞在战场上建立了大功，不受朝廷的制驭；他们又害怕河东、河北境内的忠义民兵在和岳家军合力战斗中壮大起来，成为南宋政权的威胁。因此，他们便从各个战线上把宋军撤回，使得岳家军深陷在敌军从正侧两面夹击的情况当中，处在如不班师便要丧师的情境之下，岳家军终于不能不放弃它的所有战果而撤回到鄂州去了。

1141年赵构和秦桧几次派人到兀朮的军营中去进行卖国的谈判，无耻地向敌人表示态度说，如果对方不再以兵戎来临，肯让南宋小朝廷在东南半壁存在下去，不论对方索取任何代价，都是在所不惜的。于是，到这一年的冬季，双方便订立了"盟约"：南宋向金国世世称臣，并且把东起淮水中流、西至大散关（今陕西省宝鸡县西南）以北之地，一齐划作金国的属地了。

3. 屯田军进驻中原。完颜亮迁都燕京

金国在1130年就已经侵占了淮水北岸以及陕西五路之地，然而汉族人民的反抗斗争始终是此仆彼起，使女真统治者在这一区域不能顺利进行其统治，而且南宋的军事实力也在日益坚强壮大之中，随时都有进军中原的可能。因此，在当时，对于究应采取什么方式对华北以至中原地带进行其控制和统治的问题，金国的统治者一直还是处在举棋不定的状态之中。也因此，金国的首都一直还是放在僻远的会宁府（故址在今黑龙江省阿城县南之白城），他们长时期不敢考虑到迁都的事。

在南宋政府的卖国集团正式把淮北和陕西地区出卖给金国之后，金国的统治者便把迁都华北的问题放在议程之上了。

作为迁都的先决条件，是先要把华北以至淮北的社会秩序搞得"安定"一些。在"盟约"订立前后，金国便开始实行一种用屯

田军驻防的办法。屯田军以女真族人为主要组成人员，也包括奚、契丹等族的人员在内。他们从东北迁徙到大河南北，在各地的村落之间建筑堡垒，群居其内。为数如在几十户以上，便设置百户长，如在几百户以上便设置千户长，以相统辖。堡垒棋布星列，屯田军户便也和汉族百姓杂处。这一举措的意图是：把汉族人民全放在他们的监视之下，使汉族人民不可能起而"图谋不轨"。每个屯田军人都是挈带全家同行的，在到了驻防地区之后，由政府计其户口，收夺当地的上好民田分配给他们。

到1149年完颜亮杀掉金熙宗而自即帝位之后，更迫不及待地派遣人员去增广燕京的旧城，营建了一些殿廷和宫室，到1153年便明令宣布以燕京为首都了。

4. 女真侵略者掠夺华北农田和欺压华北人民的罪行

完颜亮迁都燕京之后，更大量地把女真族人编成屯田军，一批接连一批地向华北和中原地带移徙。从燕京以南到淮、陇以北，单是设置千户府的地方已有一百三十多处，单是屯田军的人数（不包括其家口）已有五六万人之多了。

在把屯田军大量内徙的同时，金政府更派出了大量的官员到各个准备安置屯田军的地方，名义上是去检查"官田"、"荒闲牧地"、"逃绝户地"和僧尼道士所占有的土地，把这样一些土地分授给屯田军。事实上，这般官员所到之处，并不真去检查什么"官田"、"牧田"、"荒田"之类，而是专门挑选大片的最肥沃的土地，不问其原来归谁所有，都强行收夺，整片地拨归屯田军。不但地面上原有的汉人坟墓井灶之类全都由他们任意铲毁，连汉人所养的牛马杂畜和所有的农作工具或家具之类，也被他们任意掠夺。原业主缴验凭证或提出交涉，概不受理。即使某地区所拨土地过多，在分配给屯田户以后还有剩余，也绝不再把剩余土地归还原来的业主。

女真族的贵族和权要之家，也凭借其政治力量在这些地区大事侵夺，有一家而占地八百顷的，有全家每口人平均占地三十顷的。

不论是女真贵族或屯田军，对于所霸占的土地，不但不亲去耕种，连耕耘收获的事也根本不去注意。他们有的把土地交给自己的奴隶去耕种，但绝大多数则是强制租佃给当地的汉人去耕种，而令其缴纳租课，有的甚至令其预缴两三年的租课。

女真侵略者这样一些罪恶的掠夺行为，使得中原和华北地区的汉人，除掉极少数甘愿作女真统治者的帮凶和奴才而外，不论哪一阶层，都对这般侵略者怀有深切的仇恨。因而，不但原来忠义民兵的山水寨中总是此仆彼起、相连不断地聚结着一些武装反抗力量，而且随时随地，特别是每逢女真侵略者向当地汉人加派一些兵役、徭役或无名苛敛的时候，总激使汉族人民爆发一些规模大小不同的反抗女真统治的斗争。

这就是说，在残暴落后的女真侵略者统治下的华北和中原地区之内，民族矛盾和阶级矛盾已经完全交织在一起，而且已在日益汹涌激剧之中了。

5. 完颜亮的南侵。华北人民群起反抗金的统治

完颜亮迁都燕京的用意，不只是要加强对于华北和中原地区汉族人民的镇压力量，而且还要继续对南宋进行军事的侵略，希图把南宋政权根本消灭。因此，在他迁都燕京之后，即又着手经营开封，而且签发中原的壮丁，征调民间所有的马匹，并把军队向黄河以南集中，从种种方面为其军事侵略进行具体的准备。1161年夏，完颜亮认为准备工作已经完成，便把金政府再由燕京迁到开

封。到这年九月，便以号称六十万的兵马，分为四路，大举南犯了。

由于完颜亮在出兵之前对华北和中原汉族人民的勒索更加苛扰，遂致在他出兵的同时，在潼关以东和淮水以北的反金武装也风起云涌，有的攻占城镇，有的保聚于山泽之间。只要有几十人凑拢在一起，便必然要设法给予女真侵略者以打击。

这时驻守大名府的女真屯田军万余人，在千户长完颜福寿的统领之下逃回辽东去了。接着，在大名地区之内，有一个人名叫王友直，起来号召群众对女真统治者进行武装反抗，起事不久便聚众十多万人。

在海州，这时有魏胜领导的起义，在胶东，有开赵领导的起义，每人所领导的群众也都是十多万人。

济南府有一个名叫耿京的农民，在女真统治者的横征暴敛之下不能生活，也在这时结合了李铁枪等六七人共同起事，在聚集了几十人后便攻占了莱芜和泰安两个县城。其后起义军的人数飞跃发展，在极短时期内，便发展到二十万人以上，成为当时各地起义军声势最大的一支，连大名府的王友直也派人前来，表示愿受耿京的节制❶。

耿京是出身于陇亩之中的，在他起事之后，虽然大量的劳动人民都极其踊跃地前来参加，但一般出身于地主阶级的知识分子，却还在彷徨观望，不肯参加到起义军中去受这个农民首领的领导❷。

然而，毕竟还有一个青年知识分子是并不如此的。这个青年不但自身投归耿京的军营当中，而且还带来他所纠合的两千多人；不但在投身耿京军营期内有过极英勇的表现，而且在此后四十多

---

❶ 见《三朝北盟会编》卷二四九，绍兴三十二年一月十八日记事。
❷ 此据辛弃疾《美芹十论》中的《详战》第十。

年的民族斗争战线上还有过不少次英明而勇敢的表现；不但在此后的一些军事斗争和行政措施上表现了他的卓越的天才，而且在诗歌文学的创作方面也同样有突破前人的划时代的成就，并且以爱国词人著称于当代和后代。

这个青年知识分子的名字叫辛弃疾，号叫幼安。

三 起义以前的辛弃疾

1. 少年英俊

北宋时候，在山东济南城郊，有一个名叫四风闸的地方❶。四风闸有一家姓辛的住户，是在很久以前就已定居在这里的。当北宋政权被女真侵略者所颠覆的时候，这辛姓人家的户主名叫辛赞，是一个已经在科场中取得了功名的人。因为家中人口多、资财不甚充裕，一直到刘豫投降了金人、济南沦陷在金人手中时，辛赞还依旧住在济南，没有考虑挈家迁徙的事。又由于辛赞是一个四体不勤、五谷不分的地主阶级中人，为这众多家口的温饱之计，需要去营取升斗之禄，因而在山东和中原地区相继沦陷后的某些年代当中，辛赞且还先后做过谯县和开封等地的地方守令❷。

辛弃疾是辛赞的孙子，是在 1140 年的五月十一日诞生在济南的。当辛赞在亳州的谯县做县令时，辛弃疾已经到了读书的年龄，也跟随辛赞在谯县任所。亳州有一个名叫刘瞻的人，长于作田园诗，在当地颇负一些时名，辛赞便叫辛弃疾去拜他为师，受业于他❸。

---

❶ 田雯《古欢堂诗集》卷三，《济南分题十六首》，其第九题为《四风闸访辛稼轩旧居》。
❷ 见辛弃疾《进美芹十论札子》。
❸ 此据元好问编《中州集》卷二《刘内翰瞻小传》及卷三《党承旨怀英小传》。

刘瞻的门生为数很多，但在学习的过程当中，表现得最为聪明颖悟和记诵敏速的，却只有辛弃疾和党怀英两人。党怀英比辛弃疾大七岁，但他们两人同学之后不久，亳州的读书界便已认为辛、党两人的才华不相上下，因而在把"辛党"相提并称了。

少年的辛、党虽则有同等的才名，但在以后，不论在志气和节操、事功和业绩等方面，两人却都截然不同；二十岁以后的辛弃疾便英勇地投身于反抗女真侵略者的民族战场上去，在长期的斗争锻炼当中，遂以爱国志士、爱国词人、英雄豪杰而著称于时；而党怀英却混进金国的统治集团中去，虽然也是以写字写得好、文章作得好而驰名，却只是心甘情愿地对残暴的女真统治者做一些帮忙、帮闲以至帮凶的工作了。

2. 两次燕京之行

辛赞在沦陷地区做官，自己也认识到这对祖国、对同胞是一件犯罪的事情，因而心中始终在作着反正的打算。他在等待着这样的一个时机：能对准女真侵略者的要害而给予它一些打击，能对祖国有所报效。

辛赞每逢闲暇的时候，常常带领辛弃疾和另外的一些儿孙登高望远，指画山河，说明哪些地方曾经作过战场，哪些地方可作起事的凭借，等等。这些事，给予辛弃疾的印象异常深刻。

金主完颜亮于迁都燕京之后，也仿照唐宋两代的科举制度，定为每三年举行一次进士科的考试。1157 年，辛弃疾已经十八岁了，由于在学业上有了一定的造就，应乡试中选，便被送到燕京去应试。

对于辛弃疾之获得去燕京的机会，辛赞也是非常高兴的。高兴的原因，不在于他孙子的此行有获得科名的可能，而是因为，辛弃疾可以借此深入到河朔之地，深入到女真的政治中心，仔细窥察女真侵略者的军事部署和政治局势。因此，在辛弃疾启行之前，辛赞特别向他提出了一些应当注意之点，要他好好地利用这次机会，才算不虚此行。

辛弃疾受到他祖父的指教之后，凡他所经过的地方，首先注意其山川形势和官府仓库等等的所在。到燕京后，他首先刺探女真统治者内部自相矛盾的情况、政潮的起伏和部队的调动等等。可以说，在一定程度上他确已完成了辛赞所交付给他的那些任务。只是在科场当中，辛弃疾却没有得到胜利。这不但不使祖孙二人感到失望，恰恰相反，这倒等于替辛弃疾准备了再去燕京的借口。在1160年，又正是金政府考试进士的一年，辛弃疾便第二次作燕京之行。在燕京，在沿途，辛弃疾对前次所注意的一些事项又作了一番更深入的考察。

1161年金主亮匆忙迁都到开封，并大量调动人马，征集粮饷，举兵南犯。这使得中原和华北地区整个陷于纷扰不宁的情况之中。辛赞所长久等待的起事反正的机会果然到来了，然而辛赞却不幸在这年之前已经去世。在他长期培养教导之下的辛弃疾，这年正是二十二岁，文才和武略都能胜人一筹，打击敌人、报效祖国的责任，他英勇地担当了起来。就在这年，他组织了两千多人的一支队伍，在济南以南的山区起义了。

四　起义军中的"掌书记"

1. 追擒叛徒义端和尚

　　山东的郓州，也叫东平府，也叫天平军，西境濒临梁山泊，东境傍泰山之麓，是山东地区的一个军事要地。耿京所领导的起义军日益壮大起来之后，又进而攻占了兖州和郓州，便自己取了一个名号，叫做"天平军节度使·节制山东河北忠义军马"。辛弃疾起义以后，就率众投归耿京。因为他是起义军中仅有的一个负有文名的人，耿京便委任他掌管全军的书檄文告一类的工作，职名叫做"掌书记"。

　　在济南附近，还有一个名叫义端的和尚，也在这时集合了一千多人，自树一帜，起而反金。义端是和辛弃疾有过一些过从关系的，辛弃疾归入耿京军营之后便去劝说义端，使他也来隶属于耿京。然而没有好久，义端忽然又从起义军营中逃跑了，并且从辛弃疾处偷走了耿京的节度使印（因为印信是归"掌书记"保管的）。既然是窃印而逃，当然是要奔向金人的军营，要向他们立"献印"之功了。义端是经辛弃疾拉拢到起义军中来的，而印记又是从辛弃疾处偷窃去的，耿京在知道义端窃印潜逃的事情之后，大怒之下，立即要以军法从事，要把辛弃疾杀掉。辛弃疾向耿京要求说：

　　　　请你给我三天的限期，到期如不能把义端擒获，我情愿就死。

估计义端是要逃往女真军营去出卖起义军中的虚实的,辛弃疾便向着那一方紧追下去,果然把义端追获了。义端央求辛弃疾说:

> 你的长相像青兕,你的力气能杀人,求你不要杀我。

辛弃疾不听这些废话,当场斫掉他的头,提还军营交与耿京。这事件,表明辛弃疾是一个"下马能够草檄"、"上马能够杀贼"的文武全才的人,这就使他格外得到了耿京的器重。

2."决策南向"❶

金主亮在1161年九月亲率大兵南犯,宋高宗赵构听说之后极为惊惶,马上又打算逃往海中去避难,后以主战派的劝说,才勉强亲到建康去督师。

金兵的主力想从采石渡江,遭到宋兵的迎击,未能得逞,便转往扬州。这时金的辽阳留守完颜雍已自立为帝,进据燕京;而在中原地区起义的民军声势日益壮大,如泗州、陈州、顺昌、邓州等地全已被起义民军所占领,前线上金兵的斗志大为动摇。这时完颜亮却下了紧急命令,限大军三日内必须渡江。这道命令激起了内部的叛变,军士们杀死了完颜亮,派人去与南宋议和,大军撤离扬州北归。

从1141年赵构、秦桧与金人签订了丧权条约之后,南宋政府的统治集团只是在自行摧毁其国防力量,销铄其士气和民心,二十年来从未做过抗战的打算和准备。故对这次金兵的南下,虽也仓猝应战,自问却无必胜把握,因而,能得到金军内讧而自动撤离的结果,已算莫大之幸,再也不能利用金国的混乱局势,和黄河南北的起义民兵紧密配合,作进一步的反攻之计。而金国方面,则在完颜雍进据燕京之后,立即着手于中原和山东地区的"安定"工作:一

---

❶《宋史·辛弃疾传》中语。

方面下令大赦，说是"在山者为盗贼，下山者为良民"，企图借此分化山水寨中的忠义军，使其自行瓦解❶；另一方面则调集大兵，要把继续反抗的忠义军各个击破。

耿京所领导的是起义军中声势最大的一支，当然更是女真统治者首先要解决的一个目标。义军的人数虽是不少，然而编成未久，缺乏训练，如果独力来抗拒久征惯战的女真铁骑，那是一定要遭遇到困难和危险的。因此，辛弃疾向耿京献计说，应当归附南宋政府，以便在它的节制下，和南宋官军遥相配合；一旦如在山东实在无法立足，即可将全军调往南宋辖境之内，改编为南宋政府的正规军。

耿京同意这一建议，便由辛弃疾起草了一封章表，并送往附近义军首领王世隆、张安国等人处，他们同意后也都在章表上签了名。接着，耿京便派遣起义军中的诸军都提领贾瑞为代表，去与南宋政府接洽。贾瑞是蔡州人，是在耿京起义之初便率众来归的，在起义军中的地位仅次于耿京。然而贾瑞是个不识字的人，也不懂得拜会皇帝和将相大臣时应有的一些仪节，他害怕到南宋行朝之后，皇帝或宰相有所询问而不能对答，因而提议要加派一个文人和他同去。义军中的文人既只有辛弃疾一人，耿京就派遣辛弃疾与贾瑞同行。另外还有十来个随从人员。

1162年的正月中旬，贾瑞、辛弃疾等人经楚州（今江苏省淮安县）到达建康（今江苏省南京市）。不但会见了将相大臣，而且被皇帝赵构"即日引见"。贾、辛两人向赵构面诵奏章，说明了要归附宋廷的意愿，并报告了山东地区的军事现况。一切所要接洽的事全都顺利完成，宋廷授予耿京以"检校少保"的官衔，并正式任命他为天平军节度使。对贾瑞、辛弃疾诸人也都分别给以官衔，使他们仍回山东去向耿京传达朝廷的意旨。

---

❶ 见章颖《南渡四将传》中之《魏胜传》。

3. 缚取叛徒张安国

完颜雍做了金国的皇帝，在完颜亮被杀于扬州之后，他向南宋重申和议，依旧维持1141年所订的和约。对于中原和华北地区，他首先从"安定"社会秩序着手，部分地除去完颜亮晚年所行的一些苛暴政令，尽量诱使各地劳动人民各还本乡本业，企图借此缓和这一广大地区正在愈演愈烈的阶级斗争和民族斗争。完颜雍的这些政策并没有施行得很久，在几年之后便完全改变了。但在推行之初，却立即部分地收到了他所预期的一些效果：忠义民军当中的大量农民都要离营还乡，继续耕种他们的小块土地去了。极少数的首领们因为经受不住金政府的威逼和利诱，竟也动摇起来，打算变节投降了。

曾经在归附宋廷的章表上签了名的张安国，本也是山东地区一小支起义军的首领，是在耿京节制之下的。在贾瑞和辛弃疾既已"奉表"南下之后，他却和金人勾搭起来，金人许以重赏，许以官位，要他把耿京杀害掉。张安国联络了耿京部属中的一个动摇分子邵进，竟在很短的时日内对耿京下了毒手。起义军经此事变便大部溃散，未溃散的一部分便被张、邵等人劫持着去投降了金人。接着，金人便用张安国去做济州（今山东省钜野县）的知州。

贾瑞和辛弃疾等人经由楚州回到海州（今江苏省东海县东北），在那里才得到耿京为张安国所杀的消息。辛弃疾和当地军将李宝、王世隆等人商议，非把叛徒张安国捉获治罪不可。王世隆也愿意和辛弃疾同往，遂即约集了忠义军人马全福等共五十人，骑马径向济州奔去。他们到达济州，立即要与张安国会面，其时张安国正与部属酣饮，猜不透他们的来意何在，便出而相见。辛、王两人连忙把张安国缚置马上，声言要他出郊议事，并向济州的驻军宣称，南宋的十万大兵立即到来了，劝告大家从速起义。驻军中有很多人原是耿京的旧部,所以当场便有上万的士兵起而反正。辛、王等人便率领这上万的人马渡河而南,向着淮泗地区直驰,渴不暇饮,饥不暇食,一直到渡过淮水才得休息。❶

张安国先被押送到建康,后又送往杭州,在那里审明了他的变诈反复罪状,便把他绑赴刑场斩首。

在此以后,辛弃疾被南宋政府派往江阴军做签判去了。

---

❶ 以上皆参据章颖撰《南渡四将传》中之《魏胜传》、洪迈的《稼轩记》和《朱子语类》卷一三二,《中兴至今人物》。

五　南归后的最初十年

1.宋兵在符离的溃败

赵构在做了三十五六年的皇帝之后，感到有些厌倦了，便在1162年的夏季传位给他的过继儿子赵眘（死后被追尊为孝宗）。

赵眘即位以后，改变了赵构在位期内对金的屈服政策，要以武力去恢复中原，起用主战派的张浚为枢密使，把用兵的事情完全委任给他。张浚是一个书生，言大而夸，将略实非所长。1163年夏，张浚用李显忠和邵宏渊为正副主帅，渡淮而北，分别占领了灵璧县（今安徽省灵璧县）、虹县（今安徽省泗县）、泗州（今江苏省盱眙县东北）、宿州（今安徽省宿县）诸城。刚有了这些小小的进展，李显忠和邵宏渊二人及其部队之间却已发生了摩擦，士兵因犒赏不均而失去斗志，将佐之间也不再能上下相辖，及金方大兵开来，宋军在符离（在今安徽省宿县）地方乃不战自溃。士兵和丁夫等十三万人皆掉臂南奔，蹂践饥困，死亡无数，器甲资粮也全部丢弃，以致若干年来所积储的军需物品扫地无余。

主战派的人物在符离兵败之后陆续被排斥出南宋政府，主和派的人物和议论又在南宋政府中抬了头。

2."御戎十论"（即"美芹十论"）

主战派的张浚等人在符离溃败之后相继离开了南宋政府的时候，也正是辛弃疾在江阴任签判已经期满之日。紧接在他卸任之后，南宋政府究竟曾否又授予他新的职任，我们现时无从查知。但不论南宋政府对辛弃疾如何不加重视，而辛弃疾之热切地关怀着祖国的命运，要在这危急存亡的紧急关头贡献其个人的智能以谋拯救，却是并不因此而稍有改变的。在宋廷又陷入低沉气氛中时，他又挺身出而独抒所见，对宋金对立形势和军事斗争的前途作了详细而具体的分析，写成论文十篇，统名之为《御戎十论》或《美芹十论》，于1165年送呈宋廷，要以此来重新唤起和提高宋廷君臣们的战斗情绪和胜利信念。

论文的前三篇，论证了金国外强中干的情况，以为它不但不可怕，而且还有"离合之衅"可乘。原因是：由于女真统治者把辖境扩张得太大，在中原地区又尽量施行其种族压迫政策，以致辖境之内矛盾重重。故地广财丰不但对其作战实力无所补益，反而因矛盾之加强而更削弱其军事力量。例如，就其军队编制而言，其在中原所签发的汉军，"皆其父祖残于蹂践之余，田宅罄于槌剥之酷"，怨愤所积，一遇战事发生，当然要反戈相向。对塞外契丹诸族丁壮，金人也都是以极苛酷的办法加以驱遣，"诛胁酋长，破灭资产"，迫令从役；他们远在塞外，既难于调集，在被强迫从命之后，不待抵达前线便全已中道逃窜了。故其军队数量虽多，却也有不少溃败因素存在着。再则在女真屯田军大量内徙之后，霸占中原人民的田产牲畜，迫令当地人民从事于征战、运输、营筑之役，遇有诉讼则必是女真胜诉而汉人枉屈。在日久天长，怨已深、痛已巨、怒已盈之后，各地汉人便"相挺以兴"，从事于反抗斗争，其后虽大都不免于溃散，但被压迫的汉族人民对女真统治者却仍是不甘心顺服的。就敌人说，这是他们辖境内的一种衅隙；就南宋说，这却正可作为恢复中原的凭借。

论文的后七篇，就南宋方面应如何充实其实力，从事于作战的准备，以便能抓紧时机完成恢复大业等事提出了意见，并作了具体的规划。首先，他以为必须破除士大夫间的一种谬见："南北有定势，吴楚之脆弱不足以争衡于中原。"必须把这种谬见彻底破除，然后才可以有信心，才可以谈自治。在自治方面，他主张应先做迁都金陵的准备，并且停止对金人交纳岁币。这样对内既可以"作三军之气"，对外也可以"破敌人之心"，造成一种进取的气势，"然后三军有所怒而思奋"，中原之民也将有所恃而勇于起为内应。其次，他主张把从北方来归的军民安置在两淮，家给百亩，并给以室庐、器具、种粮和杂畜，分为保伍，加以训练，无事时是力田的农民，有事时便成了抗敌的兵将。这样在淮南的经济实力和国防实力便可大大加强了。最后，也是最重要的，他主张要主动地"出兵以攻人"，而不要被动地"坐而待人之攻"；要进而战于敌人之地，不要退而战于自己之地。但主动地进攻却也应该避免"浪战"，因而他更具体地指出，出兵攻金应先从"其形易、其势重"的山东入手。根据辛弃疾的认识和估计是：山东的民气是劲勇的，金国在山东的军事布置是比较简略的，而其地又距离燕京甚近。兵出山东，山东之民必叛金而为宋军内应，如是则山东指日可下，山东既被攻下，则河朔必望风而震，进攻幽燕也便有可能了。

在这十篇论文写成之后，为要向皇帝递送，辛弃疾又写了一篇进书的札子。在札子当中，他概括地指出，自从对金作战以来，宋方一直陷于被动，也一直不曾有意争取主动，而这就是历次战争遭受失败的主要原因。特别是从秦桧实行其丧权降敌的讲"和"政策以来的二十多年之内，对国防实力和士气民心都尽力加以摧毁和压抑，其所造成的损失和危害，更是异常酷烈的。和这个相比照，辛弃疾便又提出，由于张浚之竭力主张而发动的1163年的对金战役,虽然是"胜不虑败,事非十全"、最后且以在符离地方的溃败结果而告结束的,但这次终还是宋方争取了主动,终还表现了一些"生气",终还使得二十几年以来的萎靡疲塌气势得到了一次振奋和刺激。因而,是不应当为了这一战役的小小挫败而即改变甚或放弃恢复中原的根本大计的。根本大计既须着着进行,他在这十篇论文中所指陈和建议的一切便也应当受到皇帝和当国的将相大臣们的采择。

这时正在符离溃败之后不久,所以辛弃疾的这番议论,不但是当时主和派的人物所不敢设想,即在当时主战派的人物当中,也同样不敢再对战争前途作这样明确的估计和判断。这也就充分表明,不论在如何困难的局势之下,这个年轻人对于抗金斗争的胜利信念是丝毫也不会动摇的。

3. 歌词创作活动的开始

1168年,辛弃疾被南宋政府派做建康府的通判。

建康是南宋在长江下游的重要战略据点,在这里既设有行宫留守,也设有军马钱粮总领所。当辛弃疾到建康就任时,行宫留守是史正志,军马钱粮总领是叶衡,他们在当时都算是很显赫的人物。此外,这时在建康任江东路的监司等职的,还有赵彦端、韩元吉、严焕和丘崈等人,也都是士大夫中很有才名的❶。

负荷一路军民财赋重任的大官员既都聚集在建康,一个做通判人物便显得渺小不足道,在商洽一路军政大计时,不论就"官守"或就"言责"来说,全都是没有他的份儿的。因此,这个闲散职务所实际安排在辛弃疾身上的,便只是参与大官员们

---

❶ 以上皆参据《景定建康志》。

的游从宴会、酬答唱和，以及诸如此类的一些帮闲工作。然而这却给予辛弃疾一个发抒其歌词创作才能的机会。在这里，他开始了诗歌创作活动，也确定了在此后永远以此名家的长短句的写作方向。

而且就在这类游从酬唱的活动当中，辛弃疾也是随时随地都不忘记提出他的打击敌人、恢复中原和复仇雪耻的愿望的。例如他在为赵彦端祝寿的《水调歌头》一词中有句云：

　　闻道清都帝所，要挽银河仙浪，西北洗胡沙。

在史正志的宴席上所赋《满江红》一词有句云：

　　袖里珍奇光五色，他年要补天西北。
　　且归来谈笑护长江，波澄碧。

登建康赏心亭而写与史正志的《念奴娇》词中有句云：

　　我来吊古，上危楼，赢得闲愁千斛。
　　虎踞龙蟠何处是？只有兴亡满目。

在另一次登建康赏心亭所赋《水龙吟》词中有句云：

　　落日楼头，断鸿声里，江南游子。
　　把吴钩看了，栏干拍遍，无人会，登临意！

这样一些慷慨激昂的词句，使得这个不满三十岁的辛弃疾，在一些已经享有文名的士大夫集团当中也显露出头角来了。

4. 作"九议"上宰相虞允文

任建康通判未满三年，在1170年辛弃疾因人推荐而被皇帝赵眘召见于延和殿。赵眘问了他一些什么，他答了一些什么，现在我们全都无法考知了，旧史记载这事只说"弃疾因论南北形势及三国晋汉人才，持论劲直，不为迎合"。看来他这次向皇帝所奏陈的，大约还是他前此在《御戎十论》中所已经提出的那些。

召对之后，辛弃疾被调进南宋政府做司农寺的主簿。

这时候，虞允文正在做南宋政府的宰相。辛弃疾投归南宋之后，他的志节、干才和言论风采，曾得到南宋王朝许多文武大臣，特别是有志于恢复旧物的几个人，例如叶衡、王淮、虞允文等人的赏识。然而其中最受到辛弃疾的敬重的是虞允文。虞允文不仅有志于恢复，而且是在抗金战争中建立过功勋，在采石打败过金主亮的侵略军队的人。在当时一般高级官员当中，他是一个比较有朝气、敢任责、敢做事的人。从南宋政府一次关于用兵恢复的会议中，可以清楚地看出虞允文的意见和刘珙等人的意见是如何尖锐地对立的：

乾道年间的某一天，宋孝宗赵昚召集了宰辅大臣们商讨恢复之计，做"同知枢密院事"的刘珙首先发言说：

> 复仇雪耻诚今日之先务。然非内修政事，有十年之功，臣恐未易可动也。

做"知枢密院事"的虞允文起而驳斥说：

> 机会之来，间不容发，奈何拘此旷日弥久之计？
> 且汉之高、光，皆起匹夫，不数年而取天下，又安得所谓十年修政之功哉！

刘珙又说道：

> 高、光唯起匹夫也，故以其身蹈不测之危而无所顾；陛下躬受太上皇帝、祖宗二百年宗社之寄，其轻重之势岂两君比哉？❶

正是因为虞允文所抱持的是这样一种积极进取的态度，所以他才成了辛弃疾最为崇敬的人。辛弃疾把实现其打击金人、恢复故物的强烈愿望，主要都寄托在虞允文的身上。当虞允文做了南宋宰相之日，辛弃疾就向他陈述了有关"恢复大计"的九项建议（《九议》），而在全文的前言部分，他首先给予虞允文的主张

---

❶《皇宋中兴两朝圣政》卷四六，《朱文公文集》卷九七《刘珙行状》。

以大力支持，而对刘珙的意见的危害性，也大力予以揭发。他说道：

> 搢绅之论，党同伐异，一唱群和……于是乎为国生事之说起焉，孤注一掷之喻出焉，曰"吾爱君，吾不为利"，曰"守成、创业不同，帝王、匹夫异事"。天下未尝战也，彼之说大胜矣；使天下果战，战而又少负焉，则天下之事将一归乎彼之说，谋者逐，勇者废，天下又将以兵为讳矣。

《九议》中所谈的主要问题是要求确立恢复的规模。其中的一些具体建议是：

一、对敌的斗争应当"无欲速"，应当"知所先后"，并且必须"能任败"。也就是说，必须有远虑和成算，谋虑既定，不应以小胜小败而辄有改变。他认为"言和者欲终世而讳兵"和"论战者欲明日而亟斗"，以及一遇挫折便改变成算的做法，都是只能坏事的。

二、应当尽量利用敌方的弱点而扩大其内部的矛盾：在金国的朝廷之上，"华夷并用而不相安"，在女真皇族本身，又是"嫡庶交争而不相下"，而其戍守中原州郡的军队，大都是女真以外的一些塞北部族中人，他们被强制征调而来，"其心亦甚怨而不平"。既有这许多弱点，便应当本着"兵法以诈立"和"善为兵者阴谋"的原则，尽量地派遣间谍，使用诈术，"上则攻其腹心之大臣，下则间其州府之兵卒"，使之"党与交攻"、"内变外乱"；并要示之以怯而骄其气，然后攻其不备，使其穷于应付，这样便等于在交战之前先已取得胜算了。

三、为求国家的财力足以供应旷日持久的用兵之费，在未战之先必须"惜费用"和"宽民力"，把一切与恢复之事不相干的费用和工役全都节省减免，把人力和物力集中使用在恢复工作上，到十分必要时再取之于民，这样便不致弄到"事方集而财已竭，财已竭而民不堪"的地步了。

四、打击敌人，恢复国土，是为国家、为生民的一件巨大工作，决不是属于皇帝和宰相的私人事件，因而他们万不应当只为私人利害打算而避开这一任务。

此外，他前此在《御戎十论》中所已经提出过的最重要的两事，也在这里再一次提出，那就是：

五、士大夫间所存在的"东南地薄兵脆"、"不足以争衡中原"的成见，必须加以清除和纠正。

六、恢复国土的路线，应由沭阳出兵山东，由山东而趋河朔，进而围困燕京便是十分可能的事了。

《九议》写成之后，辛弃疾又在文前的引言中，向虞允文提出保证说：如果采纳他所建议的一切而不能致胜，或者不采纳他的建议而竟能致胜，他都甘心"就诛殛以谢天下之妄言者"。

尽管辛弃疾对于《九议》中所条陈的意见具有如何坚强的自信，却没有受到虞允文的重视。虞允文曾经给他书面的回答与否虽不可知，但在他所条陈的各事当中，并无任何一事被虞允文采择施行，却是一件极明白的事实。

5. 上疏论严守淮南的必要和可能

1141年宋金的"和约"中规定双方以淮水中流为界，在此以后，江北和淮南地带便成了南宋北部的"极边"。当赵构在位期内，南宋政府即一直是卖国集团当权，因而，不是在这一"极边"加强其军事防卫实力，却反而把它看作可有可无、无足轻重的地带，一心只是要靠长江天险作为天然的屏障。

由于宋廷不把淮水作为一道必须严守的防线，淮南地区便经常成为宋金双方交战的场所，经常遭受金军人马的蹂躏和践踏，这地区的人民便也愈来愈多地向外地逃亡，遂致农田大量荒芜，民户疏疏落落。以12世纪60年代的淮南和前一世纪相比，单就社会上的富实景况来说，也已经大相悬殊了。

辛弃疾曾几次往返于淮南东西两路之地，这一地区的民物萧条和防守力量过分薄弱的情况，他都看得十分清楚。他以为这等于南宋自愿把淮南之地供作战场，而这却是他绝对不以为然的。在宋兵失败于符离以后，在从1167到1170的四年之内，南宋政府曾经把淮南东路的扬州、真州（今江苏省仪征县）、楚州和淮南西路的和州、庐州的城垣重加修筑❶，这表明宋廷已经注意到淮南地区的防务的重要性了，而在如何充实淮南地区的兵民防守力量方面却还不见有任何措施。在司农主簿任上的辛弃疾，在向宰相虞允文提出《九议》而没有得到任何结果之后，便又接连两次向宋廷上疏❷，强调说明淮南之地的战略地位。

在头一封奏疏中，辛弃疾提出，要想求得长江流域的安全，必须严守淮南。他又提议说，应当把淮南地带划分为东、西、中三部，每部各选择一处建为军事重镇，使其左提右挈，且战且守。

在第二封奏疏中，辛弃疾提出，守淮必须依靠民兵。因为，淮南之必须以重兵防守是肯定的，但以淮南民物萧条的现状而论，如果在那里屯驻大量的正规军，则"财用之所资给，衣食之所办具"，都是无能为力的。因而，最妥善的办法是：把淮南当地民户中的壮丁十万人武装起来，加以训练，在没有战事的时候，仍使其各居本土，营治生业；遇有紧急情况，即由各军镇将官分别调集，把"老弱、妻子、牛畜、资粮聚之城内"，对壮丁们则授以器甲，令于本地区各险要地方分据营寨，"与虏骑互相出没，彼进吾退，彼退吾进，不与之战，务在夺其心而耗其气"。这样便可牵制敌人

---

❶ 见辑本《宋会要稿·方域门》卷九。
❷ 辛弃疾在这两封奏疏中均提到重修扬州、楚州等城的事，故知其上疏时间必在1170年后。旧来编次辛文的人，如明代的唐顺之和清代的辛启泰，都以为此二疏是1163年内进呈的，是把年次先后搞错了。

的极大力量。正规军出乘其后，不论要战要守全可主动地加以抉择，而淮南人民也可以不致流离奔窜，专以逃避敌人为事了。

这两封奏疏相继提出之后，在南宋的朝廷上依然没有受到任何人的注意。

六 在滁州知州任上

1.当时的滁州

淮南的滁州（今安徽省滁县），介居于淮西军事重镇庐州和淮东军事重镇楚州、扬州之间。滁州城的西北有清流山，山上的清流关当众山之缺口，扼江、淮之冲途，是五代晚年赵匡胤大破南唐军队之地。其东境的瓦梁堰，就是三国时候吴人筑垒以拒魏兵的地方。到女真侵略兵马侵扰南宋时，也常常先用精兵出濠州（今安徽省凤阳县东北）攻破滁州，然后淮东之兵方敢入寇；在其退兵之际，也每每把屯驻在滁州的兵最后撤退。

由于滁州的战略地位是这样的重要，所以在1171年内，辛弃疾上疏给皇帝赵昚强调提出防守淮南的重要性时，就曾以古人常用的常山之蛇的典故为比喻，以为淮东是蛇首，淮西是蛇尾，淮中是蛇身，因而建议应在淮中建立军镇，且应使其事权较高，得以节制东西二镇。淮中军镇应设置何地，在辛弃疾的奏疏中虽未明白指出，但就其全疏文义推考，知道他是主张把它设置在滁州的。

然而在南宋一般当国者的心目中，早已把滁州认作荒僻的"极边"，认为是弃之不足惜的地方，因而没有人肯把辛弃疾的建议认真地加以考虑。在南宋一般官绅士大夫们的心目中，也同样没有人和辛弃疾具有相同的见地，他们只是把滁州当作敌骑随时可以到来的地方，是最缺乏安全保障的地方，因而没有人肯活动那地方的官缺。谁被派做那里的地方官，谁便认为自己倒了霉。

就在这样的一些情况之下，在1172年春间，辛弃疾被派做滁州的知州了。显然用不着说明，南宋政府之所以把辛弃疾派往滁州，并不是因为他在几年前曾经条陈过滁州在军事上的重要性，不是因为他几年来表现出具有用兵守边之才，特地派他去发挥他的才具，实现他的计划的。

然而辛弃疾欣然接受了这一新的任务。他仍然带着他个人的抱负，要到这一个被人人鄙弃的地方去找一个施展的机会。

2.多方面的兴建工作

在1161年和1163年宋金的两次战争中，滁州所受的战祸都是很厉害的，历任的地方官并没有在兴复工作上有所努力。从1168到1171这四年之内，滁州又相继遭到水旱之灾。因此，当辛弃疾到滁州去就任的时候，他所看到的景象是：城郭已荡然成墟，民户则编茅织苇、寄居于瓦砾之场，没有修建得像样的房子，每次刮起大风来，住在苇棚茅舍中的人民都惴惴然不能自安。市上没有商贩，居民也都养不起鸡豚，到处都是这样的荒凉萧条景象❶。

把这残破之局加以兴复，使这种荒凉萧条景象改观，不正是地方官吏的无可推卸之责吗？辛弃疾在到任之后，立即把这一责任担在自己的肩上。

辛弃疾首先从减轻这地区民户的负担着手。滁州在近十年内虽然相连不断地遭受到兵祸和天灾，但政府对这地区居民的租赋，却和承平年代、承平地区一样的征收。居民如在本年内无力如数缴纳，便把所欠数目并入下一年的租赋内合并督催。辛弃疾到任之

---

❶ 见崔敦礼《宫教集》中的《代严子文滁州奠枕楼记》和周孚《铅刀编》中的《滁州奠枕楼记》。

初,检查了一下州民欠缴租赋的账簿,为钱共五千八百贯,他便上疏给南宋政府,请求把这笔欠款全数豁免。经他再三陈请,才得到南宋政府的批准❶。

辛弃疾到任之初的滁州,其景象虽是萧条的,这年的天时,却从开春以来便风调雨顺,是一种丰年之兆。他在这里所看到的劳动人民,都是勤于治生的,都是乐于服田力穑而在农事之外别无所慕的。然而这地方的居民数目,与战乱之前相较,却只有十分之四的光景,因而荒地也还大量地存在着。辛弃疾遂以种种方法把流亡到别地的民户加以招徕,使其各回本乡本业。当其返乡之始,并贷之以钱,使其修建房舍,得以安居下去。对于从金国境内逃出、流散在淮南各地区的民户,便依照古代屯田的办法,分拨给他们一些土地、农具、杂畜、种粮,使其向滁州集中,平时耕垦,农闲则对壮丁加以教练,编组为民兵❷。

为了恢复市区的繁荣,辛弃疾也设法招诱商人到滁州去营业。减免商贩们应向政府缴纳的税额十分之七。商贩们都闻风而来,因此,在短期之内,征得的商税数目就与日俱增了。辛弃疾利用这一宗越来越多的税收去烧造砖瓦,采伐木材,征雇工匠,在旧日颓废不治的市区建造邸店和客舍,使商贩们各有定处,过境商旅也都有暂时的归宿。他把这一新建市场命名为繁雄馆。行商坐贾既都各得其所,商贾们便纷纷由四方各地向滁州迁徙了❸。

在繁雄馆的上坡,又修建了一座楼,取名叫奠枕楼,是供当地居民在闲暇时候登临赏览之用的。

1172年秋,辛弃疾到滁州任上还不过半年时光,流亡的农户大量地归来了,屯田民兵已在开始其农作和操练的事了,夏麦秋禾

---

❶ 据周孚《铅刀编》卷一九,《代辛滁州谢免上供钱启》。
❷ 据周孚《铅刀编》中的《滁州奠枕楼记》及《宋史·辛弃疾传》。
❸ 据崔敦礼和周孚的两篇《奠枕楼记》。

都得到了丰收，市区中店铺林立，小商贩也繁伙活跃起来，半年前的荒陋之气已经一洗而空了[1]。

初次做地方官的辛弃疾，在别人意存鄙弃而不屑就的荒僻的滁州，凭靠他的孜孜不倦的奋发有为精神，在半年之内便获得了这样的斐然的政绩。

---

[1] 见崔敦礼《宫教集》中的《代严子文滁州奠枕楼记》。

七　扑灭了赖文政领导的茶商军

1.贩卖私茶的行帮是怎样产生的

自从第七、八世纪以来，饮茶已成为中国南北各地各阶层人群日常生活中的一个重要节目，茶树的栽种和茶叶的销行，也都日益繁多。在第八世纪的末年，唐政府为了开辟其税源，便开始向种茶的农户、特别是向卖茶的商人抽取茶税。北宋一代更试行过种种办法，企图增多茶税收入的数目。北宋末年蔡京当国之日，政府每年所收得的茶税达四百多万贯。

中国的产茶之地，主要是在淮水以南和长江流域的各地方。所以，在宋廷偏安于东南之后，虽已失掉了淮水以北的广大地区，而产茶之地却都还在南宋政府的统治区域之内，因而南宋政府每年所征收的茶税数目，仍然能维持北宋末年所达到的最高数字。

统治阶级把贩卖茶叶的税率一天天加重，茶叶的售价便也随之一天天地提高。于是，自从征收茶税以来，人们苦于茶价之贵，便有一种贩运私茶的行业随之而兴。每到茶叶长成之后，贩运私茶的人便向茶农去大量批买，偷关漏税，运往各地，以远低于正式茶商的售价出卖给各地的住户。

私茶盛行，势必影响政府茶税的收入，故在北宋时候便有"盗贩私茶者抵罪"的规定。到南宋时候，政府对于茶税的仰赖更切，对于贩运私茶的禁令遂也更加严厉。各地方的关津镇戍，对于担运茶叶的行人也都要特别加以检查。为了对抗政府的这些禁制，贩运私茶的人便成群结伙，而且挟持兵仗，在防守力量薄弱的一些关津镇戍之地，依然可以通行无阻。在遇到武装干涉的时候，他们便进行武装反抗。

南宋境内的私茶贩运者，不但向南宋境内各地民户销售其私茶，且还大量地运向淮水以北金国境内去出卖。因为中原和华北沦陷地区的汉人既大都有饮茶的习惯，而女真统治者也同样有此嗜好，所以在金国境内也是"上下竞啜，市井茶肆相属"❶。北地既不产茶，宋金两国之间有时虽也建立通商关系，但茶叶的销售量远不能满足北国的需要。南宋境内的私茶商贩便利用此一缺隙，冒犯着南宋的禁令，把茶叶运至淮北去卖❷，所得利息且远较在南宋境内出卖为多。到60年代之后，不论是正式的或走私的茶商，为贪图更大的利入，便都不止贩运茶叶，而进一步以驮运茶叶为名，成批地私贩耕牛和马匹到淮北去卖与敌国❸。这就是对祖国人民和社会生产事业的一桩犯罪行为。

2．以赖文政为首的茶商军的起事

1175年四月，一批贩私茶的商人在湖北的荆南地方起事了。这一伙商人共有四百来人，结成一支武装队伍，共同推举赖文政做首领❹，从荆南向湖南进发，沿途连续把驻守在这一地区的南宋官军打败了几次。

---

❶ 见《金史·食货志》。
❷ 参据汪应辰《文定集》卷二三，《王师心墓志铭》。
❸ 参据《庆元条法事类》卷七九，《畜产门》淳熙年中的敕令申明，和辑本《宋会要稿》，第一六六册，《刑法门》卷二《禁约类》。
❹ 应当注意，这一支起事的队伍，只是几百名贩私茶的商人行帮组成的，其中并没有茶农。

这支茶商军是以什么缘由武装暴动起来的，起事之初曾经提出过什么口号，我们现在全不知道。想来，这些茶商也许只是为在贩运私茶途程中受到当地镇戍兵的阻遏而激成暴动的；若果如此，也许根本就没有政治目的，因而也就不曾提出过什么明确的政治主张和口号来的。这支茶商军从起事到被消灭，其人数一直不曾更加扩大，从这一事实看来，上面的推测之词应是符合于事实的。

南宋政府在知道茶商军起事消息的时候，茶商军已经穿过湖南而进入江南西路境内，遂赶紧下令给鄂州和江州（今江西省九江县）两地的驻军，要他们相机收捕：能讨则讨，可招则招❶。但在这两地的驻军还没有来得及出动的时候，茶商军早已通过了吉州（今江西省吉安县）和赣州（今江西省赣县），越过大庾岭而进入广东了。广东的提点刑狱林光朝不等朝廷的命令，便调集了当地的"摧锋军"迎头拦击，茶商军吃了败仗❷，便又折回江西，回旋于安福、永新、萍乡诸县之内，出没于禾山和高峰诸山之间，屡次打败赣、吉诸地的乡兵。到南宋政府派遣一路的兵马总管贾和仲率领上万的兵丁前来攻讨时，贾和仲轻敌冒进，在进入山区溪谷之后也被茶商军打得大败❸。

贾和仲在失败后被南宋政府撤职，江西路的安抚使汪大猷也因"玩寇"而受到降官的处分，南宋政府对于负责去剿讨茶商军的人员必须另作考虑了。

六月十二日，南宋政府把它所考虑的结果宣布出来：任命辛弃疾去做江南西路的提点刑狱公事，要他"节制诸军，讨捕茶寇"。

---

❶ 据《宋史·孝宗本纪》淳熙二年四月五日记事。
❷ 见辑本《宋会要稿》第一七八册，《兵门·捕贼类》下。
❸ 参据楼钥《攻媿集》卷八八，《汪大猷行状》和彭龟年《止堂文集》卷一一《论解彦祥败茶寇之功书》。

3.辛弃疾把茶商军扑灭了

辛弃疾是在1174年春间离开滁州的,离滁后又到建康留守叶衡幕中做了几个月的参议官。到秋冬之交,叶衡入朝为相,辛弃疾也因叶衡的推荐而被皇帝赵昚召见,召见后便被留在杭州做仓部郎官。到接受了江西提点刑狱这一新的职务为止,辛弃疾在仓部郎官任上为时仅半年有余。

1175年的秋初,辛弃疾便到赣州去就任。

到任之后,辛弃疾首先调集了大量的赣州、吉州以及湖南郴州(今郴县)、桂阳军(今桂阳县)等地的乡兵和弓手,把其中的老弱不堪作战的一律简汰,只把壮而有勇的留下,分别发往各个阵地❶。又征调安福、永新诸县的土豪彭道等人❷,因其熟悉乡土地理,便令其各率所部乡丁,深入山中去搜索。

辛弃疾整天这样的"从事于兵车羽檄之间","略无少暇"。经过若干天的部署之后,各冲要之地都已分兵扼守起来,山谷深邃之处也都有乡兵攻进去了,此外还有一些备用的军队,每逢茶商军要转移阵地时便起而截击或尾追。茶商军原自以为善于在溪谷险阻之地奔驰往返,而竹丛树林密布之地既为官军的弓矢所不能及,也非荷戈被甲的官军便于驰逐列阵,所以才选定这样的山溪之地作长久居停之所;但在辛弃疾的多方面的军事布置之下,茶商军所要依恃的条件既全已不足依恃,于是以前的优势全成过去,日益陷入极恶劣的处境当中了❸。

既已把茶商军陷入于劣势当中,辛弃疾便要乘机进行招诱工

---

❶ 见《朱子语类》卷一一〇,《论兵》篇。
❷ 见彭龟年《论解彦祥败茶寇之功书》。
❸ 据周必大《平园续稿》卷三四,《孙逢辰墓志铭》。

作。他在九月里选派兴国县尉黄倬亲到茶商军的营垒中,劝说赖文政接受官方的招安。赖文政看到茶商军斗争的前途已很少希望,便亲身到辛弃疾处投降❶。

赖文政投降之后,被辛弃疾押解到江州杀掉了。

茶商军的残部,一部分被编入鄂州都统制皇甫倜的部队当中,另一部分被遣送回家。

闰九月的下旬,皇帝赵昚和宰辅大臣们共同会商奖惩在收捕茶商军过程中立功和失职的人员,赵昚特别向大臣们说道:"辛弃疾捕'寇'有方,当议优与职名,以示激劝。"会商的结果决定,辛弃疾还留在江西提点刑狱任上,但依照皇帝的指示,给他加上了一个职名:秘阁修撰❷。

在此以后,辛弃疾才得以从事于"审问囚徒、详复案牍"、"巡视州县"、"刺举官吏"等类的真正属于提刑职分之内的工作。

南宋初年,兀朮带大兵南犯时,江淮间的居民曾大量地向江西境内的吉州、赣州等地流移,南宋行朝也派兵护送一部分皇室亲眷向赣州逃避。金兵很快就冲进吉州境内,当地百姓和新近流移来的避难者们全都大遭其殃。皇室亲眷那时刚到达泰和县,上万的护送兵听到金兵袭来的风声立即溃散,到附近各地去作土匪,打家劫

---

❶ 据李心传《建炎以来朝野杂记》甲集卷一四,《江茶》条。
❷ 在宋代,官名和实职是完全分离的,因而,每一个较高级的文官,大都同时具有三种头衔:第一种统称为"官",凡什么郎、什么大夫以及侍郎、尚书之类都是。这种"官"名只是一种虚衔,只是作为叙级、分等、定薪俸之用,而不是实际有所职掌的。例如,谏议无言责,而吏、户、礼等部的尚书、侍郎也全不到这些部中去办事。第二种统称为"职"或"贴职",凡秘阁修撰、右文殿修撰以及龙图阁学士、显谟阁学士之类都是。这种"职"也只是一种清高的虚衔,并非实际有所职掌。例如某殿某阁的学士全不是真在某殿某阁担任什么工作的。第三种统称为"差遣",凡外官中的知州、知县以至安抚使、提点刑狱、转运使、提举常平等,朝官中的三司使副、枢密使副之类,都是。只有这第三种才是要实际去负责,去供职的。例如辛弃疾做江西提刑,这是他的"差遣",所以必须去实际担任提点刑狱的工作;而他的本官是宣教郎,新加的职名是秘阁修撰,则全无实职。

舍，成为赣吉一带居民经久难除的大患。当辛弃疾巡视这一带时，上距那次事变虽已近四十年，而那疮痍却还到处可见。今后如仍不主动地对敌人展开积极的斗争，不但前此的仇耻难得报复，且也难保不再遭受同样的灾难。然而，他一次次有关恢复大计的建议却都被宋廷君相置若罔闻；而政府对他本人的调遣使用，也全不考虑他自己的志愿和特长之所在。他在一次经行万安县造口镇时，触景伤怀，万感交集，便在崖壁上写下了一首《菩萨蛮》：

郁孤台下清江水，中间多少行人泪！

西北望长安，可怜无数山！

青山遮不住，毕竟东流去。

江晚正愁余，山深闻鹧鸪。

八　一个认真负责、奋发有为的封疆大吏

1. "二年历遍楚山川"❶

1176年的秋冬之际，辛弃疾由江西提点刑狱改为京西路的转运判官，他立即到襄阳去就职。

1177年春，南宋政府又改派辛弃疾知江陵府（今湖北省江陵县），兼荆湖北路的安抚使。到这年冬季，江陵驻军中的统制官率逢原纵容其部曲殴打当地的百姓，辛弃疾上疏论奏此事，说明被殴打的百姓毫无罪过，全然是军人的胡行，因而建议应该对这些横行的军人和统制官率逢原加以惩处。然而率逢原在朝廷上是有有力人物在支持着的，因此在辛弃疾的奏章送达南宋朝廷之后，不但其中的建议未被采纳，反而被南宋政府以帅守与驻军不能协同为理由，把辛弃疾调作隆兴府（今江西省南昌县）的知府兼江南西路的安抚使了❷。

在江西安抚使任上也没有多久，在1178年的暮春，辛弃疾又被召往杭州去做大理少卿去了。

每一地方，每一官位，都是这样的匆匆而来又匆匆而去，这

---

❶ 辛弃疾《鹧鸪天》词中句。
❷ 参据周必大《平园续稿》卷二三《程大昌神道碑》和陈傅良《止斋文集》卷二四《缴奏率逢原除都统制状》。

在辛弃疾本人也深深地感觉到转徙频繁之苦,因而,当他被召为大理少卿,要离南昌而往杭州去的时候,他禁不住要把他的感慨写入歌词中去:

聚散匆匆不偶然,
二年历遍楚山川。
但将痛饮酬风月,
莫放离歌入管弦!

——《鹧鸪天》

虽是如此,辛弃疾每到一个地方之后,也并不是先存着"五日京兆"之心的;相反的,他对于一个地方长吏的职分内事,不论是应兴之利或应革之弊,总都是尽心力而为之的。对于所部官吏中之贤明精干的,他都及时加以荐举;对于其中之贪污无能的,也都及时加以论劾。

2.一道申诉民间疾苦的奏章

辛弃疾生长在沦陷区域,成年之后起义抗金,嗣即投归南宋。对于这样的一些人,南宋的统治阶级当中通称之为"归正人"。在南宋的最高统治集团当中,绝大部分是生长在南方或者很早就随从宋廷南渡的人,他们对于这般归正人是不免有些歧视的。而辛弃疾这个归正人,却能以自己的事功受到了皇帝赵眘的赏识,成了一个"方面大吏",而他又是那样的刚方而不避权要,这就更使得最高统治集团中的某些人对他嫉恨,感到难以容忍。辛弃疾几年来之所以在任何工作岗位上都不能久于其职,之所以"二年历遍楚山川",其主要原因之一就在于此。

辛弃疾的这种生性难得改变,他已经游遍了的楚地山川便也还要他再去重游:1178 年的下半年,辛弃疾从大理少卿任上被调作荆湖北路的转运副使;到次年三月,又被改作荆湖南路的转运副使了。

从1165年以来，在湖南地区曾经连续爆发过好几次武装暴动的事件。例如，在1165年，政府强制派销乳香，程限急促，便激使郴州宜章县吏黄谷和射士李金聚合了当地上万的峒民起而反抗，曾一度攻占了桂阳军城❶。1167年，湖南境内的溪峒诸族中人曾在姚明敖领导下武装起事。1175年起事于湖北的茶商军，也曾在湖南各地活动过。1179年初，因为地方政府推行"和籴"工作失当，又激成以连州的李晞和郴州的陈峒为首的暴动，他们以林菁深阻的山区为根据地，曾四出攻占过连州的阳山县城、道州的江华县城、桂阳军的蓝山临武两县城❷。同年夏，广西陆川的李接又因赋敛太重而聚众起事。这些事件，每一次都曾使南宋的统治阶级感到惊惶失措。辛弃疾重到两湖地区任职之后，想要借这些事件使南宋政府很好地注意到两湖农民的疾苦。他由湖北转往湖南之后，立即上疏给皇帝赵昚，对当时当地农民的疾苦所在，作了如下的分析：

> 自臣到任之初，见百姓遮道自言啾啾困苦之状，臣以谓斯民无所诉，不去为"盗"将安之乎？
>
> 臣一一按察，所谓诛之则不可胜诛。臣试为陛下言其略：
>
> 陛下不许多取百姓斗面米，今有一岁所取反数倍于前者；陛下不许将百姓租米折纳见钱，今有一石折纳至三倍者。并"耗"言之，横敛可知。
>
> 陛下不许科罚人户钱贯，今则有旬日之间追二三千户而科罚者；又有已纳足租税而复科纳者；有已纳足、复纳足，又诬以违限而科罚者。

---

❶ 见李心传《建炎以来朝野杂记》甲集卷一五，《市舶司本息》条。
❷ 参据陆游《渭南文集》卷三四，《王佐墓志铭》和杨万里《诚斋集》卷八九，《千虑策·民政》上。

有违法科卖醋钱、写状纸、由子、户帖之属，其钱不可胜计者。

军兴之际，又有非军行处所，公然分上中下户而科钱，每都保至数百千者；有以贱价抑买、贵价抑卖百姓之物，使之破荡家业，自缢而死者。

有二三月间便催夏税钱者。

其他暴征苛敛不可胜数。

然此特官府聚敛之弊尔。流弊之极又有甚者：

州以趣办财赋为急，县有残民害物之政而州不敢问；

县以并缘科敛为急，吏有残民害物之状而县不敢问；

吏以取乞贷赂为急，豪民大姓有残民害物之罪而吏不敢问。

故田野之民，郡以聚敛害之，县以科率害之，吏以取乞害之，豪民大姓以兼并害之，而又盗贼以剽杀攘夺害之，臣以谓"不去为盗将安之乎"，正谓是耳。

且近年以来，年谷屡丰，粒米狼戾，而盗贼不禁乃如此，一有水旱乘之，臣知其弊有不可胜言者。

民者国之根本，而贪浊之吏迫使为"盗"，今年剿除，明年扫荡，譬之木焉，日刻月削，不损则折。臣不胜忧国之心，实有私忧过计者，欲望陛下深思致"盗"之由，讲求弭盗之术，无恃其有平盗之兵也。

3．整顿湖南乡社。建置湖南飞虎军

在1179年秋季，南宋政府又把辛弃疾由湖南转运副使改为潭州的知州，并兼任荆湖南路的安抚使。

辛弃疾是一个来自北国的人，他曾同金国兵马交战过，自问在行师用兵方面也颇有一日之长，因而在南归之后，曾不止一次地向南宋的皇帝和当国大臣陈献过抗击敌人、复仇雪耻的用兵方略。

他一直希望能够置身于民族斗争的最前线，而南宋政府却偏偏只让他回旋于隔离战场很远的地区。安抚使虽然已算是"方面大吏"，而和他本人的志愿却始终是不相吻合的。

但既然担任了一路的帅守之职，也就必须努力把这一路的事情办好。

1179年湖南的秋收不好，次年春季可能发生饥荒。辛弃疾在1180年初便请得朝廷的同意，动用本路各州官仓的米谷，募工浚筑陂塘，因以赈济。这样，既可使官米真正为贫苦的劳动人民所食用，而陂塘修成之后也有利于农作。

在辛弃疾担任湖南路安抚使以前，发生于湖南地区的好几次武装暴动，虽然先后都被镇压下去了，但如何能使这类事件不致再起，如何使湖南境内各族人民都能相安无事，如何把湖南境内的封建社会秩序安定下来，却还是摆在身当湖南一路最高事任的安抚使面前的重要课题。新近接受了安抚使任务的辛弃疾，觉得必须从这类课题上考虑他应该致力的工作。

湖南地区之内，从潭州以至郴州、连州、道州、桂阳军等地，旧来全都有一种名为"乡社"的武装组织，有的叫做"弹压社"，有的叫做"缉捕社"。组织在社内的民户数目，少的有二三百家，多的达五六百家，其统领人物则都是一乡的豪酋。存在于深山穷谷之中的这样的一些乡社，事实上就是各地土豪劣绅用以欺压乡民的一种机构。湖南各州县政府当推行政令时，也时常因为遭受到这类乡社的抗拒而致不能贯彻，这些乡社有时甚至起而武装反抗，公然与南宋政府为敌。从70年代以来，到湖南做地方长吏的曾有好几个人提出了整编甚至解散乡社的意见，他们的着眼点，只是因为乡社是贯彻政令的一种阻力之故。辛弃疾现在是湖南一路的最高长官，当然也和他们具有同样的感觉。而在此以外，从辛弃疾《论盗贼疏》中的论点看来，他还很清楚地认识到这般豪酋对各地农民欺凌压榨的罪恶。因而，要把这些乡社完全解散，在辛弃疾更应是完全赞同的吧，然而事实竟不尽然。当时，辛弃疾大概还存在着一种顾虑：生怕解散之令行不通，反而会激使这般豪酋群起反抗。所以他向南宋政府提出的，是一项折衷的意见：按照各乡社和豪酋平素表现的好坏，分别作不同的处理，坏的乡社即予取消，好的仍旧存留。存留的乡社也一律化大为小，使大者不过五十家，小者减半。并把这些乡社一律隶属于各县的巡尉，放在各县令的直接统领支配之下，所有兵器也都由县政府检查管理。在南宋政府同意了辛弃疾这一建议之后，湖南地区的乡社便都依照这一原则进行了一番整顿❶。

南宋的军队，不论是朝廷上直辖的部队或是地方上的部队，其风习和纪律全已败坏不堪，这在辛弃疾更是知道得很清楚的。湖南地区的地方部队，和其他地方的完全一样：节制和统帅等事权不统一，大部分的士兵被统兵将校私自占用，搬运土木，营建第舍，更甚的则统兵将校出资使为商贾，或负贩于各地，或坐列于市区❷。士兵们也只有被某一将校占为私有，然后才能奔走公门，饱食暖衣，生活上有个着落。然而因此也就无所谓教骑习战，操练技勇；也就谈不到部队中应有的规矩和纪律。于是逃亡者不追，冒名者不举，干脆不成其为武装部队了。

既然要防范武装暴动事件之再起，要使湖南一路内各族人民都能相安无事，在地方政府之下没有一支可以起镇压作用的军队是不行的。为此，辛弃疾便在1180年向南宋朝廷建议，要依照广东路摧锋军、福建路左翼军的先例，创立一军，以湖南飞虎军为名，遥隶于南宋政府的枢密院和侍卫步军司，就近则专听湖南安抚使的节制和调度。南宋政府批准了他的建议，而且下诏给他，"委

---

❶ 以上皆据李心传《建炎以来朝野杂记》甲集卷一八，《湖南乡社》条。
❷ 见《三朝北盟会编》卷二二六，沈介《论备敌之策》。其余皆见《宋史·辛弃疾传》。

以规画"。

辛弃疾早已有成算在胸了。在接到批准的诏令之后，立即着手进行各项具体工作：首先，利用五代十国期内割据湖南的马殷在长沙所建营垒的故基，建造新的营房。其次，招募步兵二千人，马兵五百人。并派人前往广西产马之地，以五万贯钱买回战马五百匹，并且还请准南宋政府下令给广西的经略安抚使司，要从那里每年代买战马三十匹，送湖南飞虎军中供补充之用。

在进行这些工作的过程当中，他遇到了种种的困难。首先是在建造营房的工作上。辛弃疾限期要把飞虎营栅在一个月内修成，而当时却正是秋季，也正是湖南地区的雨季，秋雨连绵，使得所需要的上二十万片的瓦无法烧造。辛弃疾当机立断，决定出钱购买。他下令给长沙城内外的居民，要每家供送二十片瓦，且限于两日之内如数送到营房基地，送到之后立即付与瓦价一百文。所需要的瓦片在两天之内果然凑足了❶。此外，所需要的石块，数量也很大。辛弃疾不役使当地居民去采办，而是调发当地的囚徒罪犯们到长沙城北的驼嘴山去开凿：按照各人所犯罪情的轻重，规定其所应供送的石块数目，作为赎罪的代价。石块也在很短的期限内如数凑足了❷。

辛弃疾创置飞虎军的计划虽已得到南宋政府的批准，但在枢密院中却还有人存在着不同的意见，要从种种方面加以阻挠。辛弃疾正是因为知道了这一事实，所以才那样急迫地要限期完成各项工作。他不但在两天之内筹措了二十万片屋瓦，就连一切建置费用，数目虽paid以钜万计，也都是立即筹好。这一情况传到杭州之后，朝廷中的反对者找到最好的借口了，遂一方面在皇帝面前劾奏辛弃疾聚敛民财，另一方面便由枢密院降下"御前金字牌"，要辛弃

---

❶ 参据《宋史》本传和罗大经《鹤林玉露》卷一二，《临事之智》条。
❷ 见洪迈《夷坚志》支戊卷八，《湘乡祥兆》条。

疾把这项建置工作立即停止。辛弃疾在接到这道金字牌之后，并不立即停止工作，反而把命令收藏起来，还是若无其事一般，督责监办人员必须照原来的限期把工作搞完，违期者要以违犯军法治罪。到一切工作全已依照限期完成之后，辛弃疾才上章开陈一切经营过程、费用来历，并把飞虎营栅绘图缴进。这等于把反对者所硬栽的"聚敛"罪名加以洗白，皇帝赵昚遂也释然于怀了。

在招募士兵的过程中，辛弃疾也定出了很严格的选拔标准，因而所选的都是壮健勇武的人。此后在器械的制造和士兵的操练诸方面，辛弃疾也尽心尽力地去做。因此，在很短时期，飞虎军的素质便成为沿江各地方军队中之最上等的，不但湖南一路赖之以安，而且在以后的三十多年之内，飞虎军一直是沿长江的一支雄壮的国防力量，被金人称为虎儿军，且颇为金人所畏惮。

4. 在隆兴府举办荒政

不使地方长吏久于其任，这是宋代最高统治者的"防微杜渐"的政策之一。辛弃疾在就任湖南安抚使的一年之内，便在一些应兴应革的事情上表现出他的卓越的才干，有了卓然的政绩。这样，是否应当让他在湖南多搞几年，使他在军政民政方面有更多的建树呢？这在南宋政府是绝不作这样的考虑的。就在1180年的冬季，宋廷又把辛弃疾的"贴职"改换为"右文殿修撰"，再一次派他去做隆兴府的知府兼江南西路的安抚使了。

隆兴府境内在1180年遭到很严重的旱灾，粮米收获极少。辛弃疾的前任张子颜在卸任之前已在开始举办救荒的工作。在这次改派辛弃疾为隆兴知府的诏命当中，"任责荒政"也是被特别提出的任务之一。

辛弃疾到任之后，立即在隆兴府及其所属各县镇的大街要道上张贴文榜，榜上只有八个大字：

闭粜者配，强籴者斩。

前面的一句，是强制一切囤积粮米的人家必须在这时尽数粜卖出来，否则便要受到流配的处分；后面的一句，是禁止一切缺粮人家向囤粮之户强行劫夺。紧接着，辛弃疾又把隆兴府的官吏、儒生、商贾、市民召集在一起，要他们共同保举一些精明能干的人物，把隆兴府官库中所存官钱和银器分别借支给他们作为本钱，令其四出籴买粮食，限一月之内贩运到隆兴府境内粜卖，粜卖后照原借数目偿还官本，不取利息。在一月之内，果然有大批的粮食从各路运载而来，境内的粮价大落，在数量上也足够供应当地民食的需要了。

邻境的信州（今江西省上饶县）这年也同样遭逢灾荒，信州的知州谢源明向隆兴府商借粮米以事救助，隆兴府的官员们都表示反对，辛弃疾却认为救灾恤民应当不分畛域，便把用官钱籴买来的一部分粮米，用船只送往信州。

这样一些救济措施，使得遭遇那样严重灾荒的隆兴府的民户，能安然渡过到第二年的夏收季节，其间既未发生大量的饿死和流亡事件，社会秩序也未起大的波动。到1181年的秋初，辛弃疾便因此受到南宋政府的奖励，他的官阶又进了一级，由前此的宣教郎改为奉议郎了。

几年以来，辛弃疾都是"身膺一面之寄"，独当一方的事任。他的作风，勇往直前，果决立断，既不肯多作无谓的顾虑而致缩手缩脚，也尽量使幕僚和部属得以发挥其赞襄帮助的作用。这种作风，赢得了一部分士大夫的喝彩，却也增长了另一部分士大夫对他的忌刻之心。很多捕风捉影的诽言谤语被制造出来，以致陆九渊直接写信给他❶，加以告诫；而南宋政府的台官王蔺便摭拾了这许多风言风语，特别是摭拾了有关辛弃疾创置湖南飞虎军的一些传闻，

---

❶ 陆九渊《象山集》卷五，《与辛幼安书》。

在1181年的腊月初对辛弃疾提出弹劾。王蔺在弹章当中，说辛弃疾"奸贪凶暴，帅湖南日虐害田里"❶，说他"用钱如泥沙，杀人如草芥"。辛弃疾没有因为枢密院的有意阻挠而停止修盖飞虎营栅的事，被弹章中说成是"凭陵上司"；辛弃疾和居官于南宋政府的旧友们有些书信和财物的往来，被弹章中说成是"缔结同类"、"方广赂遗"❷。

不容辛弃疾有任何分辩，南宋政府把弹章中所举述的一切都认作辛弃疾实有的罪行了。在王蔺提出这道弹章的不久以前，南宋政府刚发表了一道新的命令，调辛弃疾去做两浙西路的提点刑狱公事，紧接在王蔺的弹章之后，不但立即明令把辛弃疾的新任罢免，而且连"右文殿修撰"的贴职也一并削夺了。

---

❶ 见辑本《宋会要稿》第一〇一册，《职官门·黜降官类》卷八。
❷ 见崔敦诗《西垣类稿》卷二，《辛弃疾落职罢新任制》。

九 信州十年的闲退生涯

1."带湖买得新风月"❶

江南西路东境的上饶郡，地居信江之滨，故亦名信州。闽浙间的交通、杭州和南昌间的交通，都取道于此。郡境内"灵山连延，秀拔森耸，与怀玉诸峰巉然相映带。其物产丰美，土壤平衍"❷，因而一般由北方南渡的官绅人家乐于寓居其地。在12世纪的80年代，寓居在上饶城内和近郊的这等人家便达百户以上。❸

辛弃疾曾三度宦游于江西地区，不知是在哪一年内，他曾到过上饶。辛弃疾在投归南宋之后，虽然早已娶妻生子，却一直没有一个固定的居处。他决定在此地买块地皮，建造他的家园。

在上饶城北一里许的地方，有一个狭长形的湖泊，湖水清澈可爱，滨湖有旷土一片，平坦宽敞，举目遥望也可以揽取灵山的胜景。辛弃疾对这一小区域的自然景物很感觉满意，便把这片地买了下来，而且替这湖泊取了一个名字，叫做带湖。

1181年，辛弃疾派人到上饶的带湖之滨去着手经营修建。他自己作了规划，绘成图样，并限定在一定的时日完成：在较高的地

---

❶ 辛弃疾《菩萨蛮》词中句。
❷ 见韩元吉《南涧甲乙稿》卷一五《两贤堂记》。
❸ 见洪迈《稼轩记》。

方建造房屋,把低下的地方辟为稻田,花径竹扉,池塘茅亭,应有尽有。房屋共有好几十间,主要的则是一座楼和面临着稻田的一排平房。登楼可以远眺灵山,遂取名为集山楼,后又更名为雪楼。稻田共不过十弓之地,却最为辛弃疾所看重❶。因为,辛弃疾是一个出生于华北平原的人,对北方农村中经济生活情况十分熟悉,在他南归之后所得到的一个极为突出的印象,是南方商业资本的发展远过于北地,南方的农民之转业为商贩者也远较北地为多。辛弃疾对于这种"舍本逐末"的趋向是不以为然的,他强调主张:"人生在勤,当以力田为先。"他之所以要在这一新建的家园中特辟稻田一区,正是表示他对于农事的极端重视。因而,对于这一座面临稻田的平房,他特地取名为"稼轩",并且从此就以"稼轩"作为自己的别号。

事情竟是这样的凑巧,当上述一些营建工作已按照设计而次第完成之日,也正是辛弃疾因王蔺的弹劾而受到"落职罢新任"的处分之时。

在此以前,辛弃疾听说"带湖新居将成",而自己却还在江西安抚使任上,官身不得自由,不能前去享受一番家居野趣,因而写成一首《沁园春》词,说道:

三径初成,鹤怨猿惊,稼轩未来。
甚云山自许,平生意气;衣冠人笑,抵死尘埃。
意倦须还,身闲贵早,岂为莼羹鲈鲙哉。
秋江上,看惊弦雁避,骇浪船回。

东冈更葺茅斋。
好都把轩窗临水开。
要小舟行钓,先应种柳;疏篱护竹,莫碍观梅。

---

❶ 以上皆据洪迈《稼轩记》。

秋菊堪餐，春兰可佩，留待先生手自栽。

沉吟久，怕君恩未许，此意徘徊。

王蔺的弹章替辛弃疾解决了这一问题，他不必再沉吟、徘徊了。在接到罢官的命令之后，辛弃疾只有回到上饶的带湖新居去了。

2．心情上的矛盾

从辛弃疾的率众投归南宋，到他的罢官闲居上饶，其间整整是二十年。率众南归的事件，以及南归以后向宋廷君相所提出的建议和主张，样样都足以表明，辛弃疾不但具有高度的爱国主义思想和民族气节，而且有勇武、有机智、有用兵韬略，是一个具有文武全材的人物。虽然南宋政府一直不把他安排在民族斗争的最前线上，使他得以展其长才，而只是使他回旋在地方守令和监司、帅臣等类的职位上，但他每到一处，都是尽心力而为之。二十年的仕宦过程，也足以说明，随时随地他都是打算要建立一番功业的。

由于辛弃疾在志节方面和事功方面有这种种表现，所以在辛弃疾三十二三岁以后，一些相知较深的朋辈，已经把他称作"伟人"[1]，比作周瑜和谢安，并且认为，南宋对金的政策如一旦改而采取积极的攻势，恢复中原的大业是可以由辛弃疾去担当、去完成的。[2]

这样一个怀着满腔忠愤之气，一心要投身于民族斗争的最前线上，要为保卫祖国而竭尽其智能勇武的人，不但在二十年的仕宦过程中始终未遂其志，而在矢忠矢勇、奋发有为地供职二十年之后，竟又从地方行政领域中被摈斥出来，任凭他有什么出众的才具和雄伟的抱负，也都没有用武之地和实现的可能了。很难设想，辛

---

[1] 见崔敦礼《宫教集》卷六的《代严子文滁州莫枕楼记》。
[2] 见洪迈《稼轩记》。

弃疾对于宋廷所给予他的这种投闲置散的处分，会坦然地接受下来，而不在胸中激起更大的愤懑和恼恨的。虽是如此，他在受到罢免官职的处分之后，却只有遵依着"用之则行，舍之则藏"❶的古训，力求做一个"伏枥之骥"，并把古代的达者庄周和陶渊明等人作为他行己涉世的榜样。

胸怀中燃烧着炎炎的烈火，表面上却必须装扮成一个淡泊冷静、不关心时事和世局的人，这就是在退居上饶之后的辛弃疾心情上的苦闷和矛盾之所在。

3.借歌词为"陶写之具"❷

在辛弃疾闲居信州的时期，寓居在信州的一些学士大夫，有不少是和辛弃疾气味投合的人。其过从较多的有以下诸人：

一、韩元吉，字无咎，号南涧，是辛弃疾早年游宦建康时的旧相识，他原籍开封，南渡后徙家信州，这时因年老退休，也在家中闲居。他的学问和文学，在当时都负有盛名。他在仕宦期内，对兴建学校的事极为注意，"所在吏民怀思"，因而也颇有政声❸。二、汤邦彦，字朝美，镇江人，因为出使金国"有辱使命"，受到南宋政府的处分，先被谪往新州，后送信州编管。汤邦彦也是一个被当时称许为"议论英发"、"以身许国"的人❹。三、陈德明，字光宗，曾在仁和县做过知县，因在任上有"赃污不法"行为，被贬到信州居住。四、赵善扛，字文鼎，是赵宋宗室。五、徐安国，字衡仲。六、杨民瞻。七、晁楚老。以上都是家住信州而负有诗文才名的人。

---

❶ 这是《论语》中所载孔子的话。
❷ 范开《稼轩词序》中语。
❸ 参据《景定建康志》和黄昇《花庵词选》，《韩元吉小传》。
❹ 参据辑本《宋会要稿》第九十册《国信使门》和刘宰《漫塘文集》卷一九《颐堂集序》。

此外，在这一时期先后被派到信州做知州的人，例如郑汝谐、王自中和洪樗等人，和辛弃疾的情谊也都很好。和郑汝谐（字舜举）初次会面，辛弃疾就很称赞他的才干，向人说道："此老胸中有百万兵。"❶王自中字道夫，在少年时便自负不凡，遇事总不肯附和流俗之见，因而总是所如不合❷，而辛弃疾却很赏识他的这种英俊之气。

辛弃疾和上述这些人互相过从，有时也结伴邀游于信州境内的山林溪谷和景物名胜之地。就形迹上说，是在留连光景，赏玩风物，而在辛弃疾的脑子里，却经常萦系着有关国政和时局、有关国计和民生的一些问题，特别是他一直想要献身、而始终无缘献身的、对女真侵略者展开斗争的问题。不论是花晨月夕，不论是登高涉远，当前的景物都会触动他的这种情怀。他只有借歌词为陶写之具，把这种情怀发抒出来。于是，或则"闲中书石"，或则"兴来写地"，或在宾朋嬉笑之中，或在醉墨淋漓之际，辛弃疾都在大放厥"词"❸。他在这一长时期心情上的矛盾也都在这些歌词中表露了出来。

南宋的统治集团中人，虽是面临着国家和民族危急存亡的严重关头，但他们仍旧文恬武嬉，沉迷于醉梦腐烂的生活当中。一般飘浮在社会上层的文人学士，又大都寄情于声色，或玩弄些虚玄的概念。对于这样的政风和士习，辛弃疾一向就感到痛心和憎恶。在闲退以前，他曾经不断地在歌词中对这等现象给予泼辣尖锐的批评和讽刺，甚至对于当朝的皇帝，他也曾用"休去倚危栏，斜阳正在烟柳断肠处"的词句加以嘲讽过。闲居信州之后，他这种愤慨更有加无已，于是借为韩元吉祝寿的机会，他写了一首《水龙吟》，很露骨地把西晋的王衍取作南宋统治集团和社会上层人物的替身

---

❶ 见《青田县志・人物志》。
❷ 见《宋史・王自中传》。
❸ 以上皆据《稼轩词》甲集中范开的序文。

而痛加指斥了一番：

> 渡江天马南来，几人真是经纶手？
> 长安父老，新亭风景，可怜依旧！
> 夷甫诸人，神州沉陆，几曾回首？
> 算平戎万里，功名本是，真儒事，公知否？

南宋的一般"骚人墨客"，只把一些离愁别恨作为抒写的主题，而整个民族所遭遇到的严重灾难和深仇大恨，在他们的作品当中竟占不到多少地位，甚至于完全不占地位。辛弃疾对于这等反常现象，也在歌词中加以指摘和质问：

> 今古恨，几千般，
> 只应离合是悲欢？
> 江头未是风波恶，
> 别有人间行路难。
> 　　　　——《鹧鸪天》

他自己，虽被南宋政府投置闲散之地，虽然有时也常常开解自己，说些什么：

> 万事到白发，日月几西东。
> 羊肠九折歧路，老我惯经从。
> 竹树前溪风月，鸡酒东家父老，一笑偶相逢。
> 此乐竟谁觉？天外有冥鸿。
> 　　　　——《水调歌头》

而他的真情实况，却是殷切地系念着国家民族兴亡的大问题：

> 近来愁似天来大，谁解相怜？
> 谁解相怜？又把愁来做个天。
>
> 都将今古无穷事，放在愁边。
> 放在愁边，却自移家向酒泉。
> 　　　　——《丑奴儿》

因而对于任何一个有可能参预南宋政府的军政大计的人，他总是首先把收拾山河、整顿乾坤的使命向他们提出。例如，在为韩元吉祝寿的《水龙吟》词中，他说道：

  待他年，整顿乾坤事了，为先生寿。

在郑汝谐被皇帝赵眘召见的时候，辛弃疾也鼓励他说：

  闻道是：君王着意，太平长策。
  此老自当兵十万，长安正在天西北。

——《满江红》

对于新被任命做江西路安抚使的施师点，辛弃疾的临别赠言是：

  贱子亲再拜：西北有神州！

——《水调歌头》

  当辛弃疾宦游各地的时候，他能注意到各地农户的生活，常为这般农户进行一些兴利除害的实际措施，并且常代他们对于横暴的统治集团和剥削阶级提出控诉；现在，他被排挤在政途以外，既无官守，也无言责了，但对于一些做州县长吏的朋友，他总是劝勉他们能够做体察民隐、去民疾苦的好官吏。例如，当郑如崈被派做衡州的知州时，辛弃疾赋词相送，其中有几句是：

  文字起骚雅，刀剑化耕蚕。

  看使君，于此事，定不凡。……
  莫信君门万里，但使民歌"五袴"，归诏凤凰衔。

——《水调歌头》

如果某一朋友在某州某县任上真有一些好的政绩，他便要加以歌颂。例如，在信州守王桂发离职时，他赋词相送，说道：

  我辈情钟休问，父老田头说尹，泪落独怜渠。
  秋水见毛发，千尺定无鱼。

——《水调歌头》

在信州通判黄某去职时，他也赋词相送，说道：

往年笼岜堂前路,路上人夸通判雨。

去年拄杖过瓢泉,县吏垂头民笑语。

——《玉楼春》

而一般农村人家的丰收或歉敛,愁眉或笑脸,也是赋闲的辛弃疾所常要注意的:

父老争言雨水匀,

眉头不似去年颦。

殷勤谢却甑中尘。

——《浣溪沙》

对于自身之被弃置不用,而且一经弃置即长时期不再被起用,辛弃疾一直是存在着愤愤不平之感的,因而,尽管在很多的歌词中表示要学不为五斗米折腰的陶渊明,要学他的爱酒、赏花、赋诗、抚琴,要与鸥鹭渔蓑为伴,不再关心世务了;然而在另外的一些歌词当中,却又禁不住常常用一些讽刺或牢骚语句表示其愤慨。可以断言,这后一种才是他的真情的流露。例如,他知道自身之所以被当政者所排斥,其原因之一,在于自己不肯对当政者随声附和地奉承和迎合。他在词中写道:

少年使酒,出口人嫌拗。

此个和合道理,近日方晓:

学人言语,未会十分巧。

看他们,得人怜,秦吉了。❶

——《千年调》

对于自己之壮志难伸、被人随意摆布,他写道:

还自笑,人今老。

空有恨,萦怀抱。

记江湖十载,厌持旌纛。

---

❶ 据《唐会要》说,"秦吉了"是林邑国所产的一种鸟,能学人言,胜于鹦鹉。

濩落我材无所用,易除殆类无根潦!
　　　　　　　　　　　——《满江红》

　　壮岁旌旗拥万夫,锦襜突骑渡江初。……
　　追往事,叹今吾:春风不染白髭须。
　　却将万字平戎策,换得东家种树书!
　　　　　　　　　　　——《鹧鸪天》

　　不向长安路上行,却教山寺厌逢迎。
　　味无味处求吾乐,材不材间过此生!
　　　　　　　　　　　——《鹧鸪天》

然而人生岁月有几,难道就永远不再使他有为国家、为民族、为生民而效命的机会了吗?他对此又实在感到不能忍耐:

　　笑吾庐,门掩草,径封苔。
　　未应两手无用,要把蟹螯杯!
　　说剑论诗余事,醉舞狂歌欲倒,老子颇堪哀。
　　白发宁有种,一一醒时栽。
　　　　　　　　　　　——《水调歌头》

　　老去浑身无着处,天教只住山林!
　　百年光景百年心。
　　更欢须叹息,无病也呻吟!
　　　　　　　　　　　——《临江仙》

4.陈亮的来访

　　南宋立国以来,在以赵构、秦桧为首的最高统治集团的长期统治下,对外则始终奉行卖国降敌的政策,对内则滥施其专制淫威,一方面对劳动人民横征暴敛,一方面又对于志在恢复国土、报仇雪耻的士气和民心尽量加以摧残压抑。其结果,由于这个政权的日益腐朽无能,致使整个民族和国家面临危急存亡的关头。

处在这种危险局势之下,学术思想界中一部分人士,为想救亡图存,便致力于"经世致用"之学,想从"古圣先贤"的一些著述当中,寻找可以"医国"、"救世"、"振济时艰"的方案和途径出来。

宋孝宗赵昚在位期内,在距离南宋首都杭州最近的两浙东路,正有一批学人同时并起。其中较为重要的,在金华有吕祖谦和唐仲友,在永嘉有郑伯熊和薛季宣,在瑞安有陈傅良,在浦江有倪朴,在永康有陈亮。他们的乡里既壤地相接,声气易于相通,在研治学问的途径上遂大致有一个共同的趋向,那便是:自经史百家、礼乐兵刑、典章制度,以至舆地边疆、水利农田等等,他们全都要"通其委曲,以求见诸事功"❶。

陈亮在浙东这一批学人当中是较为后起的一个,但他对于治学的宗旨却提得格外明确:凡足以"开物成务"、"治国家、平天下"的,他都要兼蓄并包,而不是像当时一般理学家那样,只把修身养性等事的内省工夫认作真学问,而把此外的一切都鄙视为粗疏的东西。他反对空谈仁义道德等所谓"王化"而不去讲求理财用兵等最切实际的学问。他直截了当地标举出他的治学和治世的宗旨,是要"义利双行,王霸并用"。

在1178年春间,陈亮向皇帝赵昚呈献了一道奏章,主张迁都建康、励志复仇。在奏章的后半,他对于当代的儒生和官僚们提出了严厉的指斥:

> 今世之儒士,自以为得正心诚意之学者,皆风痹不知痛痒之人也。举一世安于君父之仇,而方低头拱手以谈性命,

---

❶ 以上皆参据黄宗羲《宋元学案》。

不知何者谓之性命乎！陛下接之而不任以事，臣于是服陛下之仁。

　　今世之才臣，自以为得富国强兵之术者，皆狂惑以肆叫呼之人也。不以暇时讲究立国之本末，而方扬眉伸气以论富强，不知何者谓之富强乎！陛下察之而不敢尽用，臣于是服陛下之明。❶

当陈亮这次住在杭州上书的时候，辛弃疾也正由江西安抚使被调到杭州去做大理少卿。经由吕祖谦的介绍，辛、陈成为相识。两人的主张和议论既有很多的共同之点，在相识之后就成了极投契的朋友，时常聚首相谈，每一次且都谈得十分畅快。

在这年春间，陈亮一连几次上书给孝宗皇帝，却始终没有受到重视，因而怀着满腔的愤慨离开了杭州。在此后的几年之内，辛弃疾先是宦游各地，继之是退隐上饶，两人再无缘会面。然而陈亮在这时期却不断遭到一些不幸的事情：他几次去参加进士考试，全都落第了；由于他平常好说些牢骚愤激语言，得罪了乡里中的一些人，在1184年被人告发有"置毒害人"的罪行，竟被逮捕系狱，做了近百天的囚犯才被开释。

辛弃疾对于这样一个落拓不羁、怀才不遇的友人，正如杜甫对于李白一样，也有一种"世人皆欲杀，吾意独怜才"的爱惜情怀❷。在他知道陈亮的某些不幸遭遇的时候，特地"赋壮词以寄之"，加以鼓励，也加以安慰：

　　醉里挑灯看剑，梦回吹角连营。
　　八百里分麾下炙，五十弦翻塞外声。——
　　沙场秋点兵。

---

❶ 见《龙川文集》卷一，《上孝宗皇帝第一书》。
❷ 辛弃疾的《祭陈同甫文》中有"人皆欲杀，我独怜才"句。

马作的卢飞快,弓如霹雳弦惊。
了却君王天下事,赢得生前身后名。——
可怜白发生!

——《破阵子》

生活上的困顿,思想上的苦闷,也都使得陈亮时常想念到志同道合的辛弃疾,时常打算跑到信州去向辛弃疾痛快地倾吐一番,聊事排遣。然而因为人事的牵扰,总不得如愿以偿。直到1188年的冬季,陈亮才实现了这一愿望而来到信州。

这时候,辛弃疾又已在铅山县东北境和上饶地界相接的期思渡旁营建了一所新居,他就在这所新居接待这位远道来访的朋友。

新居的附近有一池泉水,池形如臼,清澈见底。辛弃疾也把它买归己有,并为它取了一个名字,叫做瓢泉。❶

距新居稍远的地方有一座山,山脉是从福建境内蜿蜒而来的。绵亘凡百余里,这里的主峰名叫鹅湖,是铅山境内最负盛名的山。山下的官道旁边有一座寺庙,名叫鹅湖寺。寺前十里苍松,参天蔽日,把这所寺院衬托得格外深邃幽静。在1175年,南宋的一些著名学者,如朱熹、吕祖谦、刘清之、陆九龄、九渊兄弟等,曾聚会在这所寺院中,讲论过太极、无极等哲学问题,成为当时学术思想界的一件大事,这座寺院的名字也随之而更加响亮起来了。

当陈亮到达铅山的时候,辛弃疾正患着小病,高兴这客人的到来,小病便算不得什么。主客两人,有时一同酌瓢泉而共饮,有时便同去鹅湖寺中漫步。高谈阔论,话题总是围绕在一些国事和世局的问题上面。

两个人几年以来各都有其抑郁情怀,在此时此地,才都痛痛快快地得到了抒发的机会。

陈亮在由浙东出发之前,也曾写信给在武夷山中闲居的朱

---

❶ 此据《铅山县志》。

熹，约他到赣闽交界处的紫溪地方相候。辛陈两人按照约定的时日前去紫溪，朱熹却并未应约而来。

陈亮在铅山一共停留了十天，才告别东归。然而辛弃疾却还有恋恋难舍之情，在陈亮既行之第二日，辛弃疾又赶紧追去，打算再和陈亮在途中盘桓些时日，或者最好能把陈亮牵挽回来。追到名叫鹭鹚林的地方，由于雪深泥滑，再也前进不得了，辛弃疾才怅然停止下来，独自就饮于路旁的方村。晚间投宿于泉湖吴姓人家的四望楼，半夜听到邻近悲鸣的笛声，不能成眠，想到日来游处甚欢的嘉客，便作成《贺新郎》词一首：

把酒长亭说。
看渊明，风流酷似，卧龙诸葛。
何处飞来林间鹊，蹙踏松梢残雪？
要破帽，多添华发。
剩水残山无态度，被疏梅，料理成风月。
两三雁，也萧瑟。

佳人重约还轻别。
怅清江，天寒不渡，水深冰合。
路断车轮生四角，此地行人销骨。
问谁使，君来愁绝。
铸就而今相思错，料当初，费尽人间铁。
长夜笛，莫吹裂！

及陈亮有和作寄来之后，辛弃疾又用前韵赋词以答：

老大那堪说。
似而今，元龙臭味，孟公瓜葛。
我病君来高歌饮，惊散楼头飞雪。
笑富贵，千钧如发。
硬语盘空谁来听？记当时，只有西窗月。

重进酒,换鸣瑟。

事无两样人心别。
问渠侬:神州毕竟,几番离合?
汗血盐车无人顾,千里空收骏骨。
正目断,关河路绝。
我最怜君中宵舞,道"男儿到死心如铁"!
看试手,补天裂。

5.异军特起的稼轩词

自从1181年冬季辛弃疾从江西安抚使任上被撤下来,到1192年春季辛弃疾之再被起用,这中间,他在上饶闲居整整是十年之久。在这段长时期的闲退生涯当中,辛弃疾经常用歌词作为"陶写之具",用来抒写他的感慨,发表他的议论,用以咏物写景,也用以说理和叙事。因而在这一时期,辛弃疾所写作的歌词,就数量而论,非常繁富;就形式而论,其题材是广阔的,体裁是多种多样的;就内容而论,有的是"清而丽,婉而妩媚",而主要的一部分则是"悲歌慷慨","奋发激越"。每有一首寓意高远的作品写成,很快便被传布出去,"脍炙于士林之口"。在1188年,辛弃疾的第一本词集由他的门人范开编订印行。于是这一个"平生塞北江南"、一心要"经纶事业"、要"股肱王室"、要完成"杀敌""平戎"大业的人物,从此却专被人们以词人相称呼、相看待了。(在1181年洪迈所作的《稼轩记》中还把辛氏称作"辛侯",还不是专以文人学士看待他的。但从这年以后,在任何人的口头和文字当中,"辛侯"的称谓永远也不再见了。)

辛弃疾在这一时期的繁富的作品,不但替他奠定了词人的地位,且在正宗词家的"风情婉娈"和"剪红刻翠"作风以外,"别立一宗"。这就是说,由于辛弃疾的作品充满了壮健奋发的积极进取精神,反映了那一时代的真正中国人民的意愿和苦闷,充满了生动真切的现实社会内容,遂使这些作品具有极其洪亮的声响和充沛富足的感染力量,因而成为当时一般具有爱国思想的文士们咏物抒怀时争相模拟的榜样。在他的朋辈当中,例如陈亮、刘过、丘崈和杨炎正等人,就都是在他的影响之下而写出了许多篇慷慨激昂的歌词的。在辛氏身后,他的这些作品仍旧起着一种振聋发聩、鼓舞战斗情绪的作用,所以也还继续不断地有一些应该归属于辛派的歌词产生出来。

由于辛弃疾惯于在歌词中寄感慨、发议论,故从南宋时起即有人把他的词称为"词论",以为过于豪迈,不是词家的本色。但在南宋也有另一派文人替辛弃疾辩解。例如南宋末年的陈模,在其所著《怀古录》中就说道:"然徒狃于风情婉娈,则亦不足以启人意。回视稼轩所作,岂非万古一清风也哉。"我们完全同意这后一种意见。正是因为辛弃疾能够脱落蹊径,不主故常,才使他能够把词的领域加以开拓,能够异军突起,"于剪红刻翠之外屹然别立一宗"❶的。

而何况,就稼轩的全部歌词来看,其中写得"情致缠绵、词意婉约"、符合于词家之所谓正宗作风的,为数也还是很多的。其中最脍炙人口的一首,是"咏春"的《祝英台近》("宝钗分,桃叶渡,烟柳暗南浦"阕),后来的论词的人说什么"此曲昵狎温柔,魂销意尽,才人伎俩真不可测",实则属于这一类的单纯抒情之作,还有很多首可以和此曲相提并论。这类作品又确切地说明了:所谓正宗词人的长技,在以豪放著名的辛弃疾的笔下,不但并不短缺,且竟是较之别人更能优为之的。

辛弃疾虽是在戎马仓皇之中成长起来的,他阅读的书籍却很

---

❶ 见《四库全书总目提要》稼轩词条。

广博，记忆力也很强。特别在退居带湖之滨以后，他更经常"驰骋百家，搜罗万象"❶，因而胸中有万卷之富。所以在写作歌词的时候，他能够把经史百家中的文句和掌故随心如意地运用在行间笔下，因而使用典故之多，便也成为《稼轩词》中很突出的另一特点。

---

❶ 据刘宰《漫塘文集》卷一五，《贺辛待制弃疾知镇江启》。陆游的《送辛幼安殿撰造朝诗》中也有"万卷邺侯书插架"句。

一〇 从"起废为监司"到再被废黜

1.任福建提点刑狱一年

在带湖之滨闲住了整整十年之久的辛弃疾,在1191年的冬季忽又被宋廷起用为"提点福建路刑狱公事"。

1192年,辛弃疾五十三岁,他在这年春初到福州去就职视事。

到官之后,对于提点刑狱司的属官们,辛弃疾很严格地要求他们奉公守法,对于辖区内的州县守令的治行和政绩,他也很认真地加以考察。他这样的雷厉风行,又惹得许多州县守令都对他心怀怨尤,到后来,连做福建路安抚使的林枅对他也闹起意见来,遇事总不肯和衷共济了。

当时负有"一代儒宗"威望的朱熹,这一年没有任何官职,正在建阳闲居。辛弃疾有时因为按行所部而绕到建阳去和朱熹会谈,有时和他书信往还,不断地向他咨询一些关于处理福建政务的意见。

这年九月,林枅死了,辛弃疾便以提点刑狱兼摄安抚使职,直到这年的年终。

辛弃疾在这一年内的措施,我们现时能够查知的并不很多,其中关系较为重大的,是他关于在福建路内推行"经界"和改变盐法的建议。

所谓"经界",是清查地亩所有权和均平赋役负担的意思。宋朝对于豪强大地主之兼并土地,一贯采取纵容不干涉的政策,豪强大地主享有免税、免役的特权，因此，土地集中在他们手中之后，赋税徭役的负担却多半还留在原业主的身上。一方面是"有产而无税"，另一方面是"产去而税存"。土地的占有量和赋役负担的轻重完全不相符合，这原是中国封建社会历史时期内长期存在的问题，而在两宋尤其突出。当时在福建路的地区之内，这一现象也同样十分严重。

12世纪的40年代之内，经由李椿年的建议，南宋政府曾在某些地区推行过"经界"法令，其推行的时间和范围都很有限，在福建路的部分地区之内就没有推行过。因而福建各地，特别是汀州内六县，像赵汝愚在一篇奏章中所说，上述的那一流弊，是还在日益严重化的：

> 有税者未必有田，而有田者未必有税。比岁诸县逃亡者众，有司窘于调度，不肯为之从实倚阁（延缓），遂将逃亡税赋均及见存邻保。邻保又去，则辗转及之贫弱之民，横被追扰。其间却有豪猾之家，不纳租赋。一强者为之倡首，则群弱者从而附之。至有一乡一村公然不肯纳常赋者。

> 县道无如之何，遂将上项最难催理去处，径拨与诸寨，以为寨兵衣粮，令自催纳。其寨兵催官物者，至皆被甲持刃，遍下乡村。此（按指寨兵）既饥寒切身，彼方固拒不纳，互相仇怨，职此之由。❶

在1190年朱熹做漳州守时曾向南宋政府建议，应当在福建路的漳、泉、汀诸州内推行"经界"之法，由于受到寓公豪右的反对，这建议并未被采纳❷。所以在辛弃疾到福建去担任提点刑狱的时候，这几州的赋役不均的情况还和赵汝愚奏章中所述完全一样。

---

❶ 赵汝愚《论汀赣盗贼利害奏疏》，见《历代名臣奏议》卷三一九，《弭盗门》。

❷ 据王懋竑编《朱子年谱》卷四，绍熙元年记事。

福建一路的食盐,在南宋一代,上四州(即建宁府、南剑州、汀州、邵武军)以实行官运官销的时候为多❶;下四州(即漳州、泉州、兴化军、福州)则以实行"钞法"之时为多,其法是由盐商认缴若干税款,即由政府发给他一张运销许可证,允许他贩运包销若干数量的食盐,在实行官运官销办法的上四州内,曾经发生了不少弊端,这在赵汝愚论述汀州内弊政的奏章中也有很详尽的叙述:

> 又本州地势最高,去海绝远。祖宗旧法系以运盐了办岁计。近岁诸县缺少本钱,官吏苟简,所运盐纲尽不及祖额❷。其运盐船户复大为奸弊,多以灰土杂之,其盐已甚恶矣。却有奸民就近私贩广盐入界,比之官盐不致杂恶,其价复贱,常争数倍,致官盐发泄不行,遂有配抑(即按人口强制派销,当时叫做"口食盐"❸)之患。上下减刻,其弊尤多。故强悍者皆拒而不受,其贫弱易制者则抑配无时。
>
> 又每盐纲内例有转运司增盐,通判厅经总制盐,诸县已难散卖,而本州复有自运岁额盐,又分令诸县变卖。故有转运司盐、有本州盐、有通判厅盐、有本县盐。或以委令丞,或以委巡尉。文书旁午,杂然并出。其民诚不胜其扰矣。
>
> 闻每有欠户入县,则诸厅吏卒擒捕纷然,致百姓有终身不敢望县门者。故宁以死抗拒官司,而官亦无如之何也。

官运官销既产生了这许多弊端,在福建路内做地方官的某些比较明白事理的人,便时常提出改变盐法的意见。然而大多数州县官吏却只求目前经费足用,对于民间所遭受的损害全不考虑,因而总是不愿对盐法有任何改变❹。当辛弃疾去做福建提点刑狱的时

---

❶ 此据郑兴裔《与周侍郎必大书》,见《郑忠肃奏议遗集》卷下。
❷ 祖额即是最初规定的数目。
❸ 见《建炎以来朝野杂记》甲集卷一四,《福建盐》条。
❹ 《建炎以来朝野杂记》甲集卷一四,《福建盐》条。

候,福建的上四州还是维持着官运官销的办法。

辛弃疾到任以后,经过大半年的巡视,知道上述两事为各地民户、特别是为汀州内的民户招致了深重的祸害。到1192年秋,在他代理福建安抚使的时期,他便上书给南宋政府,主张在汀州诸县之内,为解决头一个问题应该推行"经界",为解决后一个问题应该改行钞法。理由是:

> 天下之事,因民所欲行之则易为功。漳、泉、汀三州皆未经界,漳、泉民颇不乐行,独汀州之民,力无高下,家无贫富,常有请也。且其言曰:"苟经界之行,其间条目,官府所虑谓将害民者,官不必虑也,吾民自任之。"其言切矣,故曰经界为上。
>
> 其次莫若行钞盐。钞盐利害,前帅臣赵汝愚论奏甚详,臣不复重陈。独议者以向来漕臣(陈)岘固尝建议施行,寻即废罢,朝廷又询征广西更改盐法之弊,重于开陈。其实不然。广西变法,无人买钞,因缘欺罔。福建钞法才四阅月,客人买钞几登递年所卖全额之数。止缘变法之初,四州客钞辄令通行,而汀州最远,汀民未及搬贩而三州之贩盐已番钞入汀,侵夺其额。汀钞发泄以致少缓。官吏取以借口,破坏其法。今日之议,正欲行之汀之一州,奈何因噎而废食耶。故曰钞盐次之。❶

在1193年委派辛弃疾去做福建安抚使的制词当中,有"比居外台(指福建提点刑狱),谳议从厚,闽人户知之"等语❷,可见辛弃疾在任福建提点刑狱这一年内,对于解除当地民间疾苦的建议必不止有关"经界"和盐法二事,可惜现时都已无从考知了。

---

❶ 以上这段引文,见《开庆临汀志》。此志久无传本,现仅存《永乐大典》第七八九五卷内。

❷ 见楼钥《攻媿集》卷三六,《太府卿辛弃疾集英殿修撰知福州制》。

2. 论奏长江上游的军事防御布置

1192年的腊月辛弃疾被召入朝。次年的正月初他从福州启行。在行程当中，他曾到建阳去和朱熹会晤，到杭州后，陈亮也特地跑来和他相会。

这时期内，辛弃疾所着重考虑的，依然是如何加强国防线上军事实力的问题。当他被皇帝赵惇召见时，他只就这一问题提供了几点意见。他强调提出，必须把长江上游江陵府、鄂州一带的军事备御力量加强，使敌人不可能由上流而下，使下游的江浙可得借以为重。他的具体建议是：

> 自江以北，取襄阳诸郡合荆南为一路，置一大帅以居之。使壤地相接，形势不分，首尾相应，专任荆襄之责。

> 自江以南，取辰、沅、靖、澧、常德合鄂州为一路，置一大帅以居之，使上属江陵，下连江州，楼舰相望，东西联亘，可前可后，专任鄂渚之责。

在奏章的末尾，他又向皇帝特别致意，希望他能"安居虑危，任贤使能。修车马，备器械，使国家有屹然金汤万里之固"。

这番议论并没有受到皇帝和大臣的重视。在奏对之后，辛弃疾被留在南宋行朝做太府少卿。为期仅满半年，宋廷又把辛弃疾的职名提升为集英殿修撰，改派他去做福州的知州兼福建路的安抚使了。

3. 任福建安抚使一年

福州滨海，经常有"海盗"出没为患，因而那里养着数量较多的军队。

在宋廷南渡以后，原在洛阳居住的赵姓皇族的一支也南迁到福州居住。他们的食粮和生活费用以及日常用品，全由福州地方政府供应。在南迁之初，这一支宗室的男女老幼共不满二百人，每年须由福州供给三万贯的费用，其后人口繁衍，费用也不止此数了。❶

为了供应这两项费用，每年都需要很大数量的金钱和谷物。福建多山，可耕种的土地面积较少，而人口却较稠密，收成稍有不好，当地的出产便不够用，需要到邻境去籴买。福建地方政府既负担了那样繁重的开支，一遇到需要大量籴买粮食的情形，便格外感到棘手。

辛弃疾在担任福建提点刑狱和兼摄福建安抚使的时期，对于上述情况已很清楚，对于如何解决这些问题，也曾深思熟虑过。他以为，处在这样的情况之下，负有一路安全总责任的福建安抚使，如果不从全盘筹划，不尽量节省浮费，积储足够数量的钱谷，一遇缓急便将无法支应。因而在这次重回福州之后，对于一路百姓，他务为清静不扰之计，以求避免发生任何事故；开支则尽量加以撙节，并设置一所"备安库"，把撙节下来的数目全部储在库内。经过几个月的时间，库中所存数目便已满五十万贯。这一年福建地区的年景很好，预计到秋收之后，谷价下降，动用这五十万贯现款，可以籴买两万石的粮食，便足够供给宗室和军队的粮饷，可称有备无患了。

编制军队、训练军队，以及行师用兵的韬略，本都是辛弃疾之所长，而在福建，为了防御"海盗"和境内可能发生的事故，也有加强军事防守力量的必要。因而在动用备安库中存款籴买粮食的计划之外，辛弃疾还打算打造一万副铠甲，招募强壮，把军额扩充到一万人，严加训练，使它也能成为像湖南飞虎军那样雄壮的一支武装力量。

然而，刚到了秋收季节，收籴的工作刚在开始，制铠甲、招军

---

❶ 据《建炎以来朝野杂记》甲集卷一，《大宗正司两外宗废置》条。

队的工作还没有进行,南宋朝廷上的谏官黄艾对辛弃疾提出弹劾了。弹章中所举辛弃疾的罪状是:"残酷贪饕,奸赃狼藉。"❶依然不容许被弹劾者作任何分辩,辛弃疾的福州守和福建安抚使的官职全被罢免,南宋朝廷只给他一个挂名的差事:主管建宁府武夷山冲佑观。

在宋代,凡是主管某某地方的某某宫观之类的差使,都是为了顾全罢官人的体面而设的一些闲散差使,有了主管某宫某观的名义的,也并不要亲到某宫某观去供职,而只是住在家中坐领干薪❷。所以,辛弃疾在罢免了福建帅任之后,在这年的八月便又回到江西上饶的带湖之滨去了。

---

❶ 见辑本《宋会要稿》一〇二册,《职官门·黜降官类》卷一〇。
❷ 据陆游《剑南诗稿》卷二六,"蒙恩再领冲佑观"后的《拜敕口号》诗中有自注说,"祠俸钱粟絮帛,岁计千缗有畸"。这也应当是辛弃疾此后几年中每年所能得到的"祠禄"之数。

一一　又是整整八年的闲退生涯

1."使世相忘却自难"❶

宋孝宗赵昚在1189年让位给他的儿子赵惇（光宗）。赵惇的李后是一个悍妒无知的女人，由于几次语言之间的误会，她对赵昚怀着很大的仇恨心情。赵惇完全受制于李后，因而在赵昚既经让位而退居重华宫做太上皇时，赵惇竟不肯到重华宫去和他见面。到1194年夏，赵昚病重，极想一见他的儿子而亦不可得。赵昚既死，赵惇竟假称有病，根本不肯成服居丧。在朝大臣赵汝愚等人便要趁这时机使赵惇退位而拥立皇子赵扩为新皇帝。这时候宋高宗的吴后还没有死，赵汝愚等人希望能由她出面做主，来实现这一政变，便委托韩侂胄到宫内去商得了吴后的同意，用她的名义立赵扩为皇帝，尊赵惇为太上皇帝。

韩侂胄是赵扩妻韩氏的叔父，既是外戚，而在赵扩继承皇位的事件中又有"定策之功"，在赵扩即位之后，韩侂胄立即成了最得宠信的人物。进退大臣，更易言官，他全可以任意而为，并且一概由他假借皇帝的名义用"内批"作处分，不通过中书省用正式的手续办理。

朱熹在这时正被赵汝愚引进朝廷做侍讲，他看到韩侂胄这样玩弄皇帝的威权，便在皇帝面前弹劾他"擅权害政"等罪状。然而

---

❶ 辛弃疾《鹧鸪天》词中句。

在这时的大臣和言官当中，已被韩侂胄安插了很多党羽，他们的势力已远在赵汝愚、朱熹一派之上，因而，朱熹的弹劾不但没有生效，到1194年的十月，反而被韩侂胄用"内批"罢免了侍讲的官职。到下一年的二月，韩党的言官李沐和谢深甫先后奏论赵汝愚"以同姓而居相位，将不利于社稷"，遂首先免去赵汝愚的相位，稍后又把他斥逐到永州（在今湖南零陵县）去。赵氏前往贬所，刚到衡阳便病死在船上了。

辛弃疾的卸除闽帅之任，正是在新皇帝的即位之初。他在回到带湖之滨赋闲之后，和南宋朝廷上这些政潮的起伏，当然是不会有任何干系的。然而，赵汝愚和朱熹两人，都和他有较深的友谊，每当韩侂胄和他的党羽想对他们的政敌加以倾陷和打击时，便也不免常常联想到辛弃疾。因此，在1194年的九月下旬，御史中丞谢深甫便又对辛弃疾提出了弹劾，说他"交结时相（指赵汝愚），敢为贪酷，虽已黜责，未快公论"。遂又明令把辛氏的职名降了等，由"集英殿修撰"降充"秘阁修撰"❶了。

1195年十月，新的御史中丞何澹再一次对辛弃疾提出弹劾，说他"酷虐哀敛，掩帑藏为私家之物。席卷福州，为之一空"。于是，"秘阁修撰"的职名又被削夺了。

1196年九月，宋廷的言官中又有人对辛弃疾提出弹劾，说他"赃污恣横，唯嗜杀戮。累遭白简（即弹章），恬不少悛。今俾奉祠，使他时得刺一州，持一节，帅一路，必肆故态，为国家军民之害"。于是，"主管建宁府武夷山冲佑观"的空名义也被削夺了❷。辛弃疾平生所获得的各种职名，到此时几乎已被削夺干净了。

不知是什么缘由，到1198年，宋廷忽然又恢复了辛弃疾的"集英殿修撰"之职，而且恢复了他的那个挂名的差事，要他依然"主

---

❶ 见辑本《宋会要稿》第一〇二册，《职官门·黜降官类》卷一〇。
❷ 同上。

管建宁府武夷山冲佑观"。这在辛弃疾本人也觉得莫名其所以然。在拜命之后,他便写成《鹧鸪天》一首:

老退何曾说著官?
今朝放罪上恩宽!
便支香火真祠俸,更缀文书旧殿班。

扶病脚,洗衰颜。
快从老病借衣冠。
此身忘世浑容易,使世相忘却自难。

2. 移居铅山县的期思市

几年前,辛弃疾在上饶闲居期内,曾经特地访泉于铅山县的期思市,把那里的瓢泉连同泉旁的几间房屋买归己有。此后便常常到那里去住些日子。当他要到福建去做提点刑狱的时候,还特意到那里去和一些朋友相聚话别。

这次辛弃疾再被废黜,回到上饶不久,便又到期思,在那里着手建造一些房子。到1195年春才把计划中的屋宇全部修造成功。新屋落成不过一年光景,辛弃疾在带湖旁的那一所住宅不幸失火,其中的主要房屋全被烧毁❶。辛弃疾的一家从此便迁徙到期思市上这所新建的房屋去住了。

在铅山的闲散生涯,大致和前此闲住在带湖之滨的那几年一样,大部分的时间,是在和一些学士大夫游山逛水、饮酒赋诗中消磨掉的。因而在这一时期所写作的歌词,为数也很不少。就其词题中所涉及的,知道在这时和辛弃疾过从最密、唱和最多的有以下几个人:

---

❶ 见袁桷《清容居士集·跋朱文公与辛稼轩手书》及刘克庄《后村大全集》卷九七《诗境集序》。

一、傅为栋，字岩叟。他是铅山县的一个富翁，但在"为富不仁"的人群当中，他还算是一个良心未尽泯灭的人。每当灾荒年份，一般豪强大地主或则乘时抬高粮价，或则闭仓不粜，傅岩叟在这样的时候常常自动捐出一些金钱和粮食，赈济饥民，且倡导乡里富民也都这样做。他在科场中未能得志，因而没有进入仕宦之途，后来也就绝意于仕宦。因为他是富翁，所以他的家园中景物极好：夏天则池清荷净，冬天则竹深梅香。他经常在家中接待宾客，饮酒赋诗。而辛弃疾便是常常被他接待的客人之一。❶

二、赵蕃，字昌父，玉山县人。他曾在外地做过几任小官，后来就闲住在家中。他的诗在当时很负盛名，朱熹、杨万里等人都很称赞他。他为人淡泊自守，因而他的诗也是恬淡而富有逸趣，被人称为有陶渊明的风格。❷

三、徐文卿，字斯远，也是玉山县人。他和赵昌父的为人相似："视荣利如土梗"，"有物外不移之好，负山林沉痼之疾"。❸

四、吴绍古，字子似，是陆九渊的学生。当辛弃疾移居铅山的时候，他正做铅山县尉。他有史才，也有文才。在铅山任上时他不断地和辛弃疾过从唱和，离开铅山之后，仍然不断地和辛弃疾互相寄送一些诗词。❹

五、赵茂中。六、赵晋臣。两人都是赵宋的宗室，寓居铅山，都曾考进士及第。他们虽是宗室，却并不恃势凌人，所以和当地的居民处得很好。赵茂中且还出款创置了一个"兼济仓"，谷贱时收籴，谷贵时减价出粜。❺

---

❶ 此据陈文蔚《克斋文集·傅讲书生祠记》。
❷ 据刘宰《漫塘文集·章泉赵先生墓表》及《宋史·赵蕃传》。
❸ 据叶适《水心文集·徐斯远文集序》。
❹ 据《铅山县志》的《名宦志》和《安仁县志》的《人物志》。
❺ 据徐元杰《楳埜集·嘉遯赵公赞》。

3．"庆元党禁"和朱熹之死

赵汝愚、朱熹等人先后被排斥出南宋政府，南宋政府内的派系斗争却并不是到此就告结束。韩侂胄一派人物在掌权之后，唯恐赵、朱一派还有复起的可能，故在赵汝愚已死之后，也还不断地采用种种的名义和手段给赵朱一派人物以严重的打击。

朱熹继承了北宋周敦颐和程颢、程颐等人的学问，大力提倡理学和道学，号召一切研究学问的人都要去做一些"修身养性"和"正心诚意"等类的"内省工夫"，他也因此成了理学和道学界的大宗师。由于从南宋立国以来，最高统治集团长期奉行对金屈服投降的政策，对于民族意识和士气民心不但不加以鼓舞，使其集中在反抗侵略者的目标上，反而唯恐国人的民族意识昂扬了，士气民心高涨了，以致不得顺遂其对金屈服投降的阴谋，所以一直在大力地加以压制和摧残，必使其趋于消沉萎靡而后已。一般读书人处在这等情况下，彷徨苦闷，找不到出路，便只好走向朱熹等人所指出的道路，权且把身心寄托在道德性命等类的问题上，这样就使得"道学家"的队伍一天大于一天了。

韩侂胄一派认为朱熹一派并不是专心从事于义理之学的研究和身心的修养工夫，而只是借这幌子团集徒众以从事于政治活动的。因而，他们要集中力量打击这个道学家的队伍。他们替道学家另取了一个名目，叫做"伪学"，说他们在研究学问的伪装之下，实际是要进行其在政治上的阴谋活动的。朱熹被他们称作"伪学之魁"，说他"以匹夫而窃人主之柄，鼓动天下"，"图为不轨"。他们借用政治上的力量下令禁止伪学，并且明白规定：凡是诸路州郡的监司帅守们保荐官员，必须在保荐书中证明被保荐者不是伪学逆党；各地在举行乡试的时候，每个参加考试的举子也必须先期填写"家状"，确证自己"不是伪学"。到1197年冬，又宣布了一个"伪学逆党"的名单,包括赵汝愚、朱熹、周必大及叶适、吕祖谦、蔡幼学等共五十九人,把他们都算做政治罪犯,借以限制他们的活动。因为这些事件都是发生在赵扩的庆元年代中的,所以被称为"庆元党禁"。❶

在这期间,赋闲家居的辛弃疾,虽则为和赵、朱诸人的关系而一再受到"落职"、"罢宫观"的处分,但他和朱熹却依旧维持着深厚的交谊。朱熹认为辛弃疾是当代很难得的人物,同时却又认为如果辛弃疾"早向里来有用心处,则其事业俊伟光明,岂但如今所就而已"❷。因而不论在晤谈或通信时,朱熹总是劝勉辛弃疾要"克己复礼,夙兴夜寐"❸;辛弃疾对朱熹的学行也越来越佩服,当1194年冬朱熹在武夷山中修成了"武夷精舍"时,辛弃疾前去观览,写成《棹歌》十首,其中曾有"山中有客帝王师"等句,在《寿朱晦翁》一诗中更用"历数唐虞千载下,如公仅有两三人"等句对朱熹加以称颂。1198年辛弃疾恢复了"主管建宁府武夷山冲佑观"的名义之后,依照规定虽然并不需要亲往寺观去供职,他却不顾伪学之禁正如何严厉,常常借这名义跑往武夷山中去和朱熹会面❹。

1200年三月,朱熹病死在武夷山中。南宋政府得悉之后,立即有言官上章,说"四方伪徒期以一日聚于信上,欲送伪师朱熹之葬。……会聚之间,必无美意,若非妄谈世人之短长,则是谬议时政之得失"❺。随即下诏禁止人们到武夷山去会葬。朱熹的门生和故旧中果然有些人因此不敢前去了。

辛弃疾在听到朱熹逝世的消息时,立即赋词哀悼:

---

❶ 参据《两朝纲目备要》卷五各条及沧洲樵叟《庆元党禁》。
❷ 朱熹《答杜叔高书》中语,见《朱文公文集》卷六〇。
❸ 据《宋史·辛弃疾传》和袁桷《清容居士集》卷四六,《跋朱文公与辛稼轩手书》。
❹ 据朱熹所作《稼轩谱序》。此序不见《朱文公文集》,在辛启泰编的《稼轩年谱》中曾从序中摘引数句,亦未录全文。
❺ 见《两朝纲目备要》卷六,《三月甲子朱熹卒》条。

> 一壑一丘，轻衫短帽，白发多时故人少。
>
> 子云何在？应有《玄经》遗草。
>
> 江河流日夜，何时了？
>
> ——《感皇恩》

"子云、《玄经》"一句，用以喻朱熹注释儒家经传的各种著述，"江河"一句则是隐括杜甫的"尔曹身与名俱灭，不废江河万古流"诗句大意，用以反讽攻击道学的韩侂胄集团，同时也寄寓了自己的若干隐痛在内。

而且，不管韩侂胄所下的禁令如何严厉，辛弃疾又作了一篇哀悼朱熹的祭文，并且亲自跑到武夷山去祭吊他。祭文的全文现时已不存在了，传下来的只有其中的几句：

> 所不朽者，垂万世名。
>
> 孰谓公死，凛凛犹生。

从上述辛弃疾的一些行事，我们又可以看出他的性格的一个方面：遇事他具有正义感，而且敢于把自己的行动服从于自己的正义感，而且敢于以自己的行动表示出对于当权者们凶横淫威的抗议。

一二　晚年的用舍行藏

1.起帅浙东

　　1203年，辛弃疾六十四岁。这年六月，宋廷起用他去做两浙东路的安抚使。对于辛弃疾这次的再被起用，朱熹的门生黄榦在写给辛弃疾的一封信中曾有一段适当的描述："明公以果毅之资，刚大之气，真一世之雄也，而抑遏摧伏，不使得以尽其才。一旦有警，拔起于山谷之间，而委之以方面之寄，明公不以久闲为念，不以家事为怀，单车就道，风采凛然，已足以折冲于千里之外。"❶这说明，他这次的确是为国事、为苍生而再起的。

　　南宋国境内的农户，单是南宋政府加派在他们身上的有名和无名的科敛已经严重非常，而各地的豪强和贪官污吏还在"因缘为奸"，对他们公然进行敲诈和压榨。对于这等情况，辛弃疾在到任何一地做地方官时都曾有所论奏，都曾提出制止这等情况的建议。但是，在当时那种封建经济体系之下，这样的一些建议当然不会收到预期的效果的。何况这些建议，大多数未被南宋政府认真地考虑，未被采纳施行。

　　这就是说，当辛弃疾到浙东去做帅守时，浙东地方的贪官污吏和豪绅地主们鱼肉乡民的情况，还是和他前此在湖南、福建等地

---

❶ 黄榦《勉斋集》卷四，《与辛稼轩侍郎书》。

所见完全一样。因而，他这次到任不久，便写给南宋政府一道奏章，论述"州县害农之甚者六事"。❶奏章的全文没有流传下来，传下来的只是其中的两事：一事是关于"折变"❷的，他举述了各地方"输纳岁计有余，又为折变，高估趣（催）纳"的弊端。另一事是关于地方官枉法向民户多要"斗面米"和多收钱货的。他举了一个例子说，往时有一个大吏在某处做郡守四年，向民户多取了斗面米六十万斛，钱百万余贯，都贮存在另外的谷仓和钱库当中。后来把这六十万斛粮米交出，却假称是用那百多万贯钱籴买来的，于是这一大笔现款便装进了这个大吏的私囊了。对于这样的一些害民之事，辛弃疾在奏章的结尾说，希望南宋政府通令朝内的言官和各路的提点刑狱"察劾无赦"。

辛弃疾在浙东做帅，为时不满半年。在这期间，曾有一批贩盐私商起事，立即被他"销弭"下去了。这一事件的原委，当时的公私史册中全没有记载下来。在浙东任上他另外还做过一些什么事，我们也不知道。

2．金国的情况

12世纪的中叶，在金国北部边境外的蒙古族，其势力已经日益强大起来。在兀朮临死的遗言当中，便特别提到蒙古族的军事实力对金国已经构成了一种威胁，认为这是很值得忧虑的一件事❸。

12世纪末叶，金章宗完颜璟即位之后，在金国内部，民族矛盾和阶级矛盾都在日益尖锐，女真贵族之间的内讧也正日甚一日，因此，

---

❶ 见《文献通考·田赋考》五。
❷ 宋代民户纳税，通常是以每亩一斗为率，交纳谷物。政府有时需要钱帛，即要民户改纳钱帛，叫做"折变"。在以谷物折合钱帛时，总是把谷价估得很高。例如时价每斗五十文，却硬要民户交纳一百文之类。
❸ 见宇文懋昭《大金国志》卷一九，金章宗承安元年记事。

对于蒙古的侵逼，更是难以招架得住。蒙古兵马每次打来，金军总都被它打败。南宋政府中人对这些事颇有所闻，也都在希望金国的势力能因此而衰弱下去，南宋方面便可乘机把某些失陷的土地收复回来。1200年夏，宋廷派遣赵善义往金国去庆贺完颜璟生辰，在归途中因为下车地点问题和金国臣僚发生了争执，在气忿之下，他竟向金臣说道："你国方为蒙古所扰，还来和我争论这事，莫待要我朝起兵和蒙古夹攻吗？"❶赵善义回到南宋之后，虽因这次失言而免官，但他的这几句话却实在说出了南宋政府某些当权人物的心事。

华北的汉族人民和女真统治者之间的矛盾和斗争，在女真侵略势力伸进到华北地区之后就不曾间断过，而到第十二三世纪之交，则更发展到极其剧烈的程度。

在12世纪的后四十年内，金国的统治者依然向华北汉族人民进行其掠夺土地的罪行，大量的肥沃农田都被"籍没入官"，"安置屯田"。但这些屯田军户，本身全都不耕不战，也根本不注意耕耘收获，只是强迫汉族劳动人民为之佃种。屯田军户对于租佃者常常预征两三年的租课，致使租佃者大量逃亡，原来肥沃的土地因此由瘠薄而趋于荒芜，金政府便再向另外的肥沃地区去进行掠夺。而在屯田军户迁移到新占的肥沃地区之后，先前所侵占的那些土地却并不归还给原来的业主，只是任其荒废着❷。

华北的广大农业生产区域，经女真侵略者长时期的破坏之后，便到处出现了大片的荒地，到处"草莽弥望，狐兔出没"❸，农业生产已经萎缩到极点了。

一批接续一批，汉族人民的产业被女真统治者劫夺去了；一批接续一批，汉族的劳动人民被女真侵略者逼迫到了饥饿线上。到

---

❶ 见《两朝纲目备要》卷六，庆元六年六月壬辰"赵善义吴旰使金"条和宇文懋昭《大金国志》卷二〇，金章宗承安五年记事。
❷ 此据《金史·食货志·田制篇》。
❸ 见《大金国志》卷二三，崇庆元年记事。

12世纪末年，正当蒙古的势力已使金国感到严重威胁的时候，在太行山以东和以西的广大地区内，反抗女真统治者的武装力量也已到处聚结起来。金廷急派兵将前往泽州（今山西省晋城县）、潞州（今山西省长治县）等地从事镇压，结果不但"连战皆败"，连统兵的将官也被民军打死了。[1]从此以后，河北、河南、山东等地"贫悴饥疲"的汉族人民相继蜂起，都要向女真侵略者清算"拨地"夺产之仇了。[2]

3．辛弃疾对金国军事情况进行侦察

如何把女真侵略者从中原和华北地区驱逐出去，把中原和华北地区的汉族同胞从女真侵略者的统治压榨之下拯救出来，这是时常萦回在辛弃疾脑际的一个问题。即在被南宋政府投闲置散的长时期内，他也同样关心这一问题。

在第12世纪的最后几年，南宋派往金国去做外交使臣的某些人，例如丘崈、钱之望、郑汝谐、许及之、汪义端等人，都和辛弃疾有不同程度的友谊关系，从他们那里，辛弃疾可以了解到金国目前社会经济和军事方面的一些紊乱情况，而这正是辛弃疾一向就在期待着的反击女真侵略者的大好机会。在他到绍兴府去就浙东帅任之后，为求更确实地明了敌方内部的虚实，便分别派遣了一些人深入金国去进行侦察工作。山东、河北之地是辛弃疾年轻的时候所曾经行之地，所以在他分派侦察人员之前，能向他们指出敌方某些重要军事据点之所在，要他们到达这些地区之后，把当地的山川等自然形势、官衙和仓库的位置、敌人的兵马数目和将帅姓名以及营寨分布的状况等，描绘记载下来。在他们先后回来，把侦察所得

---

[1] 据《大金国志》卷一九，金章宗承安二年记事。
[2] 据《大金国志》卷二一，金章宗泰和五年记事。

告诉辛弃疾之后,辛弃疾便把敌方的军事布置制为总图,画在面积很小的一段绢上❶。从此,敌方军力的大小及其军事动向,都已在辛弃疾的掌握之中了。

恰恰在这时候,即1204年正月初旬,皇帝赵扩召见辛弃疾,要他陈述对付金国的意见。

4.陆放翁的送行诗

以爱国诗人著称于世的陆放翁(陆游),在辛弃疾到绍兴去做浙东帅的时候,他已经是八十岁的老年人了。他的家在绍兴府的鉴湖之旁,四周的景物是很好的,但诗人的房屋却很不好。辛弃疾在到任之后即和他常常来往,看到他的旧房很不像样子,便示意要帮助他修造一座新屋,放翁不肯接受这好意,后来便也没有实行。❷

辛弃疾受到召见之命以后,要离开绍兴了,陆放翁特地写了一首长诗送行❸。在这首长诗当中,可以看到陆放翁对辛弃疾的评价,也可以看到他对辛弃疾的期待和鼓舞:

> 稼轩落笔凌鲍谢,退避声名称学稼。
> 十年高卧不出门,参透南宗牧牛话。
> 功名固是券内事,且葺园庐了婚嫁。
> 千篇昌谷诗满囊,万卷邺侯书插架。

这八句是说辛弃疾原是一个可以成就伟大功业的人物,却长期被南宋政府置于闲散之地。

> 忽然起冠东诸侯,黄旗皂纛从天下。
> 圣朝仄席意未快,尺一东来烦促驾。

---

❶ 据程珌《丙子轮对札子》中所载辛氏自述,见嘉靖本《洺水集》卷一。
❷ 陆游有《草堂》诗一首,中有自注云:"辛幼安每欲为筑舍,予辞之,遂止。"
❸ 诗的题目是《送辛幼安殿撰造朝》,见《剑南诗稿》卷五七。

这四句是说辛弃疾从赋闲而被起用为浙东安抚使，不久即又受到入朝的诏命。

> 大材小用古所叹，管仲萧何实流亚。

从这两句可以看出，陆放翁是把辛弃疾看作和管仲、萧何同一流的人物，而南宋政府却始终不使他得以尽其才。像浙东安抚使一类的职位，也仍然是不能使辛弃疾得以展其长才的。

> 天山挂旆或少须，先挽银河洗嵩华。
> 中原麟凤争自奋，残虏犬羊何足吓。
> 但令小试出绪余，青史英豪可雄跨。

这六句是说：如果南宋政府肯把对敌斗争的任务交付给辛弃疾去执行，则结连中原的忠义民兵，完成恢复中原以及关陕之地的功业是可以致取的。

> 古来立事戒轻发，往往谗夫出乘罅。
> 深仇积愤在逆胡，不用追思灞亭夜。

这就是全诗的结尾。陆放翁以这四句对辛弃疾加以安慰和劝勉，劝他不要介意前此被韩侂胄及其党羽排挤倾陷的事，那类事原是古今所惯见，不足为怪，不应挂怀的，只一心一意向全民族的深仇大敌去作斗争好了。

5. 论奏金国必乱必亡，愿属元老大臣预为应变计

韩侂胄在1196年曾经出使金国，对于金国内部某些混乱情况也略有所知。在此以后，他成了南宋政府中权势最大的人物，但由于他的资历和素行都不孚众望，他在统治集团中的威望遂也不能伴随他的权位而日益提高。然而此后每年每次出使金国的人既都带来一些消息，说金国因遭逢外部和内部的种种困难而"兵连祸结，国势日弱"，于是，韩侂胄决定趁此机会对金用兵，树

立"盖世功名",借此把自身的威望大大提高,以长期保持地位和权势。因此,从1203年起,他便开始聚财募卒,厉兵秣马,打造战船,增置襄阳(今湖北省襄阳县)骑军和澉浦(今浙江省海盐县南)水军,进行种种准备工作。同时,他又解除"伪学党禁",以期收揽士大夫;起用一些平素对金主战最力的人物,以求振作气势。辛弃疾在1203年秋间之所以被起用为浙东安抚使,以及这次之所以被皇帝赵扩召见,便都是和这一总的发展过程有关的。

辛弃疾既是一向主张对金用兵的人,而现时的金国又正是"兵连祸结",有机可乘,则对于韩侂胄之从事于出兵伐金的准备工作,不论韩侂胄是否别有居心,在辛弃疾总是十分赞成的。然而,战争是双方的事情,要"知彼"也要"知己",因而,金国的兵连祸结虽是一个可乘之机,而为了真正能够很好地利用这时机给予金国以打击,在南宋方面还必须认真考虑自身实力的强弱与敌国相较究竟如何。

辛弃疾在12世纪60年代内奏进《美芹十论》时,已经说到,南宋的士气和民心,在赵构、秦桧等人长时期的统治之下受到了严重的蹂躏摧残。到这时,距离上《美芹十论》时又已四十年了,这期间南宋当国者基本上既还是奉行对金屈服的政策,在士气民心方面,和四十年前相较便也无甚不同之处。照黄榦这时给辛弃疾的信中所说,其情况是:"国家以仁厚揉驯天下士大夫之气,……秦氏和议又从而销靡之,士大夫至是奄奄然不复有生气矣。语文章者多虚浮,谈道德者多拘滞,求一人焉足以持一道之印,寄百里之命,已不复可得,况敢望其相与冒霜露,犯锋镝,以立不世之大功乎?"❶在军队方面,则士兵既都未经训练,将佐也都是未经战阵、不识兵机的一些庸材,和辛弃疾调查所得的敌方的军事实力相较,显然还是没

---

❶ 黄榦《勉斋集》卷四,《与辛稼轩侍郎书》。

有制胜的把握的❶。因此,在辛弃疾看来,南宋政府还必须从事一段长时期的准备工作,比如说,从目前开始,以十年乃至二十年的工夫,从各方面充实国力,然后才可谈到出兵北伐的事❷。

辛弃疾的所见如此,当他面对着皇帝赵扩,要提出自己对于目前应否出兵伐金的意见时,他便直抒所见,首先很确定地论述了金国必乱必亡的种种理由,借以加强皇帝的勇气和信心,然后又陈说必须把对金用兵的任务交付给元老大臣,使其积极从事于武备,"务为仓猝可以应变之计"。❸

辛弃疾之所以提出必须把用兵任务交付给元老大臣,其言外之意,就是暗示皇帝赵扩不要把这任务交付给那般轻脱寡谋、不能负重致远的人物,亦即由韩侂胄引进到政府中来、且被韩侂胄最信任倚重的那般人物。而同时,辛弃疾也必然是"当仁不让"地把自己包括在这所谓"元老大臣"之列,希望能在这"备兵""应变"的任务当中分担一些责任的。

韩侂胄和他所引进到南宋政府中的,正是一些狂率轻薄、虚浮夸诞的人物,他们和北宋末年的蔡京、童贯、王黼等是同一流的人物。出兵伐金是他们已经确定了的方针,而且迫不及待地就要见之施行。他们以为这是极易建立的勋业,是唾手可得的功名。其所以还要指使皇帝赵扩召见辛弃疾征询其意见,只是希图能因他的赞同和支持而把社会舆论转移过来,却决然不愿假手于辛弃疾,使即将到手的功名竟为辛弃疾所分受。更何况辛弃疾对于他们的一些急躁冒进的举措还在并不表示赞成呢。

因此,在召见之后,宋廷虽把辛弃疾的职名由集英殿修撰提

---

❶ 程珌的《丙子轮对札子》中所记辛弃疾的话,有"虏之士马尚若是,其可易乎"等语。

❷ 袁桷《跋朱文公与辛稼轩手书》(见《清容居士集》卷四六)有云:"辛公开禧之际亦曰'更须二十年',阅历之深,老少议论自有不同焉者矣。"

❸ 据《建炎以来朝野杂记》乙集卷一八,《丙寅淮汉蜀口用兵事目》条。

升为宝谟阁待制,同时却改授他一个"提举佑神观"的空名义,把浙东安抚使的职务给解除了。

到1204年三月,辛弃疾才又被派到镇江去做知府。

6. 在镇江知府任上

在镇江的士大夫当中,有一个名叫刘宰的人。在十年前,当辛弃疾卸掉福建帅任重回信州闲居时,刘宰也正被派到信州去做考官,两人从此相识,也成了朋友。这次辛弃疾被派为镇江知府之后,刘宰便首先写信给辛弃疾,表示热烈的欢迎。信中有几句是:

奉上密旨,守国要冲。三辅不见汉官仪,今百年矣;诸公第效楚囚泣,谁一洗之?敢因画戟之来,遂贺舆图之复。岂比儿童之拍手,谩夸师帅之得人。

待制(指辛弃疾)卷怀盖世之气,如圯下子房;剂量济时之策,若隆中诸葛。……赫然勋名,付之谈笑。……自介圭之入觐,借前箸以为筹:究财货之源流,指山川之险易。金马玉堂之学士,闻所未闻,灞上棘门之将军,立之斯立。❶

刘宰的这些话虽然不免有形容稍过之处,但也真实地反映了当时人对辛弃疾的评价和期望,那就是:把他当作张良、诸葛亮一流的豪杰人物,期待他能够为南宋朝廷所重用,借以发抒他的长才,完成报仇雪耻、恢复中原的大业。

辛弃疾也确实是以此自任的。因此,尽管在皇帝赵扩召见之后,由于他不肯迎合韩侂胄一派人的意愿,以致没有被安排在统筹军机重务的职位上,也没有被派遣到对敌斗争的最冲要的军事重镇,例如建康等地去负责一路的防务,而只是把他派做镇江的知府,但辛弃疾却不变他的素守,依然坚持他的所见:(一)对女真

---

❶ 见《漫塘文集》卷一五。

侵略者必须以武力把它赶出中原和华北；（二）用兵的事却不可草率和操切，须有充分的准备。对于后一意见的坚持，表现在辛弃疾到镇江后所写的一首歌词当中。那时他到北固亭去观赏风物，因为发生了思古的幽情，也有感于自身的经历和目前的时局，遂赋《永遇乐》一首：

千古江山，英雄无觅，孙仲谋处。
舞榭歌台，风流总被，雨打风吹去。
斜阳草树，寻常巷陌，人道寄奴曾住。
想当年：金戈铁马，气吞万里如虎。

元嘉草草，封狼居胥，赢得仓皇北顾！
四十三年，望中犹记，烽火扬州路。
可堪回首，佛狸祠下，一片神鸦社鼓。
凭谁问：廉颇老矣，尚能饭否？

从这首词可以明白地看出：辛弃疾对于自己不得置身于对敌斗争的重要职位上，是有些愤愤不平的；对于韩侂胄一派人急于要出兵伐金，是怀抱着很大的忧虑的，认为那将招致和南朝刘宋元嘉中草草出师北伐的同样惨败的结局。

虽有这样的感慨和牢骚，辛弃疾要以武力打击女真侵略者的素志却不因此而稍有改变。所以，在他到镇江就职之后，除了必须处理的一些地方行政事务之外，他还是把主要的心力放在建置一支可以应敌的武装力量上面。他首先定做了一万套军服，预备陆续招募江淮之间的土丁一万名，准备将来渡淮迎敌之用。对于在淮水流域出兵击敌的一些具体事项，他也有所擘划。

他以为，"中国之兵，不战自溃者，盖自李显忠符离之役始"。然而"百年以来，父以诏子，子以授孙，虽尽戮之不为衰止"，所以，虽经符离之败，而事情还是大有可为的。只是南宋政府所募养的官军已不堪使用，只可把他们分布在大江沿岸，摆一摆样子，

"至若渡淮迎敌，左右应援，则非沿边土丁断不可用"。这是因为："沿边之人，幼则走马臂弓，长则骑河（指淮水）为盗，其视虏人，素所狎易"，在和敌人战斗的时候，自然不致像官军那样的怯懦了。

在使用沿边土丁的时候，又万不可使他们和官军混杂在一起，"盖一与之杂，则日渐月染，尽成弃甲之人。不幸有警，则彼此相持，莫肯先进；一有微功，则彼此交夺，反戈自戕，岂暇向敌哉"。

沿淮的军事力量的配备，也必须尽可能使其充实壮大。照辛弃疾的意思，应该把"淮之东西分为二屯，每屯必得二万人乃能成军。淮东则于山阳，淮西则于安丰，择依山或阻水之地而为之屯，令其老幼悉归其中，使无反顾之虑，然后新其将帅，严其教阅，使势合而气振"，这样则不待作战便先已使敌人夺气了。❶

辛弃疾的这些计划，应当说是完全切合实际的，因为，其中所规划的事项无不具体可行，只需假以一定的时日，便可以次第实现；然在另一方面，又应当说是完全脱离了实际的，因为，宋廷之对于地方守令，自来是和下棋一样地易置不常，使任何人都不能久于其职，辛弃疾竟作了那样的长远规划，这首先就是不与实际情况相符合的，是根本没有付之实施的可能的。更何况，江淮之间的防御和进攻等等的军事职责，韩侂胄一派人压根儿就没有交付给他。

1205年六月，辛弃疾到镇江刚满一年，要设施的事项方在开始，南宋政府也正在下令给内外诸军，使其"密为行军之计"，却又把辛弃疾改派为隆兴府的知府，把他从南宋国境东北部的这一"边面"调开了。

七月初间，辛弃疾还没有离开镇江前往隆兴，宋廷的言官又

---

❶ 以上皆据程珌的《丙子轮对札子》中所载辛弃疾的自述。

论奏辛弃疾有"好色,贪财,淫刑,聚敛"❶诸罪状,便又改授以"提举冲佑观"的空名,把知隆兴府的新命也撤回了。

就在这年七月内,辛弃疾从镇江直接返回铅山。

7. 赍志以殁

1206年春,宋廷再起用辛弃疾去做浙东安抚使,辛弃疾上疏辞掉了。

这年五月,宋廷正式发布了伐金的诏令,分由淮南东、西路和京西、四川等地出师。在和金兵接触之后,南宋的各路军队都溃败下来。照当时人程珌所记,南宋这次之所以致败及因这次溃败所遭受的损失是:"一出涂地不可收拾。百年教养之兵一日而溃,百年葺治之器一日而散,百年公私之盖藏一日而空,百年中原之人心一日而失。"程珌在宋兵既败之后,亲到淮水流域察看溃败实况,推寻其失败的缘由,是在于:"所集民兵皆锄犁之人","禁旅民兵混而不分","兵数单寡,分布不敷","军势不张","谍候不明"。而这种种,"无一而非弃疾预言于二年之先者"❷。

到这年腊月,金方对南宋更加强其军事压力,宋方感到实在招架不住了,便由负责督视江淮兵马的丘崈派人到金国的军营中表示求和之意。在这同时,宋廷把辛弃疾的职名晋升为龙图阁待制,派他去做江陵府的知府,并要他先到杭州向皇帝奏陈有关时局的意见。辛弃疾应召先去杭州。这次他向皇帝奏陈了一些什么意见,史书未载,不得而知。只知宋廷在1207年春间,即紧接在辛弃疾奏对之后,又颁发了一道诏命说,"朕念国事之方殷,慨人材之难得,……熟计重轻之所关,莫若挽留而自近。……虽戎阃正资

---

❶ 见辑本《宋会要稿》一〇三册,《职官门・黜降官类》卷一二。
❷ 见程珌的《丙子轮对札子》。

于谋帅，而武部尤急于需贤"❶，不再让辛弃疾到江陵去就职，却留他在南宋政府做兵部侍郎了。

在这三四年中，如何对待金国的问题，一直是南宋政府所面对着的最主要的问题。而在这一问题上，辛弃疾的意见却始终得不到重视。而且对辛弃疾本人，忽而呼之使来，忽而又麾之使去，这表明，韩侂胄一派人一直还不曾有和当代豪贤分任权责、共立功业的廓然大公之心。然而，到他们已把事情弄得糟到不堪收拾，又要采取屈辱降敌办法以求了事的时候，却想以名位利禄把一些过去不与其事的人笼络到政府中来，为他们撑持场面，分谤分咎，庶使他们不致失坠其已得的权位。辛弃疾这次之被留在南宋政府，正是韩侂胄等人那种罪恶意图的具体表现。辛弃疾对这一切是完全了然的，于是，在留他做兵部侍郎的诏命发表之后，他很感慨地向人表示说："韩侂胄既不肯和辛稼轩共立功业，辛稼轩又怎肯依从韩侂胄的私心以取富贵呢！"❷他一再上章力辞新命，终于把它辞掉，又离开杭州回家去了。

辛弃疾回到铅山家中不久，就为疾病所缠扰。

1207年秋间，由于金人提出要索取祸首韩侂胄的脑袋，作为双方进行和议的条件，韩侂胄因此竟要再一次对金人用兵，他又要起用辛弃疾去为他支撑危局了，遂发表辛弃疾为枢密院都承旨，并要他立即到杭州去供职奏事❸。这诏命送达铅山之日，辛弃疾的病已很沉重，他便赶紧上章请辞❹。到九月十日，六十八岁的辛弃疾与世长辞了。

---

❶ 见卫泾《后乐集》卷三，《辛弃疾辞免兵部侍郎不允诏》。
❷ 此据谢枋得《叠山集》卷七，《宋辛稼轩先生墓记》。
❸ 此据《两朝纲目备要》卷一〇，宁宗开禧三年九月己卯记事。
❹ 蔡幼学的《育德堂外制集》中有一道《辛弃疾待制致仕》制词，其中有"念熟赞于边筹，俾入承于密旨。胡然抱病，亟此乞身"等句，可见辛弃疾在逝世前对枢密院都承旨的新命曾上书辞谢。

后　记

一

在从1936到1939的几年之内，我曾以绝大部分的时间去翻读宋代的正史、杂史、地志和笔记等类的书籍，其目的之一就是要搜辑有关辛稼轩生平行实以及和辛稼轩有亲戚朋友关系的一些人物的事迹。其间搜采所得，较以前所有对辛稼轩其人其词进行过研究工作的人们——如法式善、辛启泰、沈曾植、陈思、梁启超、启勋等人，都大有增加。我利用钩稽到的这些资料，曾先后编写成《辛稼轩年谱》、《辛稼轩交游考》、《稼轩诗文钞存》、《稼轩词编年笺注》诸书。我在写作这本传记时所使用的，绝大部分还是在上述那几年内所搜集到的那批材料。

二

在上述诸书编写完毕之后，我一直在打算写作一本像现在所写的《辛稼轩传》。对于辛稼轩的某些行事应怎样加以处理，也是时常回旋在我脑子里的一些问题。然而在这许多年内，因为忙于理论和业务的学习，忙于教学和另外的一些工作，遂致这个打算迟迟未能实现。1955年夏，我看到了一本作家出版社出版、钱东甫著的《辛弃疾传》，看到其中有不少错误，例如：

一、辛稼轩最爱在词中使用典故，在庆元五年所作的一首记梦的《兰陵王》中,他把《庄子·列御寇篇》中的一段故事,浑括为"郑人缓也泣:吾父攻儒助墨。十年梦沈痛化余,秋柏之间既为实"诸句。钱东甫君对这几句词旨不求通解,却只摘出其中的"吾父攻儒助墨"一句,以为这是辛稼轩的夫子自道,因而错误地作出推论说,辛稼轩的父亲"可能是一个崇拜墨家的人物"。

二、当19世纪初年辛启泰编辑《稼轩集钞存》时,曾把陆放翁的《鹅湖夜坐书怀》五言长诗一首❶误加收录。我在重行校辑《稼轩诗文钞存》时已予指明,并已将此诗剔除。钱东甫君不知何以不肯同意我的这一论断,仍沿袭辛启泰的错误而以为此诗系稼轩所作。这首诗中有几句是:"昔者戍南郑,秦山郁苍苍。铁衣卧枕戈,睡觉身满霜。"辛启泰辑本把"秦山"误作"泰山",钱君也不加细考,特地把这四句引用在第一章中,以为这是辛稼轩的"一首回忆的小诗",是"描写他和他的同志们当日所经过的艰苦的反抗敌人的生活"的。殊不知宋之南郑即今陕西省南郑县地,当时也称兴元府,也叫汉中郡,其地与泰山相去绝远,是辛稼轩平生所不曾到过的地方,和当时山东的起义军也是全不相涉的。

此外,类似这样的错误还有不少处,不再在此列举。

这本书中的这许多错误,正说明了作者钱东甫君对于稼轩行实及其作品的研究水平,不但没曾在旧来已经达到的水平上更向前进一步,且竟还远远落后于旧有的水平。这一事实使我很受到一些感发,这才下定了决心,在教学余暇,用了半年以上的时间,断断续续地把这本《辛稼轩传》写成。

三

从第12世纪的60年代开始,直到第13世纪的初年,在这四

---

❶ 见陆游《剑南诗稿》卷一一。

十多年之内，辛稼轩一直是在直接或间接、用武器或用言论，参加着对女真侵略者的斗争。这是在辛稼轩一生的全部业绩之中最为重要的一个方面。为求把当时汉族人民与女真侵略者之间的矛盾叙述清楚，使这一时代背景以及和辛稼轩一生的主要活动有密切关联的许多历史事件都有脉络可寻，我在这本传记当中，便从辛稼轩出生之前的十几年、即从女真侵略者对华北地区和北宋政权开始进行其侵略罪行的年代说起。

四

辛稼轩是一个具有多方面才智的英雄人物，文才武略兼而有之。尽管在他投归南宋之后的四十多年之内一直受着南宋统治集团中某些当权人物的排挤和摈斥，使他不能大得其用，即使在被用之时也不得展其长才，然而，凡是他仕宦所到之地，总都在积极从事一些兴利除弊的措施，总都有一些杰出的表现。只因在他的后半生内，特别是在他后半生的闲退期内，把歌词作为陶写胸怀之具，写成了无数脍炙人口的篇章，使他在这方面享有了很高的名望，遂致他在其他方面的一些成就都被词名所掩盖，甚至他的歌词以外的其他著作，包括刘后村所称许为特别"英伟磊落"的一些"文墨议论"❶在内，由于不被世人与其歌词等量齐观，从明代以来便逐渐散佚不传，致使他的许多言论和事功，在今天全都无从考见。然而尽管如此，在我看来，还是不应当把辛稼轩只当作一个词人看待的。从这一见地出发，在我写作这本传记时候，对辛稼轩一生的重要言论和事迹，特别是在他仕宦期内的一些作为，凡是还有记载可以考寻的，我都尽量加以探索，编写在适当的章节当中，以期再塑造成一个与实际的辛稼轩大致能相符合的人物形象。

---

❶ 见刘克庄《后村先生大全集》卷九八。

五

我虽然以为不应当把辛稼轩只当作一个词人看待,但辛稼轩毕竟是以词人著称于当代和后代的,因而我在这本传记当中,对于他之作为词人的那一方面,即和他的创作生活有关联的种种问题,诸如:他的创作活动从何时开始,他的创作活动在何时最为旺盛,他的作品在内容和形式上所具有的某些特点,一些经常和他以歌词互相酬答的友朋,以及他的歌词中某些重要篇章的写作背景等等,全都作了比较详细的叙述。

六

对于辛稼轩的某些行事,例如对于他的扑灭茶商军等事,究应给予怎样的评价,在我们今天的学术界中是还存在着很分歧的意见的。我在这本传记中对这类事件所持的论点,考虑得也大都不够成熟,因而必还有不够正确恰当之处。对于我国古典文学中的诗赋词曲诸门类,我全都缺乏研究,因而,对于辛稼轩在歌词艺术方面的成就,我在这本传记中所作的一些评述,也不免多是一些外行人语。对于存在于这本传记之内的诸如此类的一些缺陷和错误,我诚恳地期待着专家们和读者们的指正。

七

在辛启泰编撰《稼轩年谱》时,他曾经看到过济南的和铅山的两种《辛氏族谱》。但是,根据辛启泰所编的《年谱》来看,我疑心他对于这两种《族谱》并未充分加以利用。因此,我总还存有一种想望,以为如果能看到这两种《族谱》,则有关稼轩父祖及其本人的某些事历，必可以得到更较圆满的解决。然而访求多年，迄今未得。

在明代，四明姚堂曾做过一任广信府的知府，他在任所曾编集了一部《广信先贤事实录》，全书共收唐人一，宋人十六，辛稼轩即其中之一人，在所载稼轩事迹之前且冠有稼轩遗像。此书虽明人所编，遗像必渊源有自。上海涵芬楼原曾藏有此书之弘治刻本一部，1932年1月28日日军侵犯我上海，以飞机轰炸闸北，涵芬楼藏书全遭毁灭，此书亦在其中（以上据赵万里先生《云烟过眼新录》）。但愿这部书并不是传世孤本，然亦究不知天壤间尚有别本存在否。

我希望，看到这本传记的朋友们，对上述诸书能帮助我寻访一下，如还能幸而找到，则不但可使这本传记得到一些补充，且可以看得到稼轩的遗容，我不禁先要在这里说一句"跂予望之"了。

邓广铭
一九五六年七月二十日于北京大学历史学系

辛稼轩年谱

增订辛稼轩年谱题记

一

《辛稼轩年谱》一书，是我于1937年秋至1939年秋这两年时间内完成的。到抗日战争胜利之后，1947年才由上海商务印书馆把它第一次印行。新中国建立后，又由上海的古典文学出版社和古籍出版社各印行过一次，但对书的内容均极少改动。主要是在这一时期内没有得到有关辛稼轩的生平事迹新的资料之故。到80年代中期，我得到铅山县档案馆一位友人的帮助，得见晚清人重编的一部《铅山辛氏族谱》的第一册（据云共五册），其中所记述的全为一家于福建迁至铅山的辛姓人家的宗族谱牒，而因为辛稼轩早在南宋期内即已定居铅山，且因生前的仕宦业迹与乐府歌词等著作而享有大名，竟把有关辛稼轩的一篇传略，标题为《宋兵部侍郎赐紫金鱼袋稼轩历仕始末》者抄录于内。又因对稼轩的子孙后世一无所知，遂编造了一篇谎言说，稼轩的儿子中有的犯了重罪，乃改姓为辜，全部移徙异地了。但是，不管所造谎言如何荒唐，这一篇《稼轩历仕始末》虽然也因辗转传钞之故而多有讹脱，却毕竟是一篇确实可信的稼轩的传略，而我们从其中也毕竟得到了一些收益，一些启发。在此姑举两例：

一、稼轩与范邦彦之女何时成婚，是我在1937年以来的半个世纪内未能加以解决的一个问题。这篇传略中却说到稼轩在"壮岁旌旗拥万夫"而渡江南下之后,"初居京口",这极为简单的四个字,就使我深受启发,使我联想到先于稼轩而渡江南下的范邦彦的全家人,也是定居京口的;联想到牟巘在《书范雷卿家谱》一文中所述范邦彦"与辛公弃疾先后来归,忠义相知,辛公遂婿于公"的那段话;还联想到稼轩的一首《满江红》词的起句为"家住江南,又过了清明寒食";合此三者而求之,知辛范之完婚,必即在其南归之初寓居京口之绍兴三十二年之内。

二、稼轩任江阴军签判年满去职,应为隆兴二年(1164)内事,在他离开江阴军后,到乾道四年(1168)任建康府通判之前,这三年中稼轩的事历,在1985年之前我一直未能查得,因而在历次印行的《稼轩年谱》中,我都标著为"右三年事历不详",甚至推测说,可能是无官无职而流落于江湖之间了。从这篇《历仕始末》中,看到他在离江阴军后继即又去做广德军的通判,才使这三年的空白完全得到填补。

(按:《历仕始末》所述稼轩一生仕宦履历,全无不合,亦无前后颠舛者,故极可凭信。只以其对仕宦各地之年月一概从略,遂致辛启泰撰写《稼轩年谱》时,因无考索之力,故未能充分加以利用耳。)

二

在前此几次印行的那本《辛稼轩年谱》中,对于从稼轩南归之后直到他的逝世,这一时期内南宋的军国大事,均很少涉及。当时所持的理由是,唯恐述写国家的军政大事过多,将不免有喧宾夺主之嫌。近年以来,却觉得这意见不免失之偏颇。因为,从辛稼轩南归初年的一些举措看来,他最先是以数路出兵佯攻、而由山东出奇兵进取河朔之策献诸张浚,未蒙采纳;继之是于乾道元年奏进《美芹十论》给孝宗皇帝,《十论》最后的《详战》篇中,仍然重申其献诸张浚的那一对金用兵的计划；在《美芹十论》不曾取得南宋朝廷的反应之后，则又于乾道五年写了一篇《九议》，送给当时独相的虞允文。他先后不惮烦劳的这些举措，充分说明了辛稼轩希求参与国家军政大计的决策意识之强烈。因此，不把国家大事写进他的年谱，是没有充分理由的。更何况，辛稼轩在南归之后，虽终其身并未被南宋朝廷置诸参与决策人员之列，而其本人之所以自处者，则几乎可以说经常关心着国家的休戚和民族的命运的，故朱熹致稼轩启，称其"经纶事业有股肱王室之心"。为求把他的这种志向和心情能够从客观世界获得具体着落，如何可以不把国家的军政大事举述在他的年谱之中呢？

在这样的一些考虑之下，在此次的修改过程之中，我就择要地把宋金战争中一些重要战役，南宋皇位的递禅和继承，宰执大臣中一些人物的升擢和废罢，特别是一些与辛稼轩的用舍具有直接或间接关系的事件，都补写在有关各年之内。

三

当我初次着手编写这本《年谱》时，也正是由北平图书馆和上海大东书局合力影印的《宋会要辑稿》刚刚出版之时，线装本二百册，且无较详析的目录，书后也没有任何种类的索引，因此，我只能从第一册起，依次借阅（依照当时北平图书馆的规定，每次只能借阅十册）。对于从其中引录的资料，我则注为《宋会要》某册某门类，而未能采用后来大家通用的注明某门某类若干页之办法。例如，稼轩于乾道九年尚未离滁州守任时，他上了一道奏章，要求把在滁州任职的人员，仍按旧例，作为供职"极边"的人员推赏。我为此条资料所标举的出处即为"《宋会要》九十四册《职官考课》"，如依后来大家所通用的办法，则此条应标举为出自"《宋会要·职官》五九之二九"。今次修订，凡引自《宋会要辑稿》之所有条目，均一例改依通用办法标举其出处。

  在以前每次重印时，对能够发现的错误虽也都作了修改，但在这次修改时仍觉察有一些疏失，又都一一加以订正。年届耄耋，精神恍惚，在新补入的一些条目中，前后有失照应之处亦必不免，深盼读者不吝指正。

一九九五年四月二十日写于
北京大学朗润园第十公寓

编　　例

（一）稼轩辛氏事迹，因其文集之失传，半已湮没不彰。《宋史》本传及笔记杂谈中之记事，或多讹误，或失枝节。是谱搜考所及，凡现尚可征之南宋一代重要文献：史籍、文集、方志、笔乘之属，均旁蒐博采，以资参证发明。不分主辅，唯是为从。

（二）是谱对材料之收辑，以细大不捐为原则：披览所及，其中凡有涉及辛氏之单词只字，均加以钩稽而分别甄录，期能集枝节为轮廓，积破碎为整体，辛氏行实之一般，庶可概见。

（三）是谱虽分年隶事，然亦兼用纪事本末之体。如平定茶商军及创置湖南飞虎军诸事，或由稼轩定其局，或由稼轩经其始，其事之原委若不著明，则稼轩在此诸事件中之重要性无由概见。凡此等类，均于谱中原始要终，综贯叙述，不以稼轩参与其事之时间为断限。

（四）是谱与《稼轩词编年笺注》一书，互为表里，详于彼者略于此，详于此者略于彼。其一时所与交游诸人，凡有交游之迹可考而为词集所不见者，则于谱中著其事，并间及其人行谊大略。馀如王佐对湖南郴州起事民军之镇压及汤邦彦因使金辱命被贬等事，似与稼轩无涉，而亦于谱中详为著录者，均所以为词集编年之地，非敢喧宾夺主，横生无谓之枝节也。

（五）凡所征引之文字，均低格排比于各条目之下。其排列次第，唯本因事系文之例，不尽以各书著作先后为序。所引亦不尽录全文，但亦仅有删节，无所增易。

（六）凡征引之文字，其意义须加引申，其前后须加贯串，或彼此抵牾难合、须以己意加以疏通论证者，均附加按语于其下，较征引文字降低两格，庶旧说新证不致混淆也。

（七）《稼轩年谱》旧已成书者凡有四种：一为辛启泰（敬甫）所编撰，附刻于《稼轩集钞存》卷首；（二）为梁启超（任公）所编撰，有中华书局印本；（三）为陈思（慈首）所编撰，原载《东北丛刊》第七、八两期内，别有《辽海丛书》之单行本；（四）为郑骞所编撰，有自印本。就中辛《谱》编刊最早，且曾得见济南及铅山辛氏二族谱，故对稼轩生卒年月日时均知之甚详确，然除此之外，其有关稼轩出处大端而为族谱所未具者，则讹误百出。后出之梁、陈、郑三谱，均为补正辛《谱》之阙失而作，然其结果则不唯辛《谱》之错误未得是正，反以滋异说之纷纭，盖作者均勇于臆测，疏于寻证，势固不得不尔也。是谱间有引及辛《谱》、梁《谱》之处，陈《谱》、郑《谱》则一未引用。对各谱误谬处亦一概不加纠驳，以纠之不可胜纠，浪费笔墨为可惜也。

（八）有关稼轩出处大节之问题，亦尚有文献不足征者。如其首次主管冲佑观一事，亦可藉觇宋廷对稼轩之态度，而其事在何年，即无明文可据。是谱对此类问题，亦仅能藉迂回之考求而悬一近实之推论，确证则尚有待于发现，而所期待于济南及铅山辛氏二族谱者为尤多。然世变屡经，存亡莫卜，固亦尝展转求之，而迄犹未之求得也。

邓广铭
一九三八年夏于北平西北城寓庐

世　　系

始祖维叶 大理评事，由狄道迁济南。——高祖师古 儒林郎。——曾祖寂 宾州司户参军。——祖赞 朝散大夫，陇西郡开国男，亳州谯县令，知开封府，赠朝请大夫。——父文郁 赠中散大夫。

按：上表见辛启泰编《辛稼轩年谱》。据谱后自记，乃本诸《济南辛氏族谱》者，当无可疑。五世之中，唯辛赞仕宦较显，而遍查济南、开封及亳州等志，其《人物》、《选举》、《职官》各志中，均不著其名氏。其他诸人更无可考。稼轩《进美芹十论札子》中谓："大父臣赞……尝令臣两随计吏抵燕山，谛观形势，谋未及遂，大父臣赞下世。粤辛巳岁，逆亮南寇。"是则辛赞之去世盖前于辛巳之岁（1161）不久。稼轩作品中从未道及其父，疑已早卒。至稼轩有无兄弟，则旧谱不著，作品中亦无可考见。凡此均须待《济南辛氏族谱》之发现而决，今唯一仍旧文而著录于此。

辛稼轩年谱

辛弃疾，原字坦夫，后改字幼安，中年后别号稼轩居士，济南历城人。

《宋史》卷四〇一《辛弃疾传》："辛弃疾，字幼安，齐之历城人。……尝谓人生在勤，当以力田为先，……故以稼名轩。"

周孚《蠹斋铅刀编》卷三十有诗题云："辛弃疾始字坦夫，后易曰幼安，作词以祝之。"

大父名赞，当宋室南渡时，累于族众，未能脱身，遂仕于金。

稼轩《进美芹十论札子》云："臣之家世，受廛济南，代膺阃寄，荷国厚恩。大父臣赞以族众拙于脱身，被汙虏官，留京师，历宿、亳，涉沂、海，非其志也。"

幼受学于亳州刘嵒老（瞻），与党怀英同学，号辛党。

元好问编《中州集》卷三《承旨党公小传》："公讳怀英，字世杰。……少颖悟，日授千馀言。师亳社刘嵒老，济南辛幼安其同舍生也。"

同书卷二《刘内翰瞻小传》："瞻字嵒老，亳州人。天德三年南榜登科，大定初召为史馆编修，卒官。党承旨世杰、郦著作元舆、魏内翰飞卿，皆尝从之学。嵒老自号攫宁居士，有集行于世。作诗工于野逸，如'厨香炊豆角，井臭落椿花'之类为多。"

刘祁《归潜志》卷八："党承旨怀英、辛尚书弃疾，俱山东人，少同舍。"

按：《宋史》稼轩传谓"少师蔡伯坚，与党怀英同学，号辛、党。"未知所本。元遗山《中州集》以诗存史，时代亦去稼轩最近，其说自最为可据，兹从以著录。馀参本谱绍兴十九年下按语。

秉奉祖训，志切国仇，尝两随计吏抵燕山，谛观形势。

稼轩《进美芹十论札子》："大父臣赞，……每退食，辄引臣辈登高望远，指画山河，思投衅而起，以纾君父所不共戴天之愤。尝令臣两随计吏抵燕山，谛观形势。谋未及遂，大父臣赞下世。"

因得深晓敌国形势及兵家利害。

《朱子语类》卷一百一十论兵："辛弃疾颇谙晓兵事。"

程珌《洺水集·丙子轮对札子》二："辛弃疾尝为臣言：'……弃疾之遣谍也，必钩之以旁证，使不得而欺。如已至幽、燕矣，又令至中山，至济南。中山之为州也，或背水，或负山，官寺帑廪位置之方，左右之所归，当悉数之。其往济南也亦然。'又曰：'北方之地，皆弃疾少年所经行者，彼皆不得而欺也。'"

甫届成年，即乘机举义，率众南归。

《宋史》稼轩本传："始筮仕，决以蓍，怀英遇《坎》，因留事金；弃疾得《离》，遂决意南归。金主亮死，中原豪杰并起，耿京聚兵山东，称天平节度使。……弃疾为掌书记，即劝京决策南向。……绍兴三十二年，京令弃疾奉表归宋，高宗劳师建康，召见，嘉纳之，授承务郎。……改差江阴佥判。弃疾时年二十三。"

按：谢枋得《祭辛稼轩先生墓记》有云："公初卜，得《离》卦，乃南方丙丁火，以镇南也，后之诬公者欺天亦甚哉。"谢氏未见《宋史》，而亦有以蓍筮仕之说，虽其对

"离"之解释有不同,然亦仍可证明筮仕之说为确有其事。稼轩幼秉家教,即刻刻以复仇为念,其举义南归断非待偶然之卦爻而决者,谓以此而促成其事则可,谓其事全系于此则未免于诬矣。

南归之初,寓居京口娶妻范氏,为邢台范邦彦(子美)之女,如山(南伯)之女弟。邦彦父子亦绍兴辛巳岁相偕南下归正者。

《宋兵部侍郎赐紫金鱼袋〔辛公〕稼轩历仕始末》:"初寓京口。"

刘宰《漫塘文集》卷三十四《故公安范大夫及夫人张氏行述》:"公讳如山,字南伯,邢台人。……父讳邦彦,宣、政间入太学。其后陷虏,念唯仕可以行志,乃举进士。以蔡近边,求为新息令。岁辛巳,率豪杰开蔡城以迎王师,因尽室而南。……女弟归稼轩先生辛公弃疾。辛与公皆中州之豪,相得甚。"

牟巘《陵阳集》卷十五《书范雷卿家谱》:"范君雷卿以学事至雪,示余以其家世本末。盖范自唐以来为邢之著姓。所居尧山范解村,环十里皆诸族。……四世祖通守,号河朔孟尝。……为蔡州之新息县,绍兴辛巳十月以其县来归。……乃仅添差湖州长兴丞。……改签书镇江军节度使判官厅事。召赴都堂审察,添差通判本府,以寿终于官。……公与辛公弃疾先后来归,忠义相知,辛公遂婿于公。公当审时,陈公俊卿、王公炎皆知公,而公老矣,不果用,赍志以殁。"(按:范雷卿名震,为范邦彦之裔孙。传见《至顺镇江志》。)

按:据牟氏文,知稼轩于南归后方婚娶,其事当即在南归之初(详见绍兴三十二年纪事)。宋制,都堂审察例由宰辅任其事,王炎、陈俊卿之同在朝堂,始于乾道五年(1169),至六年五月,陈俊卿即出知福州。藉知范邦彦之召赴都堂审察必亦在此期内。审察而改官,未满而卒于任所,则范氏之辛至晚应在乾道九年前。

子九人：稹、秬、秠、穮、穰、穟、秸、襃、䆉。䆉早殇。
参本《年谱》后所附稼轩后裔表。

女子之可考者二人：一适范黄中（炎），一适陈汝玉（成父）。
《诗人玉屑》卷一《赵章泉题品三联》："'隔林仿佛闻机杼，知有人家住翠微。''片片梅花随雨脱，浑疑春雪堕林梢。''三年受用唯栽竹，一日工夫半为梅。''渊明不可得见矣，得见菊花斯可尔。'前十四字或以为坡语，或以为参寥子十四字师号。余亦以后六句为囗道章少隐、王梦敚应求、范炎黄中十四字师号。范乃稼轩婿也。"

牟巘《陵阳集》卷十六《跋范令君晋陵时诗十九首》："晋陵范令君闲静翁十九诗，余从其孙月观提举获观之。令君出为招参，稼轩辛公婿也。长歌抚剑之叹，实有妇翁风概。"

牟巘《陵阳集》卷十五《题范氏文官花》："邢台范氏文官花，粉碧绯紫见于一日之间。……辛稼轩尝为赋《水龙吟》，'白发儒冠误'，盖属泸溪令君。……休宁令君，泸溪孙而稼轩外诸孙，刻其词置花右。"

《至顺镇江志·人物志》："范炎字黄中，如山子。以恩授新淦主簿，德安司理，改授通直郎，知晋陵县，治绩最上。西山真德秀帅湖南，辟主管文字。年四十，以母老弃官归养，特聘朝散郎，提举华州云台观。号闲静先生。卒于家。有诗集行世。"

《万姓统谱》卷十八："陈骏，字敏仲。……子成父，字汝玉，克承家学。辛弃疾持宪节来闽，闻其才名，罗致宾席而妻以女。"

按：据上引诸文，知稼轩至少当有二女子，一适范炎，即稼轩妻兄范南伯之子；一适在闽幕宾陈成父。唯其孰为长，孰为次，抑更有他女与否，则概不可考。

侍女之可考者先后凡六人：曰整整，曰钱钱，曰田田，曰香香，曰卿卿，曰飞卿。

周煇《清波别志》卷下："稼轩……在上饶，属其室病，呼医对脉。吹笛婢名整整者侍侧，乃指以谓医曰：'老妻病安，以此人为赠。'不数日，果勿药，乃践前约。"

陶宗仪《书史会要》卷六："田田、钱钱，辛弃疾二妾也。皆因其姓而名之。皆善笔札，常代弃疾答尺牍。"

《稼轩词集·临江仙》题云："侍者阿钱将行，赋钱字以赠之。"

《稼轩词集·鹧鸪天》（困不成眠奈夜何阕）有句云："娇痴却妒香香睡，唤起醒松说梦些。"

《稼轩词集》"题阿卿影像"之《西江月》有句云："有时醉里唤卿卿，却被旁人笑问。"

《稼轩词集·满江红》（莫折荼䕷阕）四卷本甲集题云："稼轩居士花下与郑使君惜别，醉赋。侍者飞卿奉命书。"

南归之初，寓居京口。淳熙七年（1180），开始营建上饶城北灵山门外之带湖居第。其以稼名轩，自号稼轩居士，至晚当始于营建带湖居第之初。

《上饶县志》卷二十三"寓贤"："辛幼安……淳熙间卜筑邑城北灵山门外之带湖。"

洪迈《稼轩记》："国家行在武林，广信最密迩畿辅。……郡治之北可里所，故有旷土，三面附城，前枕澄湖如宝带。……辛侯幼安最后至，一旦独得之。……意他日释位得归，必躬耕于是，故凭高作屋下临之，是为稼轩。"

《宋史》稼轩本传："尝谓人生在勤，当以力田为先，……故以稼名轩。"

带湖居第后毁于火，移居铅山县期思渡瓜山之下，后遂世为铅山人。

《广信府志》卷九《人物志》："辛弃疾，字幼安，号稼轩。……后爱铅山期思渡之胜，因家焉。"

辛启泰编《稼轩年谱》："庆元二年，……所居毁于火，徙居铅山县期思市瓜山之下。有《期思卜筑词》。"

稼轩肤硕体胖。

《蠹斋铅刀编》卷三十有诗题云："辛弃疾始字坦夫，后易曰幼安，作词以祝之。"其词云："言不中律，行不适实，唯德之疾。以今之学，思古之作，唯疾之药。凡吾之歉，攻不遗力；迨其去矣，吾肤自硕。癃忧未亡，正气以残。小过不作，大德可完。中无所愧，其体则胖。祝子无止，岂惟幼安。"

按：张功甫（镃）和稼轩韵之《贺新郎》词有"何日相从云水去，看精神峭紧芝田鹤"句，或即据此推断稼轩之躯体为瘦峭，然细绎张词语句，盖以"鹤寿有千百之数"，而鲍照《舞鹤赋》中有"朝戏于芝田，夕饮乎瑶池"之句，因即用"芝田鹤"以状述稼轩之老而益壮，状述其精神之愈益坚强，非谓其躯体峭瘦如鹤也。且即周信道祝词中"中无所愧，其体则胖"两语而推寻之，使稼轩实非胖者，是周氏不啻明言其"中有所愧"矣，亦恐无是理也。

目光有棱，背胛有负。

陈亮《龙川文集》卷十《辛稼轩画像赞》："眼光有棱，足以照映一世之豪；背胛有负，足以荷载四国之重。"

红颊青眼，迄至晚年，精神犹壮健如虎。

刘过《龙洲集》卷八《呈稼轩》诗："精神此老健于虎，红颊白须双眼青。未可瓢泉便归去,要将九鼎重朝廷。"

而又才兼文武,调度高放。

崔敦礼《宫教集》卷六代严子文作《滁州奠枕楼记》:"侯有文武材,伟人也。尝官朝。名弃疾,幼安其字云。"

罗颐《鄂州小集》卷一《送辛殿撰自江西提刑移京西漕》诗:"英风杂文武,公独可肩差。"

《朱文公大全集》卷八十五《答辛幼安启》:"伏维某官卓荦奇材,疏通远识。经纶事业,有股肱王室之心;游戏文章,亦脍炙士林之口。"

韩淲《涧泉日记》中:"辛弃疾字幼安,有机数。调度高放,词语洒落,俗传所谓《稼轩长短句》是也。"

谋猷经远,智略无前。精明豪迈,任重有馀。

《攻媿集·福建提刑辛弃疾除太府卿制》:"养迈往之气,日趋于平;晦精察之明,务归于恕。"

卫泾《后乐集·辛弃疾充两浙东路安抚使制》:"某官谋猷经远,智略无前。……其才任重有馀,盖一旦缓急之可赖。"

《宋史》稼轩本传:"弃疾豪爽,尚气节,识拔英俊。"

平生以气节自负,功业自许。

《稼轩词甲集》范开序:"公一世之豪,以气节自负,以功业自许,方将敛藏其用以事清旷,果何意于歌词哉,直陶写之具耳。"

徐元杰《楳埜集》卷十一《稼轩辛公赞》:"摩空气节,贯日忠诚,绅绶动色,草木知名。"

素少许可之理学宗师及其门徒,亦莫不深相推重。

《朱文公大全集》卷六十《答杜叔高书》:"辛丈相会,想极款曲，今日如此人物，岂易可得。"

黄榦《勉斋集》卷四《与辛稼轩侍郎书》："恭维明公以果毅之资，刚大之气，真一世之雄也。"

同书卷十一，《与金陵制使李梦闻书》："尝观近日出而图回国事，其能自有所为者莫若辛幼安；不能自为而资人以有为者，莫若吴德夫。辛幼安之才世不常有，如吴德夫者常人可学而能之也。"

然而谗摈销沮，南归四十馀年间，强半皆废弃不为时用，用亦不得尽其才。遂乃自诡放浪林泉，藉歌词为陶写之具。而世亦竟以词人称焉。

洪迈《稼轩记》："侯以中州隽人，抱忠仗义，章显闻于南邦。……使遭事会之来，挈中原还职方氏，彼周公瑾、谢安石事业，侯固饶为之。此志未偿，因自诡放浪林泉，从老农学稼，无亦大不可欤？"

《勉斋集·与辛稼轩侍郎书》："恭维明公……真一世之雄也，而抑遏摧伏，不使得以尽其才；一旦有警，拔起于山谷之间，而委之以方面之寄，明公不以久闲为念，不以家事为怀，单车就道，风采凛然，已足以折冲于千里之外。"

《刘后村大全集》卷九十八《辛稼轩集序》："呜乎，以孝皇之神武，及公盛壮之时，行其说而尽其才，纵未封狼居胥，岂遂置中原于度外哉。机会一差，至于开禧，则向之文武名臣欲尽而公亦老矣。余读其书而深悲焉。"

刘辰翁《须溪集》卷六《辛稼轩词序》："稼轩胸中今古，止用资为词，非不能诗，不事此耳。斯人北来，喑呜鸷悍，欲何为者，而谗摈销沮，白发横生，亦如刘越石，陷绝失望，花时中酒，托之陶写，淋漓慷慨，此意何可复道；而或者以流连光景志业之终恨之，岂可向痴人说梦哉。为我楚舞，吾为若楚歌，英雄感怆，有在常情之外，其难言者未必区区妇人孺子间也。世儒不知哀乐，善刺人，及其自为，乃与陈若山等。嗟哉伟然，二丈夫无异。"

《词苑萃编》卷五载梨庄语云："辛稼轩当弱宋末造，负管、乐之才，不能尽展其用，一腔忠愤，无处发泄，观其与陈同父抵掌谈论，是何等人物，故其悲歌慷慨、抑郁无聊之气，一寄之于其词，今欲与搔首傅粉者比，是岂知稼轩者。"

稼轩于词家别开生面：悲壮激烈，发扬奋厉。本色自见，不主故常。横绝六合，扫空万古。而又胸贮万卷，融会如神。盖前代词家所未有也。

《宋史》稼轩本传："弃疾雅善长短句，悲壮激烈。有《稼轩集》行世。"

《稼轩词甲集》范开序："世言稼轩居士辛公之词似东坡，……其词之为体，如张乐洞庭之野，无首无尾，不主故常；又如春云浮空，卷舒起灭，随所变态，无非可观。无他，意不在于作词，而其气之所充，蓄之所发，词自不能不尔也。"

《词苑萃编》卷二《旨趣》，载顾宋梅语："南渡以后名家，长词极意雕镂，小调不能不敛手，以其工出意外，无可著力也。稼秆本色自见，亦足赏心。"

《词苑丛谈》卷一《体制》，载沈东江（谦）语："稼轩词以激扬奋厉为主，至'宝钗分，桃叶渡'一曲，昵狎温柔，魂销意尽，才人伎俩，真不可测。"

同书卷四《品藻》，载彭羡门（孙遹）语："稼轩词，胸有万卷，笔无点尘，激昂排宕，不可一世。今人未有稼轩一字，辄纷纷为异同之论，宋玉罪人，可胜三叹。"

同书同卷载徐釚按语云："词至稼轩，经子百家，行间笔下，驱斥如意。"

《后村集·辛稼轩集序》："世之知公者，诵其诗词，而以前辈谓有井水处皆倡柳词，余谓耆卿直留连光景歌咏太平尔，公所为

（原误作无），大声镗鞳，小声铿鞫，横绝六合，扫空万古，自有苍生以来所无（无字原脱）。其秾纤绵密者亦不在小晏、秦郎之下。余幼皆成诵。"

文章议论则英伟磊落，智略辐凑。

刘后村《辛稼轩集序》："建炎省方画淮而守，……其间北方骁勇自拔而归，如李侯显忠，魏侯胜，士大夫如王公仲衡，辛公幼安，皆著节本朝，为名卿将。辛公文墨议论尤英伟磊落，乾道、绍熙奏篇及所进《美芹十论》、《上虞雍公九议》，笔势浩荡，智略辐凑，有《权书》、《衡论》之风。"

书法亦飞动奇绝。

《乾隆铅山县志》卷十《艺文志》，费元禄《游章岩记》："沙门之东，诸峰逼窄而起，皆石山也。视之，多宋名贤碑碣诗赋记铭之类，不可数记。顾苔藓剥蚀不可读，独辛稼轩、刘子羽二碣稍可摩耳。而字楷奇绝，笔势飞动。"

惜年远散没，今则多已无可考见云。

按：稼轩作品之传于现在者，唯词集较完好，凡存词六百二十馀阕。诗集、文集则亡佚已久，今散见于《永乐大典》残卷与《历代名臣奏议》、《诗渊》及《稼轩集钞存》中者，计奏议杂文各数篇，诗百馀首而已。

● 宋高宗（赵构）绍兴十年
● 金熙宗（完颜亶）天眷三年　　庚申（公元1140年）

五月十一日（公历5月18日）卯时，稼轩生于山东历城之四风闸。

辛启泰编《稼轩先生年谱》："先生生于是年五月十一日卯时。按先生归宋时年二十三，为绍兴之三十二年，则生年为绍兴十年庚申。又按先生甲辰《寿韩南涧词》，有'对桐阴满庭清昼'之语，其为夏月审矣。先生生日与南涧相去只一日，见于《生日次前韵和南涧词》自注。"

韩玉《东浦词·水调歌头》，题为"上辛幼安生日"，起句云："重午日过六，灵岳再生申。"

   按：辛《谱》所著稼轩诞生之年月日时，于谱后自行申明其所本为《铅山辛氏族谱》，当无可疑。据韩玉词"重午日过六"一语推之，亦正相合。

田雯《古欢堂诗集》卷三《济南分题》十六首，其九题云："四风闸访辛稼轩旧居。"全诗云："药栏围竹屿，石泉逗山脚。风流不可攀，谁结一丘壑。斜阳甸柳庄，长歌自深酌。"原注："稼轩有《一丘一壑词》。甸柳，村名。"

道光《济南府志》卷七十一："稼轩故居在历城之四风牐。"

稼轩交游中年岁之可考者：

陈长卿（康伯）四十四岁。（据《宋史》卷三八四陈氏本传）

虞彬甫（允文）三十一岁。（王质《雪山集》卷五《枢密宣抚相公乐府序》："维大观四年十一月戊子，二日丙寅，实生仁寿虞公于蜀。"参杨万里《诚斋集》卷一百二十《虞氏神道碑》）

李寿翁（椿）三十岁。（据《朱文公大全集》卷九十四《李氏墓志铭》）

王公明（炎）二十九岁。（参本谱淳熙五年记事）

李仁甫（焘）二十六岁。（据《宋史》卷三八八李氏传）

傅安道（自得）二十五岁。（据《朱文公大全集》卷九十八《傅氏行状》）

洪景伯（适）二十四岁。（据《盘洲文集》附《洪氏行状》、《碑铭》）

韩无咎（元吉）二十三岁。（据《南涧甲乙稿》卷十四《易系辞解序》）

吴亨会（交如）二十三岁。（据《京口耆旧传》卷二吴氏传）

王正之（正己）二十二岁。（据楼钥《攻媿集》卷九十九《王氏墓志铭》）
赵德庄（彦端）二十岁。（据《南涧甲乙稿》卷二十一《赵氏墓志铭》）
叶梦锡（衡）十九岁。（参本谱淳熙十年记事）
洪景卢（迈）十八岁。（据钱大昕《洪文敏公年谱》）
施圣与（师点）十七岁。（据叶适《水心文集》卷二十四《施氏墓志铭》）
陆务观（游）十六岁。（据钱大昕《陆放翁年谱》）
卢国华（彦德）十六岁。

按：姜特立《梅山续稿》卷五《送卢漕》诗序云："国华郎中与余同门同里，又同甲子，忽闻释省户清班，以七闽节归过故乡，小诗送行，并寄老怀。"诗云："昔忝二三子，今俱七十翁。"又，卷十七有诗题云："文潞公洛中会四同甲，皆丙午七十八，余乙巳，与丙午相属，岁数偶同，戏作。"据此二诗，知国华于绍熙四年赴闽宪时年正七十，盖生于宣和七年乙巳。

周子充（必大）十五岁。（据《攻媿集》卷九十三《忠文耆德之碑》及《周益公文集》附录《年谱》）
范致能（成大）十五岁。（据周必大《平园续稿》卷二十二《范氏神道碑》）
王宣子（佐）十五岁。（据陆游《渭南文集》卷三十四《王氏墓志铭》）
王季海（淮）十五岁。（据《攻媿集》卷八十七《王氏行状》）
赵民则（像之）十三岁。（据《诚斋集》卷一一九《赵氏行状》）
陈安行（居仁）十二岁。（据《攻媿集》卷八十九《陈氏行状》）
朱晦庵（熹）十一岁。（据王懋竑《朱子年谱》）
范南伯（如山）十一岁。（据刘宰《漫塘文集》卷三十四《范氏行述》）
钱表臣（之望）十岁。（据《叶水心文集》卷十八《钱氏墓志铭》）
张敬夫（栻）八岁。（据《朱文公大全集》卷八十九《张氏神道碑》）
何同叔（异）七岁。（据洪迈《夷坚三志》卷三何同叔梦游罗浮条）
赵兼善（达夫）七岁。（据袁燮《絜斋集》卷十八《赵氏墓志铭》）
汤朝美（邦彦）七岁。（参本谱淳熙十四年记事）

党世杰（怀英）七岁。

  按：赵秉文《滏水文集》卷十一《翰林学士承诏党公碑》："大安二年九月以寿终，享年七十有八。"卫绍王大安二年为1210年，自此上推七十八年，知其生于绍兴四年，本年为七岁。

丘宗卿（崈）六岁。（据《宋宰辅编年录》）

曹囦明（虙）六岁。（据《攻媿集》卷一百六《曹氏墓志铭》）

周信道（孚）六岁。（参本谱淳熙四年记事）

罗端良（愿）五岁。（据罗愿《鄂州小集》附录《小传》）

吕伯恭（祖谦）四岁。（据《东莱吕太史文集》附录《年谱》）

陈君举（傅良）四岁。（据《攻媿集》卷九十五《陈氏神道碑》及陈傅良《止斋文集》附录《行状》、《墓志铭》）

楼大防（钥）四岁。（据《宋史》卷三五九楼氏传）

崔大雅（敦诗）二岁。（据《南涧甲乙稿》卷二十一《崔氏墓志铭》）

陆子静（九渊）二岁。（据《陆象山文集》附录《年谱》）

赵子直（汝愚）一岁。（《道光《余干县志·艺文志》载刘光祖《宋丞相忠定赵公墓志铭》："绍兴十年二月丙申，公生于嘉兴之崇德县。"）

王道夫（自中）一岁。（据陈傅良《止斋集》卷五十五《王氏圹志》）

袁起岩（说友）一岁。（据袁氏《东塘集》附录《家传》）

● 宋绍兴十一年
● 金皇统元年　　辛酉（1141）　稼轩二岁

● 宋绍兴十二年
● 金皇统二年　　壬戌（1142）　稼轩三岁

是年彭子寿（龟年）生。（据《攻媿集》卷九十六《彭氏神道碑》）

李兼善（浹）生。（据《水心文集》卷十九《李氏墓志铭》）

- 宋绍兴十三年
- 金皇统三年　　癸亥（1143）　稼轩四岁

是年九月初七日陈同甫（亮）生。

《龙川文集》卷二十七《先祖府君墓志铭》："先祖殁于乾道三年十二月二十七日。"

同书卷二十二《告祖考文》："亮年二十六，易名曰亮而首贡于乡，而皇祖下世已十阅月。"

按：据上文知同甫于乾道四年（1168）为二十六岁。由此逆溯二十六年，知其生于本年。另据《龙川词·垂丝钓》自注："九月七日自寿。"知其生于九月七日也。

赵昌父（蕃）生。

《赤城集》卷十二赵蕃《台州谢子畅义田续记》："予与子畅同生于绍兴癸亥。"

刘宰《漫塘文集》卷三二载《赵蕃墓表》，谓其卒在绍定二年，年八十七。据此逆推，亦知赵蕃当生于本年。

- 宋绍兴十四年
- 金皇统四年　　甲子（1144）　稼轩五岁

- 宋绍兴十五年
- 金皇统五年　　乙丑（1145）　稼轩六岁

是年杨济翁（炎正）生。

杨万里《诚斋诗话》："予族弟炎正年五十二乃登第。"

《江西诗徵小传》："杨济翁名炎正，庆元二年进士。"

● 宋绍兴十六年
● 金皇统六年　　　丙寅（1146）　稼轩七岁

● 宋绍兴十七年
● 金皇统七年　　　丁卯（1147）　稼轩八岁

稼轩之从学刘嵒老（瞻）当在此年前后。

按：辛赞居官亳州，应即《世系表》中任亳州谯县令事。稼轩幼年曾从学于亳州之刘瞻，其同舍生有党怀英（世杰）、郦权（元舆）、魏抟霄（飞卿）（见《中州集》刘瞻、党怀英小传。郦权之父为郦琼，自伪齐转入金后，自皇统元年至七年（即绍兴十一年至十七年）为亳州守凡六年（《金史·郦琼传》），辛赞之任谯县令或当在皇统六、七年前后，此当即稼轩从学刘瞻之时。

● 宋绍兴十八年
● 金皇统八年　　　戊辰（1148）　稼轩九岁

● 宋绍兴十九年
● 金皇统九年　　　己巳（1149）　稼轩十岁

辛启泰编《稼轩年谱》云："先生十岁，师于蔡伯坚，与党怀英同学，号辛、党。按伯坚名松年，晚号萧闲老人。"

陈模《怀古录》卷中："蔡光工于词，靖康间陷有虏中，辛幼安尝以诗词参请之，蔡曰：'子之诗则未也，他日当以词名家。'故稼轩归本朝，晚年词笔尤高。"

按：陈模字子宏，南宋末庐陵人。其《怀古录》三卷，上卷论诗，中卷论词，下卷论文，前有宝祐乙卯苍山曾原一太初子序文一篇，谓其书成于淳祐戊申之后。去稼轩之辛，为时盖已四十馀年。所记云云，不见他书，疑为当时传闻之词，或确有其事亦未可知。唯蔡光何人，事历如何，则概无可考。稼轩参请时间，因亦难以考知，姑附于此。

又按：稼轩师于蔡伯坚之说，首见《宋史》本传，辛启泰氏著其事于十岁，未知有无依据。稼轩与党怀英同受学于亳州刘瞻，元遗山于《中州集》中详记其事（参谱前），自属绝对可信。宋史本传之说，不知何据，颇疑其为附会《怀古录》之记事而又失其本真者。盖就蔡松年之事迹与稼轩少年情事考之，其不合之处凡有数端：查《金史·蔡松年传》，谓"松年字伯坚，父靖，宋宣和末守燕山，松年从父来，管勾机宜文字。宗望军至白河，郭药师败，靖以燕山府降，元帅府辟松年为令史。……松年前在宗弼府，而海陵以宗室子在宗弼军中任使，用是相厚善。天德初擢吏部侍郎，俄迁户部尚书。海陵迁中都，俾榷货务以实都城，复钞引法，皆自松年启之。"是则蔡氏自降金以后即忙于仕途，至海陵篡弑前后，位益高，事益繁，绝无暇兼为童子师。且海陵之迁都燕京，事在贞元元年（绍兴二十三年）春季，在此以前，蔡氏既皆居官会宁，而稼轩又从未北至其地，则蔡氏即容有教读之事，稼轩亦莫得而为之徒也。此难合者一。稼轩于《奏进美芹十论札子》中，自谓曾两随计吏抵燕山，是绝未久居燕山，则其受学亦绝不在燕山，即使蔡氏之教读事在移都之后，稼轩亦绝无受学机缘也。此难合者二。稼轩与党怀英为同舍生，《中州集》、《归潜志》及《宋史》本传中既均言其事，自属毫无可疑。《中州集》党氏小传中谓"公讳怀英，字世杰。……父纯睦自冯翊来，以从仕郎为泰安军录事参军，辛官。妻子不能归,遂为奉符人。……师亳社刘喦老,济南辛幼安其同舍生也。尝试东府,取解魁。"据知党氏少年绝无力游学于燕京,其与稼轩共学之地,自非在亳州或齐鲁之间不可,此难合者三。如是则稼轩无从蔡氏受学之事殆可断言。然若必强为牵合以实其事,则亦只可谓稼轩早年从事于乐府歌词之写作,有曾师法蔡伯坚之可能。盖据元遗山于《中州集》蔡氏小传所载云:"百年以来,乐府推伯坚与吴彦高(按:即吴激,为米元章之婿,亦将命金之帅府,以知名被留,遂仕金为翰林待制),号吴蔡体。"如此则固不必为及门受业之人也。

本年十二月上旬,金平章政事完颜亮与驸马唐括辨等同谋杀害金熙宗,完颜亮即皇帝位,并改皇统九年为天德元年。

此皆据《金史·熙宗本纪》及《海陵本纪》。

- 宋绍兴二十年
- 金天德二年　　　庚午(1150)　稼轩十一岁

- 宋绍兴二十一年
- 金天德三年　　　辛未(1151)　稼轩十二岁

史志道(正志)本年举进士及第。(《嘉定镇江志》卷十九《人物》)
刘喦老(瞻)本年在金南榜登科。(《中州集》卷二)

- 宋绍兴二十二年
- 金天德四年　　　壬申(1152)　稼轩十三岁

是年十月韩侂胄生。

岳珂《桯史》卷十五《杨艮议命》条谓韩侂胄生于壬申年十月己巳日（公历11月6日）。

张端义《贵耳集》（上）："韩平原壬申生。"

黄勉斋（榦）生。

《勉斋集·与郑成叔书》："冒昧试邑，以来升斗之给。……日夜劳瘁，无顷刻宁。以是行年六十有一，而衰态可畏。"注云："壬申，先生在京注新淦宰时书。"

● 宋绍兴二十三年　　癸酉（1153）　稼轩十四岁
● 金贞元元年

领乡荐当在本年。

辛启泰《谱》本年记事云："先生年十四领乡举。按先生《进美芹十论札子》云'两随计吏抵燕山，谛观形势'，盖由此也。"

按：辛《谱》所云亦未知何据。《济南府志》及《历城县志》中均不载此事。既无可参稽，姑仍旧文著其事于本年。

是年项平甫（安世）生。

《陆象山年谱》淳熙十年（1183）纪事有云："项平甫再书略云：'某自幼便欲为善士，今年三十一矣，欲望尊慈特赐指教'云云。"由淳熙十年逆溯三十一年，知其当为本年诞生。

张功父（镃）生。

方回《桐江续集》卷八《读张功父南湖集》："南湖生于绍兴之癸酉。"

《南湖集》卷十《临江仙》题云："余年三十二，岁在甲辰。"

今按，甲辰为淳熙十一年，由此逆溯三十二年，知方回谓南湖生绍兴癸酉之说可信。

- 宋绍兴二十四年
- 金贞元二年

甲戌（1154） 稼轩十五岁

本年当有燕山之行。

稼轩《进美芹十论札子》："大父臣赞，……尝令臣两随计吏抵燕山，谛观形势。"

按：旧谱谓稼轩于去岁领乡荐，则其第一次燕山之行当在本年。

是年刘改之（过）生。（参本谱开禧二年记事）

- 宋绍兴二十五年
- 金贞元三年

乙亥（1155） 稼轩十六岁

- 宋绍兴二十六年
- 金正隆元年

丙子（1156） 稼轩十七岁

- 宋绍兴二十七年
- 金正隆二年

丁丑（1157） 稼轩十八岁。本年当又有燕山之行

按：据《金史·选举志》，金主亮正隆元年命以五经三史正文内出题，始定为三年一举。稼轩自谓曾受祖父之命"两随计吏抵燕山"，据《续文献通考·选举考》金登科总目，本年恰为礼部省试之年，故疑稼轩之再度赴燕山当在本年。

- 宋绍兴二十八年
- 金正隆三年　　　戊寅（1158）　稼轩十九岁

稼轩祖父辛赞之知开封府，当为由绍兴二十五年至本年内事。

　　按：辛赞留京师，当即《世系表》中知开封府事。查《金史·海陵纪》及海陵一朝人物传，其任南京留守者皆有纪载，唯贞元三年（绍兴二十五年）至正隆四年（绍兴二十九年）皆阙佚，辛赞之知开封或即在此数年间。其逝世亦当为此年后不久事。

- 宋绍兴二十九年
- 金正隆四年　　　己卯（1159）　稼轩二十岁

是年李季章（壁）生。

《真西山文集》卷四十一《故资政殿学士李公神道碑》："公字季章，眉之丹棱人。以词赋冠类省，赐第于廷。……嘉定十五年六月薨于家，年六十有四。"

韩仲止（淲）生。

方回《瀛奎律髓》卷二十《探梅》诗后附韩氏传云："此涧泉绍熙三年壬子诗。涧泉生于绍兴三十年己卯，是年方三十四岁而作诗已如此。……嘉定初即休官不仕。嘉定十七年甲申，理宗即位之月卒，年六十四。"

　　按：己卯为绍兴二十九年，方回谓为三十年，误。

《南涧甲乙稿》卷十八《淲冠告庙文》："乾道九年岁次癸巳正月乙丑朔，……某之男淲年登志学，爰以正旦，加之冠礼。"

蔡松年卒，年五十三。

《金史·蔡松年传》："正隆四年薨，年五十三。"

- 宋绍兴三十年
- 金正隆五年　　　庚辰（1160）　稼轩二十一岁

稼轩祖父辛赞之卒，至晚当在本年。

稼轩《进美芹十论札子》："大父臣赞，尝令臣两随计吏抵燕山，谛观形势。谋未及遂，大父臣赞下世。"

- 宋绍兴三十一年
- 金世宗（雍）大定元年　　辛巳（1161）　稼轩二十二岁

金主亮大举南犯，稼轩聚众二千，与耿京共图恢复。

稼轩《进美芹十论札子》："粤辛巳岁，逆亮南寇，中原之民，屯聚蜂起。臣尝鸠众二千，隶耿京，为掌书记，与图恢复。共籍兵二十五万。"

《三朝北盟会编》卷二百四十九："济南府民耿京怨金人征赋之骚扰，不能聊生，乃结集李铁枪以下得六人，入东山，渐次得数十人，取莱芜县、泰安军，有众百馀。有蔡州贾瑞者，亦有众数十人，归京，京甚喜。瑞说京以其众分为诸军，各令招人，自此渐盛，俄有众数十万。是时，大名府王友直亦起兵，遣人通书，愿听京节制。京以瑞为诸军都提领。"

《宋史》稼轩本传："金主亮死，中原豪杰并起，耿京聚兵山东，称天平节度使，节制山东、河北忠义军马。弃疾为掌书记，即劝京决策南向。僧义端者，喜谈兵，弃疾间与之游。及在京军中，义端亦聚众千馀，说下之，使隶京。义端一夕窃印以逃，京大怒，欲杀弃疾，弃疾曰：'丐我三日期，不获，就死未晚。'揣僧必以虚实奔告金帅，急追获之。义端曰：'我识君真相，乃青兕也，力能杀人，幸勿杀我。'弃疾斩其首归报，京益壮之。"

　　按：稼轩与耿京之纠众起兵，事在金主亮南侵之时，《宋史》谓起兵在"金主亮死"之后，非是。

　　《建炎以来系年要录》卷一九六："〔绍兴三十二年正月〕乙酉，权知东平府耿京遣诸军都领贾瑞、掌书记辛弃疾来奏事，上即日召见。先是，京怨金人征赋之横，不能聊生，与其徒六人入东山，渐得数十人，取莱芜县，有众万馀。瑞亦有众数十人，归京。自此渐盛，遂据东平府。京遣瑞渡江，瑞曰：'若到朝廷，宰相以下有所诘问，恐不能对，愿得一文士偕行。'乃以弃疾权掌书记。自楚州至行在。瑞，蔡州人；弃疾，济南人也。"

十月，金蔡州新息县令范邦彦以其县归宋。

　　牟巘《陵阳集》卷十五《书范雷卿家谱》："范君雷卿，……四世祖通守，号河朔孟尝，……由进士出身，为蔡州之新息县。绍兴辛巳十月，以其县来归。乃海陵败盟，我以成闵镇上流、赵樽屯德安，捣虚窥蔡时也。"

　　刘宰《漫塘文集》卷三十四《故公安范大夫及夫人张氏行述》："公讳如山，字南伯，邢台人。……父讳邦彦，宣、政间入太学。其后陷虏，母老不能去，既除丧而虏禁益严，念惟仕可以行志，乃举进士。以蔡近边，求为新息令。岁辛巳，率豪杰开蔡城以迎王师，因尽室而南。"

　　按：稼轩与范氏先后南归，忠义相知，后遂婿于范氏。其后邦彦之子如山与稼轩深相投契，至如山之子炎又为稼轩之婿。三世姻缘，均系于范邦彦南归一事，故特著其事于此。

　　同月中下旬李宝败金人于陈家岛。李宝率宋水军驻泊石臼山。金兵泊陈家岛，约千馀船，其势甚盛，乘风入海，向南驶行，定日克期,以取杭州。其统军官则金之兵部尚书右副元帅苏保衡也。

李宝舟师乘风势紧猛之时,纵火焚烧敌船,凡三昼夜,二百余里,烟火不绝,遂获全胜。(均据《三朝北盟会编》卷二百三十七)

同月辛丑,金东京留守完颜雍即皇帝位于东京辽阳府,改元大定,下诏暴扬金主亮罪恶数十事,废为海陵郡王。十二月至中都。(《金史·世宗纪》)

十一月初八九两日,虞允文督宋师连败金主亮南侵之师于采石。(《宋史纪事本末·金主亮南侵》)

同月,金主亮以采石兵败,意欲改由扬州渡江南下,甲午,会舟师于瓜洲渡,期以明日渡江,以所部亲军反,于乙未为叛军所杀。(《金史·海陵本纪》)

● 宋绍兴三十二年
● 金大定二年　　　壬午(1162)　稼轩二十三岁

正月,稼轩奉耿京命,奉表南归。十八日至建康。召见,授右承务郎。

《三朝北盟会编》卷二百四十九:"绍兴三十二年,正月十八日乙酉,引见耿京下诸军都提领贾瑞等一十一人。耿京除天平军节度使,将佐授官各有差。""完颜亮犯淮甸,京遣瑞渡江诣朝廷,瑞曰:'如到朝廷,宰相以下有所诘问,恐不能对,请一文人同往。'京然之,乃遣进士辛弃疾行,凡一十一人同行。到楚州,见淮南转运副使杨抗,发赴行在。是时,上巡幸在建康。乙酉,瑞等入门,即日引见,上大喜,皆命以官:授京天平军节度使,瑞敦武郎阁门祗候,皆赐金带;弃疾右儒林郎,改右承务郎;其馀,统制官皆修武郎,将官皆成忠郎。凡补官者二百馀人,悉命降官告。令枢密院差使臣二员与瑞等诣京军。枢密院差使臣吴革、李彪赍京官告节钺及统制官以下告身。至楚州,革、彪不敢行,请在海州伺候,京等到来即授告节。瑞等不得已从之。至海州，革、彪以官告节钺待于海州。京东招讨使李宝遣王世隆率十数骑与瑞等同行。

"一录云：'辛巳，归朝人总辖贾瑞，统制官刘震，右军副总管刘弁，游奕军统制孙肇，左军统领官刘伯达，左军第二副将刘德，左军正将梁宏，右军正将刘威，策应右军副将邢弁，踏白第三副将刘聚，总辖司提辖董昭、贾思成，天平军掌书记辛弃疾，辛巳正月十九日至建康府，二十日行宫引见。统制官转修武郎，统领官忠训郎，正副将成忠郎，书记承务郎。'"

按：《通考·职官考》十八：绍兴举行元祐之法，词人为左，馀人为右。淳熙初，乃去左右字。（但虽带右字，亦仍在文散官之列，仍有别于武散官。）

《宋史》稼轩本传："绍兴三十二年，京令弃疾奉表归宋，高宗劳师建康，召见，嘉纳之，授承务郎、天平节度掌书记，并以节使印告召京。"

《建炎以来系年要录》卷一九六："〔绍兴三十二年正月〕乙丑，制授耿京天平军节度使、知东平府兼节制京东河北路忠义军马，权天平军节度掌书记辛弃疾特补右承务郎，诸军都提领贾瑞特补敦武郎阁门祗候。京、瑞并赐金带，将吏补官者二百人。于是京东招讨使李宝遣统制官王世隆赍官诰节钺以往。"

闰二月，耿京为张安国等所杀，稼轩缚安国献俘行在，改差江阴签判。

《宋史·高宗本纪》："绍兴三十二年闰二月，张安国等攻杀耿京，李宝将王世隆攻破安国，执之以献。"

《宋史》稼轩本传："会张安国、邵进已杀京降金。弃疾还至海州，与众谋曰：'我缘主帅来归朝，不期事变，何以复命？'乃约统制王世隆及忠义人马全福等径趋金营。安国方与金将酣饮，即众中缚之以归。金将追之不及。献俘行在，斩安国于市。仍授前官，改差江阴佥判。弃疾时年二十三。"

《朱子语类》卷一百三十二《中兴至今人物》:"耿京起义兵,为天平军节度使。有张安国者亦起兵,与京为两军。辛幼安时在京幕下为记室,方衔命来此致归朝之义,则京已为安国所杀。幼安后归,挟安国马上,还朝以正典刑。"

洪迈《文敏公集》卷六《稼轩记》:"余谓侯本以中州隽人,抱忠仗义,章显闻于南邦。齐虏巧负国,赤手领五十骑,缚取于五万众中,如挟毚兔,束马衔枚,间关西奏淮,至通昼夜不粒食。壮声英概,懦士为之兴起,圣天子一见三叹息,用是简深知。"

按:康熙《济南府志》卷三十五《人物志》,稼轩小传中有云:"绍兴末,耿京据济南,弃疾劝京南归。会张安国杀京,弃疾缚安国,戮之于灵岩寺,遂南奔,夜行昼伏。"与上引各书所述稼轩擒安国情事均不合,必出传闻之讹,不足为据。

章颖撰刘、岳、李、魏《四将传》,《魏胜传》云:"时亮举兵逾淮。太行山之东,忠义之士蜂起:开赵起于密州,有众十馀万,以助胶西之师。王世隆起兵援海道。夏俟取泗州来归。耿京起济南,取兖州。陈亨祖复陈州。孟俊焚虏舟而守顺昌。李雄复邓州而抗刘萼。王友直复北京。潼关以东,淮水以北,奋起者不可殚纪。凡能以姓名达者,即加宠秩。王世隆召见,即日拜武功大夫,赐金带,授御前诸军统制。耿京由太行遣人以表至,即拜检校少保、天平节度使,未及拜命,其徒张安国杀京。时葛王雍已立,大赦曰:'在山者为盗贼,下山者为良民。'中原忠义所在保聚以待,而往来议和使命相踵于道。中原之民,乃乘赦宥,归保田里,故张安国贪虏重赏杀京。其后张浚开督府,尝问孰能为我生致安国者,王世隆应募愿往,浚命以五百骑与之,世隆辞焉,止以其所部二十骑往。时安国已受伪命知济州,世隆以一骑至济州,谒入,安国骇曰:'世隆已南归,胡为至此?'使其人出视之,曰:'貌脊而赤须也。'果然。出见之,世隆拔刀劫之上马出郊议事,庭下莫敢动。

且曰：'王师十万至矣。'及交所随骑，每四五里则置一二骑，尽二十骑而驱安国并马而南矣。督府以安国诣行在所，下廷尉，劾反覆状。初，京以表进，世隆、安国俱列姓名矣。安国服罪，戮之都市。"

按：稼轩缚张安国而献俘行在，不唯《宋史》本传记其事，《朱子语类》及洪迈所作《稼轩记》中亦均盛加称道，无可疑者。章颖为魏胜立传，而忽插入王世隆擒张安国事，且所述原委至悉，则亦必有所本。但谓其为张浚直接所派遣，且无只字道及稼轩在此事件中之作用，则俱非是。盖王世隆、马全福俱为自海州随同稼轩驰赴张安国军营之人，诸人并力将张安国执缚，其首功则稼轩也。

五月，皇太子眘受禅即皇帝位，是为孝宗。

《宋史·孝宗纪》一："〔绍兴三十二年五月〕乙亥，内降御札：'皇太子可即皇帝位。朕称太上皇帝，退处德寿宫，皇后称太上皇后。'丙子，遣中使召帝入禁中，面谕之。帝又推逊不受，即趋侧殿门，欲还东宫。高宗勉谕再三，乃止。"

稼轩以分兵攻金人之策干张浚，不被采纳，其事当在本年抵建康不久之时。

《朱子语类》卷一一〇《论兵》："辛弃疾颇谙晓兵事。云：……某向见张魏公，说以分兵杀虏之势，只缘虏人调发极难。元颜要犯江南，整整两年，方调发到聚。彼中虽是号令简，无此间许多周遮，但彼中人才逼迫得太急，亦易变，所以要调发甚难。只有沿淮有许多捍御之兵。为吾之计，莫若分几军趋关陕，他必拥兵于关陕；又分几军向西京，他必拥兵于西京；又分几军望淮北，他必拥兵于淮北。其他去处必空弱。又使海道兵捣海上，他又著拥兵捍海上。吾密拣精锐几万在此，度其势既分，于是乘其稍弱处，一直收山东,虏人首尾相应不及,再调发来添助,彼卒未聚而吾已据山东。才据山东,中原及燕京自不消得大段用力,盖精锐萃于山东而虏势已截成两段去。又先下明诏,使山东豪杰自为响应。是时魏公答以'某只受一方之命,此事恐不能主之'。"

今按:张浚于金军南侵时起废复用,受命判建康府兼行宫留守,于金主亮既死之后,抵达建康,于绍兴三十二年兼节制建康镇江府、江州、池州、江阴军军马,至孝宗隆兴元年除枢密使,都督建康、镇江府、江州、池州、江阴军军马。当稼轩作此建议时,张既以"只受一方之命"相答,知其必在除枢密之前,故系其于本年内。

又按,稼轩此一建议,与其《美芹十论》中《详战》篇之内容颇有相同之处,知其为久蓄胸中之韬略,而朱熹于转述时能如此详尽,亦足证其印象之深。

稼轩之定居京口及其与范邦彦(子美)之女、范如山(南伯)之女弟之结婚,当均为本年内事。

兹为论证如下:

一、词集"寿内子"之《浣溪沙》前片为:"寿酒同斟喜有馀。朱颜却对白髭须。两人百岁恰乘除。"据知稼轩夫妻为同龄。是则本年同为二十三岁。盖当时处于战乱颠沛流离之际,致男女双方均未得及时婚嫁也。

二、词集《满江红》,起句为"家住江南,又过了清明寒食。"既云"又过了",知是作于南渡后之第二个清明节日。既有"家住"云云,则知抵达江南不久即已有室有家矣。

三、本谱卷首所引刘宰撰范如山(南伯)夫妻《行述》谓:"父讳邦彦,……岁辛巳,率豪杰开蔡城以迎王师,因尽室而南。"又所引牟巘《书范雷卿家谱》谓雷卿之四世祖为蔡州之新息县,"绍兴辛巳与辛公弃疾先后来归,忠义相知,辛公遂婿于公。"于"先后来归"下着一"遂"字,亦可证知稼轩之婚娶必为其南渡后不久事也。

又按,稼轩赋闲居带湖期内,赋有《定风波》词:题为:"大醉归自葛园,家人有痛饮之戒,故书于壁。"词之下片有云:"起向绿窗高处看,题遍;刘伶元自有贤妻。"据知范氏盖必知书通文艺者,故能于稼轩外出与友人相会时,题字满窗间,劝其勿再痛饮也。

本年十二月二十二日立春,稼轩为赋《汉宫春》词。

据《中西回史日历》,本年之冬至节为十一月初八日,由此下推四十五日立春,为十二月二十二日(1163年1月28日),固犹在绍兴三十二年之内也。

● 宋孝宗隆兴元年　癸未(1163)　稼轩二十四岁。在江阴签判任

本年夏,孝宗听从张浚之建议,以李显忠、邵宏渊二将率师渡淮,对屯戍宿州一带之金军主动出击。初战稍有克捷。既而二将不协,金之援兵大至,遂屡战受挫,终致符离之惨败。

《宋史纪事本末》卷七七《隆兴和议》:"〔隆兴元年〕夏四月戊辰,张浚被命入见,……谓金人至秋必为边患,当及其未发攻之。帝然其言,乃议出师渡淮。三省枢密院不预闻。……浚乃遣显忠出濠州趋灵壁;宏渊出泗州趋虹县。……五月甲辰,李显忠,邵宏渊败金人于宿州。

"李显忠自濠梁渡淮,至陡沟。金右翼都统萧琦用拐子马来拒,显忠力战败之,遂复灵壁。……宏渊围虹久不下,显忠遣灵壁降卒开谕祸福,金守将蒲察徒穆、大周仁皆出降。宏渊耻功不自己出。会有降千户诉宏渊之卒夺其佩刀,显忠立斩之。由是二将不

协。未几，萧琦复降于显忠。

"丙午，李显忠兵傅宿州城，金人来拒，显忠大败其众，追奔二十馀里。……遂复宿州，中原震动。……既而宏渊欲发仓库犒卒，显忠不可，移军出城，止以见钱犒士，士皆不悦。

"癸丑，金纥石烈志宁自睢阳引兵攻宿州，李显忠击却之。金孛撒复自汴率步骑十万来攻宿州。显忠谓宏渊并力夹击，宏渊按兵不动，显忠独以所部力战。……至夜，中军统制周宏鸣鼓大噪，阳为敌兵至，与邵世雍刘侁各以所部兵遁。继而统制左师渊、统领李彦学亦遁。显忠移军入城。统制张训通、张师颜、荔泽、张渊等以显忠宏渊不协，各遁去。……宏渊又言：'金添生兵二十万来，傥我兵不返，恐不测生变。'显忠知宏渊无固志，势不可孤立，叹曰：'天未欲平中原耶？何相挠如此！'遂夜引还。甲寅，至符离，师大溃。

"是举所丧军资器械略尽，幸而金不复南。时张浚在盱眙，显忠往见浚，纳印待罪。浚以刘宝为镇江诸军都统制，乃渡淮，入泗州，抚将士，遂还扬州，上疏自劾。"

程珌《洺水集》（明嘉靖刻本）卷一《丙子轮对札子》（按：丙子为宋宁宗嘉定九年，公元1216年）："甲子之夏（按：甲子为宋宁宗嘉泰四年，公元1204年），辛弃疾尝谓臣言：中国之兵不战自溃者，盖自李显忠符离之役始！百年以来（按此指自北宋灭亡以来），父以诏子，子以授孙，虽尽戮之，不为衰止。"

● **隆兴二年　甲申（1164）**　稼轩二十五岁。在江阴签判任

本年春赋《满江红》抒怀。

其词曰："家住江南，又过了清明寒食。花径里一番风雨，一番狼藉。红粉暗随流水去，园林渐觉清阴密。算年年落尽刺桐花，寒无力。　　庭院静，空相忆。无说处，闲愁极。怕流莺乳燕，得

知消息。尺素如今何处也？彩云依旧无踪迹。谩教人羞去上层楼，平芜碧。"

江阴签判任满，改广德军通判，当为本年秋冬间事。

按：据《江阴县志》卷十二《宋职官志》，谓知军一员，签判一员。又据其卷十一《宋代职官题名》，则前后之任签判者，均著录甚详，其隆兴二年下之签判为吴一能，以承议郎任，至乾道二年则为王淙，以朝奉郎任。是则稼轩于年满后必即离江阴而赴广德，其事疑当在本年秋冬间。

是年程怀古（珌）生。

嘉靖本《洺水集》卷二十五附录《宋故端明殿学士宣奉大夫致仕赠特进少师程公行状》："公讳珌，字怀古，世籍徽之休宁。……绍熙四年登进士第。……生于隆兴甲申八月二十日，享年七十有九。"（参嘉泰四年纪事）

八月二十九日张浚卒。（《宋史·孝宗本纪》）

本年十一月，与金人重订和议。

《宋史·孝宗纪》一："〔隆兴二年十一月〕丙申，遣国信所大通事王抃持周葵书如金帅府，请正皇帝号，为叔侄之国；易岁贡为岁币，减十万；割商、秦地；归被俘人，惟叛亡者不与；誓目大略与绍兴同。"（按《宋史全文》卷二十四记此事未系日，文字与此大致略同，惟最后结以"虏皆听许"句。）

● **乾道元年　乙酉（1165）**　稼轩二十六岁。
在广德军通判任

奏进《美芹十论》。

按：黄淮、杨士奇编选《历代名臣奏议》卷九十四《经国门》，唐顺之《荆川先生右编》卷二十二，均收录此文，其文前均题云："宋孝宗时建康府通判辛弃疾进。"其见于《稼轩集钞存》卷一者，或系自《永乐大典》辑出，或辑自当时尚流行之单刻本。题曰"乾道乙酉进"。《宋史》本传叙其事于乾道六年孝宗召对延和殿之后。三说各有二三年之参差。文中所论及之事，如归正人解元振辈之上章不欲遣归、因受旌赏等，已无可考；金人之以文牒请索归正人，以及宋廷之曲从，又几于时有其事。均难籍以考定此文作年。唯《审势》第一中有云："又况虏廷今日用事之人，杂以契丹、中原、江南之士，上下猜防，议论龃龉，非如前日粘罕、兀术辈之叶。且骨肉间僭杀成风，如闻伪许王以庶长出守于汴，私收民心，而嫡少尝暴之于其父，此岂能终以无事者哉。"查《金史》，世宗之子永中于大定元年（宋高宗绍兴三十一年，公元1161年）封许王，于大定五年（乾道元年）改判大兴尹，七年进封越王。稼轩文中云云，必其时犹在永中为大兴尹之前，若此文上于乾道四年或六年，则其事久成过去，不得蒙"虏廷今日"等语而言也。因知《钞存》中题为乾道乙酉为可据。（参《辛稼轩诗文笺注·美芹十论》后所附《作年考》）

又按：稼轩《进十论札子》中有"官闲心定"及"越职之罪难逃"等语，知稼轩此时必有官有职，盖正任广德军通判也。

与周信道（孚）相结识，至晚当在本年。

周孚《蠹斋铅刀编》卷十四有诗题为："梦与辛幼安遇于一精舍，因赋此诗寄之。"诗云："秋霜草花落，梦君浮屠宫。……与君十年交，九年悲转蓬。君行牛斗南，我在淮汉东。"

按：据"牛斗南"、"淮汉东"二句，知此诗必作于周氏任仪真教授、稼轩任江西宪之时。淳熙三年秋稼轩移漕京西，周氏另有诗相赠，知此诗又必作于二年深秋。由该年逆推十年，知稼轩与周氏相结识至晚当在本年，因十年乃举整数言，未必恰为此数也。馀参淳熙四年纪事。

方回《瀛奎律髓》卷四十四："周孚字信道，济南人，乾道二年进士。为仪真教官卒。诗本黄太史。辛稼轩刊其集曰《蠹斋集》。丘详之惜其年不老。盖尚进而未艾。"

《京口耆旧传》卷三："周孚，世济北将家，避乱南徙。……辛弃疾少壮时兄事之。"

是年陈长卿（康伯）卒，年六十九。

《宋史》三八四，陈康伯传："陈康伯字长卿，信之弋阳人。……隆兴二年北兵再犯淮甸，人情惊骇，皆望康伯复相。上出手札，遣使即家居召之，道闻边遽，兼程以进。乾道元年，丐归章屡上，不许。一日，出殿门，喘剧，舆至第薨。年六十有九。"

● **乾道二年　丙戌（1166）**　稼轩二十七岁。
在广德军通判任

是年刘平国（宰）生。

《京口耆旧传》卷九《刘宰传》："宰字平国，其先沧州景城人，国初徙丹阳，其后徙金坛。……年七十四，以疾终于家。"原附按语云："按：《漫塘集·辞免除将作少监第二状》有曰：'宝庆御极，有籍令之除。'又考集中有《辞免除籍田令第一状》有云：'年甫六十。'据此则宝庆元年宰年六十，以此书'卒七十四'考之，则当卒于嘉熙三年。"

按：宝庆元年刘氏年甫六十，以此逆溯，知其生于本年。

● 乾道三年　丁亥（1167）　稼轩二十八岁

在广德军通判任。任满，改建康府通判。

● 乾道四年　戊子（1168）　稼轩二十九岁

通判建康府。时建康行宫留守为史致道（正志）。

《宋史》稼轩本传："乾道四年，通判建康府。"

按：据《景定建康志》卷一《行宫留守题名》："史正志，乾道三年九月以集英殿修撰安抚使兼行宫留守司公事。"又，同书卷十四，《建炎以来年表》："乾道三年：九月二十四日左朝奉郎充集英殿修撰史正志知府事，兼沿江水军制置使，兼提举学事。……乾道六年庚寅二月二十二日正志改知成都府。"稼轩词集《念奴娇》题云："登建康赏心亭，呈史留守致道。"又《千秋岁》题云："金陵寿史帅致道，时有版筑役。"知稼轩之任建康通判与史氏之帅建康正在同时，《宋史》本传所载为不误。但查南宋时建康府通判例置三员，分东西南三厅，而南厅者为添差通判，以朝士充任，为后来所增置。东厅题名最为详备，其乾道三年至五年之在任者为严焕；西厅题名多缺在任年月，而其乾道六年前之在任者为何几先、周枢二人；俱不载稼轩姓名。南厅题名则起自嘉熙戊戌（1238），得其氏名者且仅十有四人。

《宋会要·选举》三一之八："〔绍兴三十一年〕五月十五日诏建康府特许添辟通判一员，从判府事张浚之请也。"

按：《会要》所载，当即建康府设置添差通判之始，而稼轩或即为添差之员，故其名亦在阙漏之列也。

叶梦锡（衡）为总领淮西江东军马钱粮兼提领措置营田（治

所在建康）。

《景定建康志》卷二十六《总领所题名》："叶衡，左朝奉郎太府丞，乾道二年十一月二十五日到任。……五年三月十四日除太府少卿。"

又，同书《卞壶墓识立石记》："乾道四年三月壬申……左朝请郎尚书户部员外郎总领淮西军马钱粮专一报发御前军马文字叶衡……立石。"

赵德庄（彦端）为江南东路计度转运副使。

同书卷二十六《转运司题名》："赵彦端，左朝散郎直显谟阁，副使。乾道三年十一月一日到任。"

又同书卷二十三《广济仓记》："〔乾道〕五年春三月辛未，左朝请郎直显谟阁权发遣江南东路计度转运副使公事赵彦端记。"

韩无咎（元吉）为江南东路转运判官。

《景定建康志·卞壶墓识立石记》："元祐八年曾肇作记。……乾道四年三月壬申，右朝散郎江南东路转运判官韩元吉题。"

严子文（焕）为建康府通判。

《景定建康志》卷二十四《官守》，《通判东厅题名》："严焕，左承议郎，乾道二年六月十八日到任，五年六月二十五日任满。"

丘宗卿（崈）为建康府观察推官。

同书卷二十四，《察推题名》："丘崈，乾道二年四月，五年四月任满。"

又，同书卷十六，《镇淮桥记》："乾道五年十一月建康府重作镇淮、饮虹二桥，六年正月桥成。……左文林郎建康府观察推官丘崈记。"

稼轩与叶衡过从之密，情谊之笃，当始于此年。

周孚《蠹斋铅刀编》卷十九载有《代贺叶留守启》，当即淳熙元年（1174）六月内代稼轩写致叶衡者。其中有云："自惟营蓟，尝侍门墙，拯困扶危，韬瑕匿垢，不敢忘提耳之诲，何以报沦肌之恩。"今按辛、叶行踪之并合，前乎此年者无可考见，因著其事于此。其中所谓"拯困扶危，韬瑕匿垢"诸事，虽俱难指实，然据此二句已可知稼轩南归初年之遭遇，亦必诸多崎岖坎坷也。

稼轩与叶衡以外诸人或为契友，或相唱和，其相识亦最晚皆当始于本年。

● 乾道五年　己丑（1169）　稼轩三十岁。
在建康通判任

患癞疝疾，当为本年前后事。

张世南《游宦记闻》卷五："辛稼轩初自北方还朝，官建康，忽得癞疝之疾，重坠，大如杯。有道人教以取叶珠（即薏苡仁也），用东方壁土，炒黄色，然后水煮烂，入砂盆内，研成膏，每用无灰酒调下，二钱即消。沙随先生晚年亦得此疾，辛亲授此方，服之亦消。"

● 乾道六年　庚寅（1170）　稼轩三十一岁

召对延和殿。论奏"阻江为险，须藉两淮"，又上疏请练民兵以守淮。

《宋史》稼轩本传："六年，孝宗召对延和殿。时虞允文当国，帝锐意恢复，弃疾因论南北形势及三国、晋、汉人才，持论劲直，不为迎合。作《九议》及《应问》三篇、《美芹十论》献于朝，言逆顺之理、消长之势、技之长短、地之要害甚备。以讲和方定，议不行。"

按：《论阻江为险须藉两淮》及《议练民兵守淮》两疏，黄淮杨士奇所编《历代名臣奏议》收入《御边门》中，而不著其上疏年月。辛启泰所编《稼轩集钞存》仅收《议练民兵守淮》一疏，谓系自《永乐大典》辑出者，题下注云："孝宗隆兴元年辛弃疾论阻江为险须藉两淮，又上疏。"是则两疏似皆隆兴元年所奏进者，细按之实并不然。《论阻江为险须藉两淮疏》中有"今陛下城楚城扬于东，城庐城和于西，金汤屹然，所以为守者具矣"等句，检《宋会要·方域》九之一至九，宋廷之诏修扬州、和州城俱为乾道三年事，诏修庐州城为乾道五年十二月事，诏修楚州城为乾道六年事，则其上疏时间不得在乾道六年之前。颇疑前疏即召对延和殿时所上奏札，后一疏则登对之后所奏进者也。

迁司农寺主簿。（本传）

作《九议》上虞允文。

《刘后村大全集》卷九十八《辛稼轩集序》："辛公文墨议论尤英伟磊落，乾道、绍熙奏篇及所进《美芹十论》、上虞雍公《九议》，笔势浩荡，智略辐凑，有《权书》、《衡论》之风。"

梁启超《辛稼轩年谱》本年下附考证云："细读《美芹十论》及《九议》，知两文决非作于一时，旧谱谓皆乾道元年作，非也；本传谓皆本年作，亦非也。《十论》作于元年乙酉，《永乐大典》本有明文，想所据为文集原本，更无可议。《九议》，《大典》本不著年份，当从传文定为本年作。篇中有'朝廷规恢远略已三年矣'之语,盖自丁亥、戊子以来,已渐觉和议不可恃,有备战之意。《美芹十论》若作于是年,是为无的放矢。《九议》之立论,则全以备战为前提,而反言战之不可轻发,故知其必作于是年也。篇中有'欲乞丞相稍去簿书细务,为数十日之闲,舒写胸臆,延访豪杰'语,知其书当为上虞允文,非奏议也。《应问》三篇,或是答允文咨访,惜已佚不可考矣。传文'以讲和方定,议不行'云云,亦是误将《美芹十论》时事并为一谈。上《九议》时和局久定,而战论方张,先生又非主立时开战者,无所谓行不行也。议中颇注重理财,迁司农主簿,殆有向用之意。"

　　按:据后村所作《稼轩集序》,知梁说不误,故特加采录。馀参《辛稼轩诗文笺注·九议》后所附《作年考》。

是年,张敬夫(栻)、吕伯恭(祖谦)均在朝中任职,稼轩时与游从。

《朱文公大全集》卷八十九《右文殿修撰张公神道碑》:"公讳某,字敬夫,……除知抚州,未上,改严州。……召为尚书吏部员外郎,兼权左右司侍立官,兼侍讲,除左司员外郎。……淳熙改元,公家居累年矣。"

《东莱吕太史文集》附录吕祖俭编《吕东莱年谱》:"乾道五年五月初七除太学博士,十二月十九日兼国史院编修官、实录院检讨官。公之召也,张公栻亦自严陵召归为郎,兼讲官,与公同巷居。"

稼轩《祭吕东莱先生文》:"弃疾半世倾风,同朝托契。尝从游于南轩,盖于公而敬畏。"

辛起李(次膺)卒,年七十九。

《宋宰辅编年录》:"隆兴元年癸未,三月癸巳辛次膺同知枢院事。""次膺字起李,其先东莱人,山东乱,举其家南渡。……六月戊寅辛次膺罢参知政事。""次膺自是年三月除同知枢密院事,五月除参知政事,是月罢,执政凡三月。次膺以疾求罢,章十数上,不允。……逾月,求去不已,授资政殿学士,提举洞霄宫,明年六月致仕。闲居者八年。〔乾道〕六年卒。临终,亲作遗表万言,力赞恢复而不及私。年七十九。赠光禄大夫。"

● 乾道七年 辛卯（1171） 稼轩三十二岁。
在司农主簿任

● 乾道八年 壬辰（1172） 稼轩三十三岁

春,出知滁州。

周孚《蠹斋铅刀编》卷二十三《滁州奠枕楼记》:"乾道八年春,济南辛侯自司农寺簿来守滁。"

崔敦礼《宫教集》卷六代严子文《滁州奠枕楼记》:"乾道元年,疆陲罢兵。……八年某月,滁人阙守,诏用右宣教郎辛侯幼安。

宽征薄赋,招流散,教民兵,议屯田。

《宋史》稼轩本传:"出知滁州,州罹兵烬,弃疾宽征薄赋,招流散,教民兵,议屯田。"

《铅刀编》卷十九《代辛滁州谢免上供钱启》:"比陈危恳,方窃战兢;仰荷至慈,特加闵可。民免追呼之苦,吏逃稽缓之愆。戴德无穷,感恩有自。伏念某偶以一介,得领偏州,较之两淮,实为下郡:地僻且险,民瘠而贫。兵革荐更,慨莫如其近岁;舟车罕至,叹有甚于昔时。忍于疮痍之馀,督以承平之赋?符檄相继而至,官吏莫知所为。虽载在有司,当谨出纳之数;然验之近制,尚有蠲免之文。云不敛民,实为罔上。不避再三之渎,庶期万一之从。逮被湛恩,实逾始望。某官仁不间远,明可烛微。伊尹佐君,耻一夫之不获；周公在内，期四国之是皇。故令穷陋之区，亦在悯怜之数。向愁与叹，今舞且歌。某恪承德意，遵奉诏条，仰惟钧石之平，不遗小物；敢有毫厘之扰，以速大尤！"同书《奠枕楼记》："侯既至，释民之负于官者钱五百八十万有奇。凡商旅之过其郡，有输于官，令减旧之十七。"

创建奠枕楼，繁雄馆。

《宋史》稼轩本传："乃创奠枕楼，繁雄馆。"

《宫教集》代严子文《滁州奠枕楼记》："乾道元年，疆陲罢兵，烽火撤警，边民父子收卷戈甲，归服田亩。天子轸念两淮，休养涵育，俾各安宇。二千石能宣主德属之其民，则居者以宁，流者以还；否则境内萧条，民戚戚不奠厥居。八年某月，滁人阙守，诏用右宣教郎辛侯幼安，至之日，周视郛郭，荡然成墟，其民编茅藉苇，寄于瓦砾之场，庐宿不修，行者露盖，市无鸡豚，晨夕之须无得。侯慨然作曰：'是可已也耶？自兵休迄今，江以北所在宁辑，鸡鸣犬吠，邑屋相接，而独滁若是，守土者过也，余何辞。'于是早夜以思，求所以为安辑之计。郡之酤肆，旧颓废不治，市区寂然，人无以为乐，侯乃易而新之，曰：'凡邸馆所以召和气，作民之欢心也，非直曰程课入云尔。'即馆之旁，筑逆旅之邸，宿息屏蔽，罔不毕备，纳车聚柝，各有其所，四方之至者，不求皆予之以归。自是流通四来，商旅毕集，人情愉愉，上下绥泰，乐生兴事，民用富庶。既又揭楼于邸之上，名之曰奠枕，使其民登临而歌舞之。面城邑之清明，俯间阎之繁夥，荒陋之气一洗而空矣。楼成而落之，侯举酒楼上，属父老而告曰：'今日之居安乎？壮者擐甲冑，弱者供转输，急呼疾步，势若星火，时则思太平无事之为安；水旱相仍，秉耒耜者一坯不得起，籴甚贵，衾裯不得易斗粟，时则思丰年乐岁之为安；惊惧盗贼，困逼于饥馑，荡析尔土，六亲不得相保，时则思安堵乐业之为安。今疆事清理，年谷顺成，连甍比屋之民各复其业，吾与父老登楼以娱乐，东望瓦梁清流关，山川增气，郁乎葱葱，前瞻丰山，玩林壑之美，想醉翁之遗风，岂不休哉。'侯喜其政之成，移书二千里，乞余文以为记，余曰是不可不书也，故为之书。侯有文武材，伟人也。尝官朝。名弃疾，幼安其字云。"

秋，友人周信道（孚）来滁相会，并作《奠枕楼记》。

《铅刀编》卷二十三《滁州奠枕楼记》："乾道八年春，济南辛侯自司农寺簿来守滁，时滁人方苦于饥，商旅不行，市物翔贵，民之居茅竹相比，每大风作，惴惴然不自安。侯既至，释民之负于官者钱五百八十万有奇。凡商旅之过其郡，有输于官，令减旧之十七。侯又陶瓦伐木，贷民以钱，使新其屋，以绝火灾。夏麦大熟，商旅坌集，榷酤之课倍增，流亡复还，民始苏。侯乃以公之馀钱，取材于西南山，役州之闲民，创客邸于其市，以待四方之以事至者。既成，又于其上作奠枕楼，使民以岁时登临之。是岁秋，予客游滁，侯为予言其名楼之意曰：'滁之为州，地僻而贫，其俗勤于治生而畏官府，自力田之外无复外慕，故比他郡为易治。然处于两淮之间，用兵者之所必争，是以比年以来蒙祸最酷。自乾道初元迨今八年矣，天子之涵养绥抚两淮者至矣，而滁之水旱相乘凡四载，民之复业者十室而四。吾来承乏而政又拙，幸国家法令明备，循而守之，无失阙败。今岁又宜麦而美禾，是天相吾民也。吾之名是楼，非以奢游观也，以志夫滁人至是始有息肩之喜，而吾亦得以偷须臾之安也。子以为何如？'予以为天下之事，常败于不乐为者。夫君子之仕，凡事之在民者，皆我所当尽力也，尽吾力而不成，吾无憾焉。苟曰吾乐大而狭小，岂民望哉。今以侯之仕进而较其同列，盖小屈矣，人意侯不乐于此也，而侯勿惰勿婾，以登于治，亦可谓贤矣。故楼之役虽小，而侯之心其规规然在民尚可验也。夫敏以行之，不倦以终之，古之政也，其可无传哉，故予乐为之书。十月三日左迪功郎新差充真州州学教授济北周孚记。"

全椒县僧智淳以宋太祖赐王岊帖来献，周信道代作跋。

《铅刀编·跋王岊帖》（原注乾道八年十一月十日代作）："臣守滁之十月，全椒县僧智淳以《王岊帖》来献，且言向尝刻石天庆观中，臣召道士王中勤问之，信然。臣又询诸州人，得岊之六世孙进士大亨，言岊晋阳人，柴周之攻淮南，岊适隶太祖皇帝麾下，显德四年，太祖皇帝攻楚、泗，岊实被命来。此帖本藏其家，政和八年始取归禁中，后以石本赐天庆观，乃刻而龛之端命殿之壁。臣以《周史》考之，世宗攻楚、泗岁月，与帖所载合。臣窃惟滁虽僻郡，而司马光尝以谓太祖皇帝禽馘奸桀，肇开王迹者，实在此土。较其难易，与周之伐崇、唐之下霍邑等。当此之时，凡执羁绁奔走从命者，皆一时之杰。岊行事虽不可考，然以其时侪辈推之，盖亦以材选者。臣惧其湮没，故备载于下方，且使岊得托以不朽云。"

是年有奏议上君相，论敌国事。

周密《浩然斋意抄》（《说郛》本）载《镇江策问》有云："犹记乾道壬辰，辛幼安告君相曰：'仇虏六十年必亡，虏亡则中国之忧方大。'绍定足验矣。惜乎斯人之不用于乱世也。诸君有义气如幼安者，百尺楼上岂不能分半席乎。"

稼轩妇翁范子美（邦彦）之卒，最晚当在本年，年七十四。

《至顺镇江志·人物志》："范邦彦，字子美，邢州唐山人。宣和间太学生。靖康末，邢州破，入金，举于乡，仕蔡州新息令。绍兴中率众开蔡州以迎宋师，遂南徙于润。授湖州签判，升通州，卒于官，年七十四。"

牟巘《陵阳集》卷十五，《书范雷卿家谱》："范君雷卿以学事至雪，示余以其家世本末。盖范自唐以来为邢之著姓，所居尧山范解村，环十里皆诸族，有为虞部郎官者。君之四世祖号河朔孟尝，靖康之乱能全其宗，收穷周急，信义具著。由进士出身，为蔡州之新息县，绍兴辛巳十月以其县来归。……法当超授以劝，乃仅添差湖州长兴丞，绯衣银鱼，不尽如章也。……改签书镇江军节度使判官厅事，召赴都堂审察，添差通判本府，以寿终于官。……公与辛公弃疾先后来归，忠义相知，辛公遂婿于公。公当审时，陈公俊卿、王公炎皆知公，而公老矣，不果用，赍志以殁。辛公声名日起，入则导密旨，出则跻执撰，领帅垣。呜呼，公之不遇，命也。"

按：宋制，凡有召赴都堂审察之人，均由宰辅任审察之责。据《宋史·宰辅表》，陈俊卿于乾道三年十一月除参知政事，四年十月除右仆射同平章事兼枢密使，六年五月除观文殿大学士知福州。王炎于乾道四年二月赐同进士出身，除端明殿学士，签书枢密院事，五年二月兼权参知政事。是其同任朝政仅乾道五年之二月至次年五月之期间耳。范氏之被召受审当亦在此期之内。受审后添差通判镇江，未及代而终于官，则其卒必在乾道九年之前为无疑，因著其事于本年。

● 乾道九年　癸巳（1173）　稼轩三十四岁。在滁州任

冬，上疏乞将滁州依旧作极边推赏。

《宋会要·职官》一〇之九："孝宗乾道八年正月十四日诏：滁州州县官到任任满，依次边舒州州县官推赏。先是，权通判滁州范昂陈请，故有是诏。"

同书《职官》五九之二九："乾道九年十一月二日，吏部言：权发遣滁州辛弃疾乞将滁州依旧作极边推赏；参照滁州至淮百六十里，舒州至淮六百里，蕲州至淮九百十五里，若以滁州止依蕲州、舒州推赏，地理既殊，轻重不伦。今相度欲将滁州州县官比附极边推赏：到任减磨勘一年，任满减磨勘二年。从之。"

以端砚赠友人周信道（孚），当在本年。

《铅刀编》卷十一《谢辛滁州幼安端砚》："君家即墨君，不与世同调。紫云覆寒冰，色与质俱妙。谁知穷荒地，尤物来越徼。探囊忽见畀，此事出吾料。隋珠暗投处，叹息真可吊。物生各有用，瑚琏荐清庙。君才两汉馀，妙句出长啸。吾衰亦粗尔，老语世不要。摩挲冰玉质，自庆还自醮。愿君为追琢，勿令砚空笑。"

稼轩之因病离滁州守任，回京口居第，当在本年冬季。

《铅刀编》卷十九《代贺叶留守启》首段为："伏自顷者易镇南荆，抗旌西蜀。相望百舍，缅维跋涉之劳；欲致一书，少效寒暄之问。适以筋骸之疚，退安闾里之居，既乏使令，莫附置邮。虽攀援之意未始少变；而弛旷之罪其何以逃！"今查《宋史·叶衡传》，谓"丁母忧，起复知庐州未行，除枢密都承旨。……知荆南、成都、建康府。"然《宋会要辑稿》各卷所载叶衡乾道后期之仕历为：

一、《选举》二四之二五载：〔乾道七年〕四月诏："叶衡起复帅淮西，可改除敷文阁待制枢密都承旨。"

二、《选举》三〇之二九，〔乾道九年〕八月十六日诏，枢密都承旨叶衡除敷文阁学士，知成都府。

三、《兵》五之二九，〔乾道九年〕九月二十八日，枢密都承旨权知荆南叶衡言……

据此可知，乾道九年八月虽有移知成都之命，而叶衡于是年九月之末犹在知荆南府之任上，明年正月即又赴任建康，知其在知成都府任上为时盖极短暂。然稼轩之"以筋骸之疚退居闾里"之时间，则可藉此推知其当在是年冬季也。

● 淳熙元年　甲午（1174）　稼轩三十五岁

本年春，辟江东安抚司参议官。

《景定建康志》卷二十五《安抚司签厅壁〔题名〕》淳熙年栏内首列辛弃疾名。

《宋史》稼轩本传："辟江东安抚司参议官，留守叶衡雅重之。"

按：《景定建康志》卷一《行宫留守题名》："叶衡，淳熙元年正月以敷文阁学士安抚使兼行宫留守司公事。"同书卷十四《建炎以来年表》："淳熙元年正月二十六日，敷文阁学士左朝散大夫叶衡知府事，提举学事，兼管内劝农营田使。二月召赴行在。"

以启贺新任建康留守叶衡，当为本年正月内事。

周孚《蠹斋铅刀编》卷十九《代贺叶留守启》："（首段已引见前文，兹不复出。）兹承使节归尹别都，新命一闻，孤惊增忭。恭维某官：以伊皋之业，值唐虞之时，智略足以烛微，器识足以任重。出临方面，靡容毫发之奸；入佐经常，不益锱铢之赋。爰总戎于武部，旋承命于枢廷，睿眷弥隆，舆情攸系。唯此保厘之任，实为柄用之阶，以理而推，数日可待。路车乘马，少淹南土之居；衮衣绣裳，遄俟东都之逆。自惟营蓺，尝侍门墙，拯困扶危，韬瑕匿垢。不敢忘提耳之诲，何以报沦肌之恩。兹以卑身，复托大府。虽循墙以省，昔虞三虎之疑；然引袖自怜，今有二天之覆。伫待荧煌之坐，少陈危苦之辞。"

按：《蠹斋铅刀编》所载此一《代贺叶留守启》，虽未标明所代何人，然以启中所述事节考之，知其代稼轩所写为无疑，而其时间则当为淳熙元年之岁初。其时稼轩盖已受命为江南东路安抚使司参议官，虽离滁州，而以"筋骸之疾"未能即赴新任，故此启标题既不云代辛滁州亦不著其新职事也。

据启中"兹以卑身，复托大府"句，知其由滁州之调任江东安抚司参议，盖稍早于叶氏之除知建康府，则稼轩此次之调遣，亦非出于叶氏之辟举也。

另据启中"自惟菅蒯，尝侍门墙，拯困扶危，韬瑕匿垢。……虽循墙以省，昔虞三虎之疑"诸语，藉知稼轩于乾道四五年内任建康府通判时，处境盖多舛迕，甚至时遭诬枉与谤毁。其时叶氏以总领江东钱粮而治所亦在建康，对稼轩甚多"拯困扶危"之举措，故稼轩深感其有"沦肌之恩"。此可证知稼轩渡江初年，虽尚沉沦下僚，而已屡遭摈挤，惜其具体事节均莫可考知耳。

周孚《蠹斋铅刀编》卷十《送辛幼安》诗："西风掠面不胜尘，老欲从君自濯薰。两意未成还忤俗，一饥相迫又离群。只今参佐须孙楚，何日公卿属范云？节物关心那可别，断红疏绿正春分。"

按：诗中有"只今参佐须孙楚"句，知系送稼轩赴参议官任者，结语谓时正春分，则当在正月二月间，必犹在叶衡召赴行在之前也。稼轩此次赴建康必自京口启行，周孚亦寓居京口者，故送行诗亦必作于京口也。

二月癸酉虞允文卒，年六十五。

杨万里《诚斋集》卷一百二十《故左丞相节度使雍国公赠太师谥忠肃虞公神道碑》："公讳允文，字彬甫，隆州人也。……感上不世之遇，深思所报，每曰：'宰相无职事，旁招俊乂列于庶位而已。'怀袖有一小方策，目曰《材馆录》，闻人一善必书。……前后居中及为相，首用韩元吉、林光朝、林枅、丘崈、吕祖谦、王质、辛弃疾、汤邦彦、王之奇、尤袤、王佐，……一时得人之盛，廪廪有庆历、元祐之风。……淳熙元年二月癸酉薨，享年六十有五。"

叶衡荐稼轩慷慨有大略，召见，迁仓部郎官。

《宋史》稼轩本传："衡入相，力荐弃疾慷慨有大略，召见，迁仓部郎官。"

　　按：《宋史·孝宗本纪》，本年四月己卯以户部尚书叶衡签书枢密院事，六月甲申以叶衡参知政事，十一月戊申，以叶衡为右丞相兼枢密使。玩传文"衡入相"之语意，似系叶氏归朝后即力荐者，非必确在十一月为右丞相之后也。

　　《景定建康志》卷十四《建炎以来年表》："淳熙元年五月十一日，朝议大夫充龙图阁待制胡元质知府事，六月四日召赴行在奏事，七月除敷文阁直学士，回府。十二月十一日召赴行在。"稼轩词集中有"为建康胡长文留守寿"之《八声甘州》一阕，是本年夏间稼轩必尚未离参议任。又据词集中"观潮上叶丞相"之《摸鱼儿》，则其离建康赴行在，至晚当在八月中旬前。另据《绍兴十八年同年小录》，胡元质为十月初三生，但淳熙元年十月稼轩似不应仍在建康，须更考。

● **淳熙二年　乙未（1175）**　　稼轩三十六岁。
　　　　　　　　　　　　　　　　　在仓部郎官任

　　登对，上疏论行用会子事。

　　按该疏见《历代名臣奏议》卷二百七十二《理财门》，《稼轩集钞存》卷二亦收录，题作"淳熙乙未登对札子"，其月日则不可考。但稼轩于本年六月即出为江西提点刑狱，其后展转鄂、赣，至淳熙五年方以大理少卿召归。则登对上疏必在本年六月前也。

　　《中兴圣政》卷五十九载是年君相论当时民间与商人喜用会子，致使金银贬值事。

　　致书周信道（孚），劝其痛忍臧否。

　　《铅刀编》卷十八《寄解伯时书》："江津语离，劳长者远出，迄今皇愧甚至。领手教，欣审别来台候万福。孚初八日交割，连三日有会，十一日方诣交代许立者。且留过是日发遣耳。范三哥归，闻尝相见，不知渠何日过江。辛幼安书中云云，亦愿有向来所传，所不幸者有颇不相悦者沮之耳。辛戒小人以'且痛忍臧否'，不知是可忍乎？吐之则逆人，茹之则逆余，以为宁逆人也，故卒吐之。此东坡平生得力处，岂可以一官而改耶？一笑。孚三两日间事稍定当别拜书次，不宣。"

  按：周信道平生仅任真州教授一职，据其集中《之官别乡旧》诗自注，赴任在本年五月，书中皆初抵任时语，知稼轩之致书有所劝勉必在稍前。但周氏另有《闻辛幼安移漕京西》诗，中有"去年不得一字书"句，又似本年内稼轩无致书周氏之事，事殊难解。亦或于周氏赴真州后，稼轩旋即出任江西提刑，忙于军务，未再通候，周氏遂于诗中云云也。

夏四月，茶商赖文政起事于湖北，其后转入湖南江西，数败官军。

  《宋史·孝宗本纪》："淳熙二年夏四月，茶寇赖文政起湖北，转入湖南、江西，官军数为所败，命江州都统皇甫倜招之。五月庚子，命鄂州都统李川调兵捕茶寇。"

  《宋会要·兵》一三之三〇："淳熙二年六月十九日诏：茶贼于吉州永新县界禾山等处藏匿，已令王琪、皇甫倜遣兵将搜捕，如能捕杀贼首之人，每人捕获或杀贼首一名，特补进武校尉，二人承信郎，三人承节郎，四人保义郎，五人成忠郎，各添差一次，五人以上取旨优异推恩。二人已上立功，即行分赏。"

  同书《职官》七二之一三《黜降官》八："淳熙二年七月二十八日，知隆兴府汪大猷降充集英殿修撰。以选委贾和仲捕贼不当，已降龙图阁待制；和仲辄行招安，致贼走窜，故复有是命。"

  周必大《奏议》卷四《论任官理财训兵三事》（淳熙二年八月一日）："姑以近日茶寇言之：四百辈无纪律之夫，非有坚甲利兵也，又非有奇谋秘画也，不过陆梁山谷间转剽求生耳。自湖北入湖南，自湖南入江西，今更睥睨二广，经涉累月，出入数路，使帅守监司路分将官稍有方略，用其所部之卒，自可殄灭，顾乃上烦朝廷远调江鄂之师，益以赣吉将兵，又会合诸邑土军弓手，几至万人，犹未有胜之之策，但闻总管失律，帅臣拱手，提点刑狱连易三人，其他将副巡尉奔北夷伤之不暇。小寇尚尔，倘临大敌，则将若何？"

《宋史全文》卷二十六："〔淳熙二年七月〕丁未，上宣谕叶衡等：'贾和仲朕本欲行军法，然其罪在轻率进兵。朕观汉唐以来将帅被诛，皆以逗留不进，或不肯用命。今和仲正缘轻敌冒进，诛之却恐将士临敌退缩。俟劾到情犯，别议施行。'先是，上宣谕衡等：'贾和仲与茶贼战失利，当治其罪，此须商量更归于当。朕非固欲诛之。和仲当一小寇乃失律如此，设有大敌当如何？不诛恐无以警诸将。然诛一人，须要是，卿等更熟议。'"

《宋会要·职官》七二之一三："淳熙二年八月八日，明州观察使江南西路兵马总管贾和仲除名勒停，送贺州编管。以和仲收捕茶贼失利，上谓辅臣曰：'和仲当小寇乃失律如此，设有大敌当如何，不诛无以警诸将。'既而复谕曰：'和仲本欲行军法，〔然〕其罪在轻举进兵。朕观汉、唐以来，将帅被诛，皆以逗留不进或不肯用命，如和仲正缘轻敌冒进，诛之却恐诸将临阵退缩。'故有是责。"

六月，十一日，新江西路提刑方师尹别与差遣。

十二日，稼轩出为江西提点刑狱，节制诸军，进击茶商军。

《宋会要·职官》七二之一三："淳熙二年六月十一日新江西路提刑方师尹别与差遣，坐老耄畏怯，闻江西茶贼窃发，畏避迁延，不敢之官故也。"

《宋史·孝宗本纪》："淳熙二年六月辛酉，以仓部郎中辛弃疾为江西提刑,节制诸军,讨捕茶寇。"

秋七月初,离临安,至江西赣州就提刑任,专意"督捕"茶商军。

稼轩手札:"弃疾自秋初去国,倏忽见冬。詹咏之诚,朝夕不替。第缘驰驱到官即专意督捕,日从事于兵车羽檄间,坐是倥偬,略无少暇。"

周必大《奏议》卷五《论平茶贼利害》(淳熙二年九月五日):"臣自闻茶寇陆梁,每遇来自江西之人,必询访利害,参以己见,今具如后:一、臣于前月二十七日,因进故事,具言贼徒常逸故多胜,官军常劳故多败,而又奸氓利贼所得,反以官军动静告贼,故彼设伏而我不知,我设伏则彼引避。今驱迫甲兵,驰逐山谷,且使运粮之夫颠踣道路,最可虑之大者。欲乞指挥皇甫倜诸将处官军,只分布江西、湖南控扼去处,使贼不敢睥睨州县,一则免兵卒暴露,二则省运粮之害。或有偏裨知贼所向,愿带所部人掩袭者听。却令辛弃疾择巡尉下弓兵土豪壮健者,随贼所在,与之角逐,庶几事力相称,易于成功。一、臣观自古用兵,斗智不斗力。以曹操之谋略,然用青州十万之众则为吕布所败,及退而归许,乃以二万人破袁绍十五万,大概亦可见矣。今闻辛弃疾所起民兵数目太多,不惟拣择难精,兼倍费粮食,今乞令精选可用之士,毋贪人数之众。至于方略则难遥授。但观其为人,颇似轻锐,亦须戒以持重。一、臣闻贼魁数辈,自知罪恶贯盈,不可幸免,往往劫制胁从之人为必死之计,悉力以抗官军,使彼虽欲自拔势有不敢。向来朝廷虽有杀并之赏,而未闻开其悔祸之路;欲望圣慈因数州之劳疲,特降指挥,令监司守臣先次条具恤民事件,其间带说贼中胁从之人本非得已,如能翻然悔悟,杀戮贼首,不惟可以赎罪,自当格外补官,重行赏赐,庶几转相告报,离散党与,指日平殄。"

《平园续稿》卷三十四《朝奉郎袁州孙使君逢辰墓志铭》:"讳

逢辰，字会之。……移赣州县丞。……淳熙二年茶寇转剽江西，君请精择上军，参以赣卒、郴桂弓手，别募敢死军，分委偏将，或扼贼要冲，或驰逐山谷间；而命荆鄂之师养威持重，乘贼惫，尾于后。帅不能用。已而上命辛弃疾绣衣持斧乘传来，竟如君策。"

《朱子语类》卷一百十《论兵》："辛弃疾颇谙晓兵事，云兵老弱不汰可虑。向在湖南收茶寇，令统领拣人，要一可当十者，押得来便看不得，尽是老弱。问何故如此，云只拣得如此，间有稍壮者，诸处借事去。"

彭龟年《止堂集》卷十一《论解彦祥败茶寇之功书》："某此月十五日得陈丞书，传台旨问解彦祥萍乡破茶寇始末。某时亦效职军前，颇知其事：是年八月二十六日，贼自安福由良予坑过萍乡，卜于大安之龙王祠，不得卜，遂以其众潜于东冈之周氏家。二十九日解彦祥令四兵侦探，遇寇渔于周氏之塘，二人为寇所杀，二人脱走归报，乃管界巡检马熙所辖也。解知寇处，因以马熙之兵为向导，亲提其众即东冈与贼陈于周氏之门前田中。田皆淤泥，仅有径阔尺馀，寇据田上，我兵弓弩并发，一寇长而髯者，奋身前格，彦祥一箭中之，寇堕淤泥中，兵因刎其首，已而又毙一寇无唇者，贼气遂索，我兵大振。自巳战至申酉，凡获十二级，贼稍稍引却，日昏乃遁。马熙袭之。贼自赤竹凹复入安福高峰寺，解以其众自萍乡之楼下越宜春仰山复过安福讨贼，贼已从永新迤逦南奔向兴国矣。方贼去萍乡时，某以宪檄捕寇于安福之白云寺，去高峰二十里，某至白云时，寇新退，询之土人，皆云：贼据高峰三日，被创者四五十人，疲不能起者往往自毙之而行。小山有土豪彭道，以辛宪命往捕，因大搜高峰山中，得数尸木叶下，皆被重创而死，人始知茶寇衄于萍乡亦不细也。此贼自起湖南，与官军接屡矣，官军可数者仅有三四胜，其大者摧锋败之岭南而势始衰，解彦祥却之萍乡而力始困。然摧锋之功人人皆知之，而彦祥之功必待辨而后明者，萍乡数级之得，曷能困贼，曾不知此一战之后，贼所以不能复振者，乃彦祥力也。"

曹彦约《昌谷集》卷十三《上荆湖宣谕薛侍郎札子》："淳熙之初，江西收捕茶寇，召敢死之士，举亲兵千人之众，应募者张忠一名而已。一名应募，十八人从而和之，欲增募一名竟不可得。其后首入敌阵以倡大军者，即前日应募张忠者也。"

《攻媿集》卷八十八《敷文阁学士宣奉大夫致仕赠特进汪公行状》："淳熙元年除知隆兴府兼江南西路安抚。……二年五月，茶寇赖文政等起湖北，自湖南向江西，帅司即令境上防托。江西所恃惟赣吉将兵，亟遣未及而贼已入境，与吉兵遇，一使臣死之。以湖南曾戕官军，至此又小胜，止为逃死之计，遂据禾山洞。公遣副总管贾和仲总数州之兵以讨之。和仲老将，意颇轻敌，或已议其狠愎难任，然兵官无逾此人者，未及出门而得旨，果以委之。主帅调发而簽牧领兵，职也；武人谓朝廷专委，凡事寖不相关。一到贼垒，暮夜驱迫将士入山，反为所覆，不可复用；又遽遣约降，至折箭为誓，人知其为诈而不寤；贼立旗帜为疑兵，由鸟道窜去，两日而后知之。六月，有旨：湖南令帅臣王炎节制，如已入江西，即令贾和仲统率四路人马讨捕。是时犹未委公。及和仲轻举妄发，将兵已溃，贼势日张，则乞就委江州都统制，月末始得金字牌令公节制。大暑中兼程而进，洪至吉七百里，势不相及。贼亡命习险阻，常隐丛薄间，弓矢所不及。官兵驱逐，接战十馀，杀伤相当，多猝遇于狭隘之处，交锋者不过数人，馀已遁去，不知踪迹，使荷戈被甲之士与之追逐，虽欲列阵并力，有所不可，既逐入广而又复回。初就招安，列六百余人，后止余百辈，则知所丧已多。势既已穷，而有许拔身自首指挥；间有禽获者，亦言本非凶逆，若开其生路，必来降矣。遂以小榜具载指挥，募人入贼，贼曰：'望此久矣，苟得晓事文官来，即当随往。'提刑辛弃疾同议遣士人借补以行，而公已罢，尽复逃去。未几，兴国尉黄倬请行，正合前说，遂降。"

九月，叶衡罢相。

《中兴两朝圣政》卷五十四："〔淳熙二年九月〕是月，叶衡罢相，以谏官汤邦彦论其奋身寒微，致位通显，未闻少有裨益，惟务险愎以为身谋也。初命知建宁府，言者不已，遂罢之。"

闰九月，诱赖文政杀之。茶商军平，加秘阁修撰。

周必大《省斋文稿》卷二十《金溪乡丁说》："茶寇久未平，数日前，太学上舍魁刘尧夫纯叟来，言抚州金溪县大姓邓姓、傅姓各有乡丁数千，……今官军数为贼困，宜命抚守赵烨以礼追请，谕委用之意。……即以告执政。明日，执政于上前及之。后数日，某对，上曰：'卿前日论抚州民兵甚好，但虑所过扰人耳。'亦会辛弃疾诱贼戮之，遂不复问。……淳熙乙未闰月二日。"

按：据此则稼轩诱杀赖文政，其事当在闰月之前，但各史均记于闰月之内，想是奏报到朝廷时已在闰月中也。

《宋会要·兵》一九之二六："淳熙二年闰九月二十四日，上谓辅臣曰：江西茶寇已剿除尽，皇甫倜虽有节制指挥，未及入境，辛弃疾已有成功，当议优与职名以示激劝。自馀立功人可次第推赏。"

同书《兵》一三之三二："淳熙二年闰九月二十八日，宰执进呈：'昨茶寇自湖北入湖南、江西，侵犯广东，已措置剿除，理宜黜陟。'上曰：'辛弃疾捕寇有方，虽不无过当，然可谓有劳，宜优加旌赏。汪大猷身为帅守，督捕玩寇，不可无罚。广东提刑林光朝不肯避事，躬督摧锋军以遏贼锋，志甚可嘉。初谓其人物懦缓，临事乃能如此，宜与进职。湖北提刑徐宅，盗发所部，措置乖方，宜加责罚。'于是诏江西提刑辛弃疾除秘阁修撰，……林光朝特进职一等，江西运副钱佃军前督运钱粮不阙，除秘阁修撰，前湖北提刑徐宅追三官，前江西帅臣汪大猷落职送南康居住。"

同书《兵》一九之二六、二七："淳熙二年闰九月二十七日，降授武功大夫吉州刺史充荆鄂驻劄御前诸军都统制鄂州驻劄李川，叙复团练使。是日，因执政进呈李川奏劾统制解彦祥、统领梁嘉谋、张兴嗣等收捕茶寇，弛慢不职，上谓辅臣曰：人多庇其部曲，不能尽公，李川奏劾之章，独能体国，此为可嘉。与叙复团练使，盖欲激励诸将使之赴功也。"

同书《兵》一三之三一："淳熙二年十月二十七日，诏统制官解彦详、统领官梁嘉谋、张兴嗣收捕茶寇调发乖谬，彦祥追三官，嘉谋、兴嗣各追两官，并勒停。"

《历代名臣奏议》卷九十六《经国门》，司农卿李椿上奏曰："解彦详等所将之兵，战殁者不过百十人，而窜逸者不下数百。臣得江西提刑辛弃疾书云：'彦详所带二千人，今但有九百馀人。'臣计其阵殁及疾病寄留之外，馀皆窜逸，不啻数百，此李川所以不得不按其罪也。此兵乃王琪差选之人，则其他军兵皆可知矣。"

《止堂集》卷十二《论解彦祥败茶寇之功书》："……今彦祥非惟不得赏，且因是镌官自效，赏罚如此，后万一有警，何以使人乎？顷萍乡黄主簿人杰尝条奏其事上之辛漕，辛漕报云：'已申朝廷。'未知今日施行果由此否，或别有知之者为讼其功耶？"

按：解彦祥之名，各书或作彦祥，或作彦详，今各依原文引用，未知其孰是孰非，不敢改从一例也。

《朝野杂记》甲集卷十四《江茶》："……目江南产茶既盛，民多盗贩，数百为群，稍诘之则起而为盗。淳熙二年茶寇赖文政反于湖北，转入湖南江西，侵犯广东，官军数为所败；辛弃疾幼安时为江西提刑，督诸军讨捕，命属吏黄倬、钱之望诱致，既而杀之。江州都统制皇甫倜因招降其党隶军。今东南茶皆自榷场转入北界，亦有私渡淮者，虽严为稽禁而终不免于透漏焉。"

《叶水心文集》卷十八《华文阁待制知庐州钱公墓志铭》："公姓钱氏，讳之望，字表臣，常州晋陵人。……登乾道五年进士第，……差江西帅属。赖文政反，前帅龚参政茂良白上，以贼委公，公荐黄倬可用，为方略授之，立擒文政。改官增秩，公奏赏倬宜厚，臣滥恩也，可损。上多公让，从之。"

《宋史·孝宗本纪》："淳熙二年闰九月，辛弃疾诱赖文政杀之，茶寇平。"

罗大经《鹤林玉露》卷十二《盗贼脱身》："……淳熙间江湖茶商相挺为盗，推荆南茶驵赖文政为首，文政多智，年已六十，不从，曰：'天子无失德，天下无他衅，将欲何为？'群凶不听，以刃胁之，黾勉而从。文政知事必不济，阴求貌类己者一人，曰刘四，以煎油糍为业，使执役左右。辛幼安为江西宪，亲提死士与之角，困屈请降。文政先与渠魁数人来见，约日束兵。退即谓其徒曰：'辛提刑瞻视不常，必将杀我。'欲遁去，其徒不可，则曰：'宁断吾首以降，死先后不过数日耳。'其徒又不忍，乃斩刘四之首使伪为己首以出，而文政竟遁去。官军迄不知其首级之伪为也。"

是年陈天麟为赣州守，稼轩对茶商军用兵过程中，得陈氏策画为多。

同治《赣州府志》卷四十二《名宦》："陈天麟，字季陵，宣城人。绍兴进士。由广德簿知襄阳事，所至有惠政。寻知赣州。时茶商寇赣吉间，天麟预为守备，民恃以安。江西宪臣辛弃疾讨贼，天麟给饷补军。事平，弃疾奏：今成功，实天麟之方略也。"

《稼轩词集》有《满江红》一阕，题云："赣州席上呈太守陈季陵侍郎。"

《宋会要·职官》七二之一二："〔淳熙二年三月〕二十九日，知赣州陈天麟除敷文阁待制，知平江府韩彦古除敷文阁待制，并寝罢成命，以天麟赣州之政未有过人，彦古夺服为郡，亦难冒处，故寝是命。"

同书《职官》七二之一六："〔淳熙三年〕十月八日，前知赣州陈天麟罢宫观，以臣僚言天麟政以贿成，罪以货免，寄居宣州，交通关节,靡所不有,故有是命。"

七月四日,友人赵德庄(彦端)卒,年五十五。

《南涧甲乙稿》卷二十一《直宝文阁赵公墓志铭》:"德庄讳彦端,德庄其字也。于宣祖皇帝为八世孙。……登绍兴八年礼部第。……知饶州馀干县,为政简易而办治,故德庄谋居邑中,而邑人至今称之,曰吾旧宰也。……馀干号佳山水,所居最胜,日与宾客觞咏自怡,好事者以为有旷达之风。……享年五十有五,卒以淳熙二年七月四日。"

● **淳熙三年　丙申(1176)　稼轩三十七岁。**
在江西提点刑狱任

赣州守施元之,到官仅及百日,念及亲老,遂陈乞祠禄去官。或以为乃稼轩劾罢者,疑亦并非虚构。

周必大《省斋文稿》卷二十五有《回施赣州元之启》,列淳熙三年下,其词有云:"远勤硕望,出镇雄藩,幕府一开,欢谣四达。恭维某官道参前哲,名在近臣,宜入侍于邃清,乃浡临于藩翰。……某方图汜记,已辱贻缄……"玩文义,知施元之于淳熙三年方由司谏出任赣守,盖为继陈天麟之后任者。罗愿《鄂州小集》卷一有《送赣州施司谏奉祠归吴兴》诗,有句云:"去国二千里,叱驭良已勤。到官一百日,啜菽念所欣。"则是莅任仅三月馀即罢去。同书又有《水调歌头》一阕,题云:"中秋和施司谏",有句云:"秋宇净如水,月镜不安台。郁孤高处张乐,语笑脱氛埃。"又知施氏中秋尚在章贡,则其去职最早当在八月后。又据诗题及"啜菽念所欣"句,及同书卷四《祭施司谏兄》中之"登郁孤而有慨,念馨膳之及辰"诸语,知施氏之去,似是因亲老而请祠禄者。然《祭文》之下文又有句云:"謇临兮而不忍,意恻怆而伤神。曰

'去此其何难，惜吾佐文孔仁'。"则已微露施之此次去官，并非全然属于情愿，而另有不得不然之意。至篇末而又有"晚托契于我曹，悲此意之殊辛。继别佩于守符，庶人事之屈伸。方昕朝而入对，忽大夜以长奄"诸语，说明施元之于离赣之后不久又出任另一地之知州，更可反证其在赣州之仅及百日而去官，显非纯系为亲老归养之故。另据《刘后村大全集》卷一五〇《杜郎中墓志铭》记一事云：

公讳颖，字清老。……历赣州观察推官。太守施司谏元之绳吏急，一日，缄片纸来云："某吏方游饮，亟簿录其家。"公袖还之："罪由逻发，惧者众矣。"施公矍然，为罢逻卒。……辛提刑弃疾以私意劾赣守，郡僚皆恐，公盖俱受其荐，慨然曰："施公深知我。"事之益谨。施公扁舟先发，公徐护送其孥，而归举牒于辛公，辛有愧色，因屈入宪幕。

罗愿之《祭施文》中也曾有"虽摘奸之似察，抑为吏之终循"句，可证后村此文中之"太守施司谏元之绳吏急"一语并非诬词，则其所述"辛提刑弃疾以私意劾赣守"一事亦当属实。意者辛章所劾即为施氏绳吏过急一事，在此奏章既上之后，朝廷尚无行遣，施氏即先以亲老为由而陈乞奉祠也。

又按：施元之字德初，乾道二年任秘书省正字，坐洪适之党放罢，五年任左司谏（均见《宋会要》）。著有《苏东坡诗注》。

奏荐赣州通判罗愿治行于朝。

罗愿《鄂州小集》卷六附《鄂州太守存斋罗公愿传》："公讳愿，字端良，……乾道八年通判赣州，遄摄州事。寇攘甫定，壹以政清讼简化美风俗为务。……详刑使者剡闻于朝，谓公宜在清要之选。秩满，差知南剑州。"

同书卷五《谢辛大卿幼安启》："受察公朝，本由推毂；疏恩列郡，亦既怀章。退省孱庸，惟深感荷。伏念某顷为别驾，得近行台，表于属吏之中，期以古人之事。万乘之器，乃取蟠木以为容；千石之钟，岂为寸莛而发响，遂关渊听，旋被明扬。揆以生平，知我莫如于鲍子；闻之道路，逢人更说于项斯。意朝廷诸公之贤，多门墙一日之雅。倘非凭藉，曷有超逾。兹盖伏遇某官，文武兼资，公忠自许，胸次九流之不杂，目中万马之皆空。见辄开心，不假趑趄嗫嚅之请；称之极口，率皆沉着痛快之词。褒衮甚荣，梦刀既叶。季布河东之召，誉偶出于一人；袁安楚郡之除，选第因于三府。至于羁迹，全赖公言。惭非共理之良，曷称同升之谊。某敢不勤宣上意，毋负已知。荐长史而称宰相之才，事无近比；期国士而用众人之报，人谓斯何。抱此愚心，要之晚节。"（据《新安文献志》卷四二所载此文改补数字。）

按：罗氏传中谓详刑使奏闻其政，而不谓使者为谁，据此谢启，知即稼轩。其事在上年或本年亦无可考，姑附于此。

调京西转运判官。（本传）

《蠹斋铅刀编》卷十四《闻辛幼安移漕京西》诗："孤鸿茫茫暮天阔，问君章贡何时发？去年不得一字书，今日又看千里月。向来人物推此邦，至人不死唯老庞。请君剩酿蒲萄酒，为君酹渠须百缸。"

《鄂州小集》卷一《送辛殿撰自江西提刑移京西漕》："峨峨郁孤台，下有十万家。喧呼隘城阙，恋此明使车。忆公初来时，狂狡啸以哗。主将失节度，玉音为咨嗟，一朝出明郎，绣衣对高牙。持斧自天下，荒山走矛叉。光腾将星魄，枉矢失惊蛇。氛雾果尽廓，十州再桑麻。恩令撰中秘，天笔有褒嘉。辛氏世多贤，一姓古所夸：太史善箴阙，伊川知辞华。谁欤立军门？杖节来要遮。亦有救折槛，叩头当殿衙。英风杂文武，公独可肩差。佩玦善断割，挥毫绝纷葩。时时有纵舍，惠利亦已遐。京西故畿甸，傍塞闻悲笳。明时资馈饷,岂减汉褒斜。勿云易使耳,重地控荆巴。三节萃一握,眷心良有加。古来居此人,爱国肯雄夸:羊祜保至信,陶公戒其奢。安边有成略,此道未全赊。公今有才气,功名安可涯。愿低湖海豪,磨砻益无瑕。凌烟果何晚,犹有发如鸦。"

　　按:据前引罗氏之《水调歌头》一词,既已断定赣州守施元之之去职至早当在八月后;据《后村集杜颖墓志》,又知稼轩于施去后尚在提刑任,则其移漕京西至早当在秋冬之交。周信道诗有"孤鸿茫茫"句,亦正秋冬间之节候也。

是年夏四月,汤朝美(邦彦)以有辱使命,送新州编管。

《宋会要·职官》五一之二六:"淳熙二年二月十七日,诏左司谏汤邦彦假翰林学士知制诰朝议大夫提举佑神观兼侍读,充奉使金国申议使;阁门舍人陈雷假昭信军承宣使知阁门事兼客省四方馆事,副之。既而三年四月诏邦彦送新州、雷永州居住,以臣僚言其奉使虏廷,颇乖使指,驱车亟还;又于虏廷颇有所受,且不能坚守己见,惟从谢良弼之谋。于是复诏邦彦、雷并编管,国信所使臣谢良弼等三人并除名勒停。"

《宋史·叶衡传》:"上谕执政选使求河南,衡奏司谏汤邦彦有口辨,宜使金。邦彦请对,问所以遣,既知荐出于衡,恨衡挤己,闻衡对客有讪上语,奏之,上大怒,即日罢相,责授安德军节度副使,郴州安置。邦彦使还,果辱命,上震怒,窜之岭南,诏衡自便。"

《续宋编年资治通鉴》:"淳熙二年八月汤邦彦使金,请河南陵寝地。明年夏四月,邦彦使金至燕,金人拒不纳,旬馀乃命引见,夹道皆控弦露刃之士,邦彦怖,不能措一词而出。上大怒,诏流新州。自是河南之议遂息,不复泛遣使矣。"

刘宰《漫塘文集》卷十九《颐堂集序》:"颐堂先生司谏汤公,故知枢密院事敏肃公之玄孙。……虞丞相允文又于上前力荐之,即以其年六月擢枢密院编修官。而公之志雅欲以勋业自见,故立朝未几,即出从虞公于宣幕。既宣帅劳还,公亦复归旧著,时淳熙甲午秋七月,而以明年秋八月出使,又明年三月以使事谪。……一谪八年乃始得归。"

赵蕃《淳熙稿》卷十二《寄赠汤司谏》二首:"自闻宽法离新州,日日江头数过舟。学子尚知称述作,君王宁不念谋猷。五车颇困十年读,一见蕲胜万户侯。我亦东归苦无日,待公行矣勿迟留。"

韩元吉《南涧甲乙稿》卷一《送汤朝美还金坛》诗有句云:"汤公涉南荒,岁月犹转毂。几年卧新州,宁肯事鸡卜。身安一瓢饮,志大五车读。揭来灵山隈,跫然慰虚谷。……胸中经济略,欲语动惊俗。谁知天意回,归棹如许速。春风正浩荡,江水清可掬。海涛拍千峰,挂席下浮玉。……"

按:稼轩词集中多与汤氏唱和之作。二人之相识始于何时,今莫可考。辛词中与汤氏有关诸首则均为淳熙九年家居信州以后之作。《会要》及《宋史》诸书唯载汤氏被责编管于广东之新州,据赵昌父及韩南涧诗,知其于谪新州数年之后又必有量移近里州郡之命,因得又在信州居处若干岁月,然后方得旨自便。刘漫塘所谓"一谪八年乃始得归"者,盖包举汤氏谪居新、信两地之岁月而言之也。

又按,据上引各书及稼轩各词,知汤邦彦字朝美,为敏肃公汤鹏举之元孙,鹏举字致远,仕至知枢密院事。《京口耆旧传》中有传。《四库提要·筠溪乐府》以鹏举为汤邦彦字,是误以乃祖乃孙为一人矣。

● 淳熙四年　丁酉(1177)　稼轩三十八岁

差知江陵府,兼湖北安抚。(本传)

按:《宋史·孝宗本纪》,"淳熙四年二月戊戌,以新知荆南府胡元质为四川安抚制置使兼知成都府。"稼轩之由京西漕差知江陵府疑即在胡氏改官之后。

奏陈武陵县令彭汉老政绩。

杨万里《诚斋集·中散大夫广西转运判官赠直秘阁彭公行状》云："公讳汉老，字季皓。……知常德府武陵县。有二甿讼田，公谕以比邻友助，二人感悟逊畔。有武臣祝其姓者，掠仕族女为婢，公分俸嫁之。帅臣尹公机、宪使辛公弃疾以其事上闻，诏下中书书于籍。"

按：据此，则稼轩似曾一度任湖北提刑，而遍查《宋史》及其他载籍，均无此说。据散见《宋会要》各册之记载，知尹机于符离败后因张浚之奏劾送郴州编管，淳熙元年六月与知辰州高泗两易其任。又据《建炎以来朝野杂记》甲集卷十八《湖北土丁刀弩手》条记事："淳熙三年，杨太尉倓为荆南帅，上命杨修其政令。已而知辰州尹机代还，……上即擢机湖北提点刑狱，使与之同措置。……张钦夫为安抚使。会机卒，马大同继之。"知尹机于淳熙三年任湖北提刑，其后即终于任所，亦无曾帅湖北之事。因知杨诚斋于《彭汉老墓志》中所记，乃误将帅宪二人名氏颠倒也。

范至能（成大）罢蜀帅，归途过江陵，稼轩招游渚宫。

范成大《吴船录》下："淳熙丁酉八月壬申癸酉泊沙头，江陵帅辛弃疾幼安招游渚宫。败荷剩水虽有野意，而故时楼观无一存者，后人作小堂亦草草。旧对此有绛帐台，今在营寨中，无复遗迹。章华台在城外野寺，亦粗存梗概。询龙山落帽台，云在城北三里，一小丘耳。息壤在子城南门外，旧记以为不可犯，畚锸所及，辄复如故，又能致雷雨。唐元和中裴宙为牧，掘之六尺，得石楼如江陂城楼状，是岁霖雨为灾，用方士说复埋之，一夕如故。旧传如此。近岁遇旱则郡守设祭掘之，畚其土于旁以俟报应，往往掘至石楼之檐则雨作矣，雨则复以故土还覆之，不闻其壤之息也。然掘土而致雨，则辛幼安云亲验之而信。"

严治盗之法，"得贼辄杀，不复穷究"，遂致奸盗屏迹。

《攻媿集》卷一百零六《朝请大夫曹君墓志铭》："君讳虙，字困明，明之定海县人。……乾道三年，君以中奉致仕恩补将仕郎，明年铨试上等，授迪功郎，为平阳主簿，调江陵令。……大卿辛公弃疾帅江陵，治盗素严，有盗牛者，配江州，吏缘其意，欲沉之江，君慨然禀白，公改容叹赏，卒俾如令。"

《嘉泰会稽志》卷十五《人物志》："姚宪字令则。……如江陵府卒，年六十三。其在江陵，前帅颇属威严，治盗不少贷。宪继其后，尝语客曰：'故帅得贼辄杀，不复穷究，奸盗屏迹。自仆至，获盗必付之有司。在法当诛者初未尝辄贷一人，而群盗已稍出矣。'"

按：据周必大《玉堂类稿》卷七制词，姚宪于淳熙四年十一月由知泉州调知江陵府，正为稼轩之后任，则姚氏所称之故帅必即稼轩无疑也。

《永乐大典》卷三五七九真韵村字，文村：宋项安世诗：《文村道中》：十五年前号畏途，只今开辟尽田庐。分明总是辛卿赐，谁信兜鍪出袴襦。辛卿名弃疾，前此帅荆，狝绝群盗。

冬，江陵统制官率逢原纵部曲殴百姓，稼轩以为"曲在军人"，因此徙知隆兴府兼江西安抚。

周必大《平园续稿》卷二十三《龙图阁学士宣奉大夫赠特进程公大昌神道碑》："淳熙四年八月兼给事中，江陵统制官率逢原纵部曲殴百姓，守帅辛弃疾谓曲在军人，坐徙豫章，公极论不可。上曰：'朕治军民一体，逢原已削两官，降本军副将矣。'"

彭龟年《止堂集》卷六《代襄阳帅张尚书论边防疏》："鄂州

副都统某人，虽有粗才，为人凶横。向者辛弃疾之事，实自某人启之。"

陈傅良《止斋文集》卷二十四《缴奏率逢原除都统制状》："臣将漕湖南，已闻率逢原之为人，且见其行事矣。其在江陵，其在襄阳，与今在池阳，监司帅守皆患苦之，屡有文字上烦朝廷。"

按：据《吴船录》之记事，知稼轩于本年八月尚在江陵任内，唯周必大《玉堂类稿》卷七淳熙四年十一月有知泉州姚宪辞知江陵不允诏，必其时稼轩已受命移帅隆兴矣。

友人周信道（孚）卒于真州教授任，年四十三。

《嘉定镇江志》附录："周孚字信道，丹徒人。乾道二年萧国梁榜。为真州教授，卒于官，年四十三。有《蠹斋集》三十卷。"

赵蕃《淳熙稿》卷八《赠刘子卿》（时刘将赴官镇江，并以道别）三首之三："吾友周信道，坐诗终死穷。眼中宁复有，地下亦难同。梦绝西州路，愁闻北固鸿。并游惟伯厚，还愧尺书通。信道名孚，死于真州教授。伯厚属信道与余同游。"

《仪真县志》卷十九《宦迹门》："周孚字信道，丹徒人，乾道初登进士第，为真州教授。孚自七岁通《春秋》，读书过目成诵，尝游书肆阅天下书殆尽。著有《蠹斋集》三十卷。"

《蠹斋铅刀编》陈琪序："余之师友周公孚既殁之二年，解君伯时得公之遗文，属余为之序。……周公孚，字信道，自号蠹斋。……登第十年始为真州之郡博士，竟卒于官。仕止于一命，寿不登五十。淳熙己亥中秋六日京口陈琪序。"

《京口耆旧传》卷三："周孚，擢乾道丙戌进士第，为真州教授。……在任以疾卒。"

按：《蠹斋铅刀编》有《之官别乡旧》诗，题下注云"乙未五月"。自乾道丙戌，至淳熙乙未，恰为十年，参以陈琪序中"登第十年始为真州郡博士"语，知其所谓"之官"即之真州教授任者。谓辛于官,则必在淳熙五年任满之前;而稼轩移漕京西时周氏尚有诗为赠,则其卒必又在淳熙三年秋季之后。由陈琪序文所署年月逆推之,亦可证周氏之卒必在本年。

是年方孚若(信孺)生。

《后村先生大全集》卷一六六《宝谟寺丞诗境方公行状》:"公讳信孺,字孚若。……九岁落笔属文。京西公守庐陵,公犹卯角,周丞相、杨诚斋见而惊曰:'天才也。'……开禧三年,至汴见虏左丞相都元帅完颜崇浩,自春至秋,三往返,名满天下。时年才三十。至临江,以诗酒自娱。江湖士友慕公盛名,多裹粮从之游。……以嘉定壬午腊月二十有六日卒,享年四十六。公美姿容,性疏豁豪爽。幼及交辛稼轩、陈同父诸贤。"

● **淳熙五年 戊戌(1178)** 稼轩三十九岁。
在江西安抚使任

春二月,奏劾知兴国军黄茂材。

《宋会要·职官》七二之二〇:"淳熙五年二月二十五日,知兴国军黄茂材特降两官,以江西安抚辛弃疾言茂材过数收纳苗米,致人户陈诉故也。"

按:同书《黜降官》九,有记事云:"淳熙五年正月二十三日,江南西路转运副使权提刑王次张、知兴国军黄茂材……各特降一官放罢。"是稼轩弹章当上于黄氏已被放罢之后,故复有降两官之命也。

奏请申严沿边州县耕牛战马出疆之禁。

《宋会要·刑法》二之二九:"淳熙五年六月二十日,诏湖北京西路沿边州县,自今客人辄以耕牛并战马负茶过北界者,并依军法。其知情引领停藏乘载之人，及透漏州县官吏公人兵级，并依兴贩军须物断罪。许诸色人告捕，赏钱二千贯，仍补进义校尉，命官转两官。其知情停藏同船同行梢工水手能告捕及人力女使告首者，并与免罪，与依诸色人告捕支赏。知通任内能捕获，与转两官。从知隆兴府辛弃疾请也。"

按：此诏虽于六月间方行下，但稼轩于本年春即去职（详见下文），则其奏章亦当上于春季也。

召为大理少卿。友人王公明（炎）卒于豫章，年六十七。
《宋史》稼轩本传："以大理少卿召。"
《稼轩词集·水调歌头》题云："淳熙丁酉，自江陵移帅隆兴。到官之三月被召，司马监、赵卿、王漕饯别，司马赋《水调歌头》，席间次韵。时王公明枢密薨，坐客终夕为兴门户之叹，故前章及之。"前章结云："一笑出门去，千里落花风。"又，《鹧鸪天》，题为"离豫章，别司马汉章大监"。全词云："聚散匆匆不偶然，二年历遍楚山川。但将痛饮酬风月，莫放离歌入管弦。萦绿带，点青钱，东湖春水碧连天。明朝放我东归去，后夜相思月满船。"

按：据"落花风""绿带""青钱""东湖春水"等，知稼轩此次之离去豫章，事在本年春季。又《鹧鸪天》一阕，知其亦作于本年者，盖稼轩凡三次官江西，首次为淳熙二年之任提刑，于镇压茶商军后调京西转军判官，与"明朝放我东归去"一语不合，且江西提刑之治所在赣州，不在豫章。末次为淳熙八年再任江西安抚使，其去职在该年冬季（详见彼年纪事），又与词中所述时令不合。则其为本年离豫章时所作无疑。

陈亮《龙川文集》卷十九《与吕伯恭正字书》："辛幼安、王仲衡俱召还，张静江无别命否？元晦亦有来理乎？"同书卷二十一《与石天民书》："辛幼安、王仲衡诸人俱被召还，新揆颇留意善类，老兄及伯恭、君举皆应有美除。"

按：王仲衡，名希吕，《宋史》希吕传云："……加直宝文阁，江西转运副使，〔淳熙〕五年召为起居郎。"

又按：据前引《水调歌头》题，知王公明卒于稼轩行将离江西帅任之时。查王公明为王炎，《宋史》未为立传，徐自明《宰辅编年录》中所著其事历亦甚略，唯周必大《玉堂杂记》及《省斋文稿》中述其除枢密使之经过至详，引见《词集笺注》卷一本词注中。《建炎以来系年要录》卷一百六十三，"资政殿学士知建康府杨愿薨。其表弟王炎，安阳人，竞弟也。"又卷一百六十一："中大夫尚书礼部侍郎翰林待制兼行太常丞王竞见于紫宸殿。竞安阳人，祖尚恭，熙宁间仕至光禄卿。"王质《雪山集》卷九《上王参政启》云："恭维某官……总二火以制名，符国家之运气；赋一壬而定命，合主上之天元。……祖宗有训，宰相当用北人；周汉以来，太平多从西起。惟桑梓之名邦曰相，而袞绣之先达有韩。载生我公，益懋其美。实河朔英豪之彦，有雍梁形势之区。人与地以相当，古至今而莫并。"周必大《省斋文稿》淳熙元年甲午有《寄题王公明枢使豫章佚老堂》诗，中有"公今年才六十耳"之句。《石湖诗集题佚老堂》诗自注亦云："王公自言堂去东湖百步。"是知王公明本相州安阳人，南渡后寓居豫章，其生当在宋徽宗政和二年壬辰，与孝宗之受禅（绍兴三十二年壬午）同为壬年，辛时当为六十七岁也。

《夷坚志》支癸卷二《武当真武祠》："乾道六年，王炎公明以参知政事来抚四川，……时王年将六十。"若以五十九计，则卒于淳熙五年恰为六十七岁，当生于政和二年壬辰。

闰六月，同僚吴交如卒，厚赗之。

《宋史》稼轩本传："为大理卿时，同僚吴交如死，无棺敛，弃疾叹曰：'身为列卿而贫若此，是廉介之士也。'既厚赗之，复言于执政,诏赐银、绢。"

《京口耆旧传》卷二《吴大卿交如传》:"吴大卿交如,字亨会,丹徒人。性姿乐易,重义而疏于财。……除大理卿,明年,囹圄空,玺书嘉奖。会刑部虚位,上意有属,命且下而交如被病。淳熙五年闰六月卒于位,年六十一。"

按:刘宰《漫塘文集》卷十九《送吴兄入京序》云:"吾乡吴子隆兄宦游五十年,进不求荣,退不谋利。……其家翁大卿,平居历官,买田不盈二百亩,季子不肖,尽贱售以为酒家费,人谓子隆必诉之官而复之,比子隆归,委不问。或诘其故,子隆曰:'是其初必假母兄之命以行,吾欲复田,可使吾弟伏辜以伤吾母之心乎!'"据此知吴交如为疏财好义之人,而平生虽亦曾置产二百亩,但为家乡之不动产,故卒于临安时不免贫无棺敛也。

出为湖北转运副使。(本传)

《建炎以来朝野杂记》甲集卷十八《湖北土丁刀弩手》:"湖北辰、沅、靖、澧州刀弩手者,自政和七年始募土丁为之。……淳熙三年杨太尉倓为荆南帅,上命杨修其政令。已而知辰州尹机代还,请命有司括田招募,……上即擢机湖北提点刑狱,使与之同措置。……会李仁父出守武陵,力言其不便,乞度田立额。事下诸司。张钦夫为安抚使,颇以仁父为是。会机卒,马大同继之,欲换以土军,辛幼安时新除漕副,亦乞各具所见。议不合。"

按:由此段记事中仍不能得稼轩将漕湖北之月日,但次年春季既已改官湖南,则出为湖北漕副必在本年。以词集有关各首考之,其赴任当在夏秋之交也。

是年友人邓楚材(林)举进士。

《淳熙三山志》卷三十《科名志》:"淳熙五年戊戌、姚颖榜:

邓林,字楚材,福清人。"

《八闽通志》卷六十二《福州府人物》:"邓林字楚材,福清人。年十五,以诗义魁乡校。十六游江湖。与辛弃疾善,又为周必大之客。淳熙中登第,调泰和簿。一时名公如陈傅良、戴溪、朱熹、吕祖谦皆尝与之交游。凡三上书于朝,其略曰:'今朝廷无元气,中国无生气,士大夫无英气,此夷狄客气捣虚而入,阴阳沴气乘间而起。'大意皆讥切朝政。时朝议欲授以中都干官,或曰:'邓林若在中都,此谤议之府也。'遂授石城县丞。有《虚斋文集》行于世。"

按:稼轩诗文词中均无与邓氏唱酬之作,其过从痕迹概无可考。兹因邓氏登第,备著其生平行实如上。

● 淳熙六年　己亥（1179）　稼轩四十岁。
在湖北转运副使任

春三月,改湖南转运副使。

《稼轩词集·水调歌头》题云:"淳熙己亥,自湖北漕移湖南,周总领、王漕、赵守置酒南楼,席上留别。"起句云:"折尽武昌柳,挂席上潇湘。"后章首句云:"序兰亭,歌赤壁,绣衣香。"

又,《摸鱼儿》题云:"淳熙己亥,自湖北漕移湖南,同官王正之置酒小山亭,为赋。"起句云:"更能消几番风雨,匆匆春又归去。"

按:据上引二词,知稼轩移漕湖南必在本年暮春。

湖南溪峒蛮陈峒于去年正月聚众反,湖南帅王佐亲率将士入峒征讨,迄本年春擒获陈峒,事定,稼轩为赋《满江红》词致贺。

《宋史全文》卷二十六:"〔淳熙六年五月〕丙戌,上曰:'王佐以帅臣亲入贼峒,擒捕剿诛,与向来捕贼不同。书生亦不易得。'

赵雄等奏乞旌赏，因曰：'今日成功皆出宸算。盖王佐初时奏事，已云束手无策，止日夜俟荆鄂大军三千人至。陛下亟降宸翰，令"将本路将兵、禁军、义丁、土豪无虑四五千人，自足破贼"。宸翰又云："诸路养兵，皆出民力。小寇不用，畜兵何为？卿为帅臣，焉不知此？"王佐得此训戒，方知惊惧，遂专用本路乡兵等，不复指准大军。今日擒陈峒等，皆乡丁，非大军也。宸翰所料明矣。非陛下明见万里，则王佐成功必不如此之速。陛下必欲旌赏之，宜俟王佐保明立功之人来，先自下推赏，然后及王佐也。'"

奏进"论盗贼札子"。

《宋史》稼轩本传："寻知潭州，兼湖南安抚。盗连起湖湘。弃疾悉讨平之。遂奏疏曰：'今朝廷清明，比年李全、赖文政、陈子明、李峒相继窃发，皆能一呼啸聚千百，杀掠吏民，死且不顾，至烦大兵翦灭。良由州以趣办财赋为急，吏有残民害物之政而州不敢问；县以并缘科敛为急，吏有残民害物之状而县不敢问。田野之民，郡以聚敛害之，县以科率害之，吏以乞取害之，豪民以兼并害之，盗贼以剽夺害之，民不为盗，去将安之？夫民为国本，而贪吏迫使为盗，今年剿除，明年划荡，譬之木焉，日刻月削，不损则折。欲望陛下深思致盗之由，讲求弭盗之术，无徒恃平盗之兵。申饬州县以惠养元元为意，有违法贪冒者，使诸司各扬其职，无徒按举小吏以应故事，自为文过之地。'"

按：蔡戡《定斋集》卷一《御盗十事札子》云："臣近准尚书省札子，备坐湖南转运副使辛弃疾札子，奏'官吏贪求，民去为盗'，恭奉圣旨指挥，札下诸路监司帅臣遵守施行。"是右疏乃稼轩任湖南漕副时所上，《宋史》谓在知潭州兼湖南安抚之后，误也。

又按：《传》中所谓"盗连起湖湘"者，当即指下文所引稼轩疏中所举述之诸事而言，而《传》中所引稼轩奏疏诸语亦多脱误，如李金误作李全、陈峒误作李峒，而又漏去姚明教、李接是也。今据《历代名臣奏议》所载稼轩此疏全文，知其所举诸事变为："而比年以来，李金之变、赖文政之变、姚明教之变、陈峒之变，及今李接、陈子明之变。"在此诸事中，仅"赖文政之变"确为稼轩所扑灭，此外则均与稼轩无涉。盖"李金之变"在乾道元年（1165）春，同年秋为湖南帅刘珙所扑灭，见《朝野杂记》甲集卷十五《市舶司本息》条。"姚明教之变"在淳熙三年（1177），同年为荆鄂驻扎明椿所扑灭，见《宋会要·蕃夷》五之九八（《宋史·西南溪峒诸蛮传》下作乾道三年盖误）。"陈峒之变"在淳熙六年（1180）正月，同年五月为湖南帅王佐及冯湛所扑灭，见陆游《渭南文集·王佐墓志铭》。"李接、陈子明之变"在淳熙六年五月，同年十一月为广西经略刘焯及沙世坚所扑灭，见魏了翁《鹤山大全集·吴猎行状》。史传谓"弃疾悉讨平之"，亦误。

改知潭州，兼湖南安抚使。（本传）

《宋会要·职官》六二之二二："淳熙六年七月二十三日诏：集英殿修撰湖南帅臣王佐除显谟阁待制，湖南运判陈孺除直秘阁。枢密院言，收捕郴寇日，佐节制军马，平荡贼巢，忠劳备著；孺应副捕贼官兵，钱粮办集。故有是命。"陆游《渭南文集》卷三十四，《尚书王公墓志铭》："淳熙六年正月，郴州宜章县民陈峒窃发，俄破道州之江华，桂阳军之蓝山、临武，连州之阳山县，旬日有众数千，郴、道、连、永、桂阳军皆惊。公奏乞荆鄂精兵三千，未报，公度不可待，而见将校无可用者，流人冯湛适在州，……遂檄湛带原管权湖南路兵马钤辖统制军马。……会受命节制讨贼军马，而前一日又奉诏会合诸路兵，乃合二命为一，称节制会合诸路兵马。……湛遂诛陈峒，函首来献。已而李晞以下诛获无遗，宥其胁从，发仓粟赈贷安辑之。……诏以公忠劳备著，起拜显谟阁待制，湛亦由此复进用。俄徙公知扬州、平江，遂知临安府。"

　　按：由此两段记事，可备见王佐对郴州民军进行镇压及其被奖擢之始末。其徙知扬州、平江既在拜显谟阁待制之后，则至早当在淳熙六年秋冬之交。稼轩擢知潭州兼湖南安抚之时间亦可由此约略求得矣。

奉孝宗手诏，谕惩治盗贼旨意。

　　《宋史全文》卷二十六："〔淳熙六年八月〕壬辰，上宣谕宰执：'批答辛弃疾文字，可札下诸路监司帅臣遵守施行。'先是，湖南漕臣辛弃疾奏：'官吏贪求，民去为盗，乞先申饬，续具按奏。'御笔付辛弃疾：'卿所言在已病之后，而不能防于未然之前，其原盖有三焉：官吏贪求而帅臣监司不能按察，一也；方盗贼窃发，其初甚微，而帅臣监司漫不知之，坐待猖獗，二也；当无事时，武备不修，务为因循；将兵不练，例皆占破，才闻啸聚而帅臣监司仓黄失措，三也。夫国家张官置吏当如是乎？且官吏贪求，自有常宪，无贤不肖皆共知之，亦岂待喋喋申谕之耶？今已除卿帅湖南，宜体此意，行其所知，无惮豪强之吏，当具以闻。朕言不再，第有诛赏而已。'"

● **淳熙七年　庚子（1180）**　　稼轩四十一岁。
　　　　　　　　　　　　　　　　在湖南安抚使任

春，奏请以官米募工，浚筑陂塘，因而赈给。

　　《宋会要·食货》六一之一二六："〔淳熙〕七年二月四日，知潭州辛弃疾言，'欲令常平司、本路诸州郡措置以官米募工浚筑陂塘，因而赈给，一则使官米遍及细民，二则兴修水利'。从之。"

出桩积米赈粜永、邵、郴三州。

《宋史·孝宗本纪》:"淳熙七年二月己亥,出湖南桩积米十万石赈粜永、邵、郴三州。"

《宋会要·食货》六八之七六:"淳熙七年二月十七日诏湖南安抚辛弃疾于前守臣王佐所献桩积米内支五万石,应副邵州二万石、永州三万石赈粜。以弃疾言溪流不通,舟运艰涩故也。"

整顿湖南乡社。

《建炎以来朝野杂记》甲集卷十八《湖南乡社》:"湖南乡社者,旧有之,领于乡之豪酋,或曰弹压,或曰缉捕,大者所统数百家,小者所统三二百。自长沙以及连、道、英、韶,而郴、桂、宜章尤盛。乾道七年春,知衡州王琰者,言湖南八郡,三丁取一,可得民兵万五千人,帅臣沈德和不可,乃止。淳熙七年春,言者奏乡社之扰,请尽罢之。事下安抚司。已而帅臣辛幼安言:'乡社皆杂处深山穷谷中,其间忠实狡诈,色色有之,但不可一切尽罢。今欲择其首领,使大者不过五十家,小者减半,属之巡尉而统之县令,所有兵器,官为印押。'上从之。"

友人张敬夫(栻)卒,年四十八。

《朱文公大全集》卷八十九《右文殿修撰张公神道碑》:"淳熙七年春二月甲申,秘阁修撰荆湖北路安抚广汉张公卒于江陵之府舍。公讳某,字敬夫,故丞相魏国忠献公之嗣子也。……卒时年四十有八。"

夏,奏请于郴州宜章县、桂阳军临武县并置学。

《宋会要·选举》一七之三:"淳熙七年六月四日,诏郴州宜章县、桂阳军临武县并置学,从知桂阳军徐大观及帅臣辛弃疾请也。"

《止斋文集》十九《桂阳军乞画一状》:"一、臣伏见前后臣僚屡言郴桂之间宜兴学校以柔人心,寻准淳熙八年八月二十一日敕节文,三省同奉圣旨:……于郴之宜章、本军临武两县创置县学,所以劝奖风厉,条目甚备。仰见睿明旁烛幽照,欲使边氓同被文化,幸甚幸甚。今来两县虽各有学,然而无训导之官,无供亿之具,名存实亡,不足以仰称明诏。"

《宋史·孝宗纪》:"八年夏四月癸酉,立郴州宜章、桂阳军临武县学,以教养峒民子弟。"

按:上引三书所记宜章、临武奉敕置学年月各不相同,不知何故。

奏劾知桂阳军赵善珏,罢之。

《宋会要·职官》七二之二八:"淳熙七年六月十三日,知桂阳军赵善珏特降一官放罢,以帅臣辛弃疾按其'昏浊庸鄙,窠占军伍,散失军器,百姓租赋科折银两赢馀入己'故也。"

按:《陈止斋文集》卷十九《桂阳军乞画一状》,有"臣检会到淳熙五年正月空日守臣徐大观奏:昨准圣旨指挥"云云,知徐氏守桂阳始于淳熙四年,至七年任满得替,继之者为赵善珏。赵氏之为稼轩奏劾放罢,距其莅任盖尚不及半年也。

创置湖南飞虎军。

《宋史》稼轩本传:"又以湖南控带二广,与溪峒蛮獠接连,草窃间作,岂惟风俗顽悍,抑武备空虚所致,乃复奏疏曰:'军政之敝,统率不一,差出占破,略无已时。军人则利于优闲窠坐,奔走公门,苟图衣食,以故教阅废驰,逃亡者不追,冒名者不举。平居则奸民无所忌惮,缓急则卒伍不堪征行。至调大军,千里讨捕,胜负未决,伤威损重,为害非细。乞依广东摧锋、荆南神劲、福建左翼例,别创一军,以湖南飞虎为名,止拨属三牙密院,专听帅臣节制调度,庶使夷獠知有军威,望风慑服。'诏委以规画。乃度马殷营垒故基，起盖砦栅，招步军二千人，马军五百人，傔人在外，战马铁甲皆备。先以缗钱五万，于广西买马五百匹。诏广西安抚司岁带买三十匹。时枢府有不乐之者，数沮挠之，弃疾行愈力，卒不能夺。经度费钜万计，弃疾善斡旋，事皆立办。议者以聚敛闻，降御前金字牌，俾日下住罢。弃疾受而藏之，出责监办者，期一月飞虎营栅成，违坐军制。如期落成。开陈本末，绘图缴进，上遂释然。时秋霖几月，所司言造瓦不易，问须瓦几何，曰：'二十万。'弃疾曰：'勿忧。'令厢官自官舍神祠外，应居民家取沟匦瓦二。不二日皆具，僚属叹伏。军成，雄镇一方，为江上诸军之冠。"

《夷坚志》支戊卷八《湘乡祥兆》条："驼嘴者山也，其形似之。在〔潭〕州北，正直水口，其下曰麻潭，皆巨石屹立。淳熙七年辛幼安作守，创飞虎营，广辟衢陌，许僧民得以石赎罪，皆凿于〔麻〕潭中，所取不胜计。后帅林黄中又增益南街，取石愈多。"

《鹤林玉露》卷十二《临事之智》："大凡临事无大小皆贵乎智。智者何，随机应变，足以弭患济事者也。……辛幼安在长沙，欲于后圃建楼赏中秋，时已八月初旬矣，吏白他皆可办，唯瓦难办。幼安命于市上每家以钱一百赁檐前瓦二十片，限两日以瓦收钱，于是瓦不可胜用。"

按：罗大经谓稼轩"欲于后圃建楼赏中秋"，此乃事理之所不容有，其所述建造之时令及责办屋瓦事，与《宋史》稼轩传所记起盖飞虎营寨事迹颇相合，则其所谓"后圃建楼"必即建飞虎营寨之讹传，因附载其文于此。

《宋史全文》卷二十六，淳熙七年八月末："是月，置湖南飞虎军，帅臣辛弃疾所创也。寻诏拨隶步军司，遇盗贼窃发，专听司节制，仍以一千五百人为额。"

周必大《奏议》卷十《论步军司差拨将佐往潭州飞虎军》（淳熙七年十月十二日申时）："臣窃见湖南帅臣辛弃疾以本路地接蛮徭，时有盗贼，创置飞虎一军，免致缓急调发大兵。截自七月，已有步军一千馀人，马军一百六十八人。起盖营寨，制造军器，约至来秋可办。预先拨属三衙，专听帅臣节制，庶免他时潭州占破差使。八月十八日已奉圣旨拨属步军司。至九月十九日，岳建寿奏审合与不合差官，又奉圣旨差统领官一员，事体已为允当。已而建寿却欲依步司诸军格式，分置队伍，差拨诸色合干人。于是统领之外，共差将官四员，拨发官一员，训练官一十五员（内马军将五员，步军将十五员），合干人八十九人（部队将二十五员，并马军押拥队四十员，并步军诸色教头十七人，医人、兽医二人，统领将司五人），见今申尚书省下粮料院分擘请受前去。臣虽书生，不娴军事，偶有三疑，不敢辄隐，若其不中于理，望陛下怜而恕之。臣闻蛮猺僻在溪洞，惟土人习其地利，可与角逐，所用枪牌器械，专务便捷，与节制之师全然不同，此则辛弃疾创军伍之本意；今若一切教以三衙战阵之法，深虑所招新军用违所长，一也。马军未及二百人，而差将官一员，部队将二十五员，必须量破使令，则是部曲少而主者多，或有十羊九牧之患，二也。凡三衙偏裨，日赴教阅，纪律甚严，不容少怠，闻有外路优轻去处，必是计会请行，在步军先减见成之人，于飞虎未见其益，三也。今若只依已降指挥，且差总领官韩世显或更差正将一两人前去，今与辛弃疾相度，只就飞虎千五百人中推择事艺高强为众所服者，为教头押队之属，既免虚占卫兵，亦使上下相习，似为两得。况弃疾止欲先得军额，未尝陈乞将佐。欲望圣慈更赐详酌施行，取进止。"

《建炎以来朝野杂记》甲集卷十八《湖南飞虎军》："湖南飞虎军者，潭州土军也。淳熙四年春，枢密院言：'江西、湖南多盗，诸郡厢禁军单弱，乞令两路帅司各选配隶人置一军，并以敢勇为名，以一千人为额。'其后帅臣王佐、吕企中以为亡命之徒恐聚集作过，遂不行。七年，辛幼安为潭帅，始募千八百人训练之。其冬赐名，遥隶步军司（十一月八日降旨）。十年夏，改隶御前江陵军额，从副都统郭杲请也（五月十四日降旨）。明年，赵卫公为帅，奏乞移其军屯江陵。周益公在枢筦，以为小人重迁，恐生变，不可。赵公力请，迄不行。"影宋本原注云："飞虎军岁用钱七万八千贯，粮料二万四千石，并以步司阙额钱粮支用者。益公云：湖南、湖北近年来多有徭人强盗，藉此军先声弹压，不可移也。"

按：稼轩奏《请创置飞虎军疏》，《宋史》中仅节录概要，全文今已无从得见，因而其奏请及其得旨允从之日期均不可知，据周益公《奏议》，谓截自七月既已有步军千馀马军百六十馀人，知其经始当在夏间。《宋史·孝宗本纪》于淳熙七年八月丁酉日书"置湖南飞虎军"，当即周氏于奏议中所谓"八月十八日已奉圣旨拨属步军司"之日也。

又按：由创置飞虎军一事，可备见稼轩之才干机略。此军一成遂即雄视江上，亘数十年而犹为劲军。奈稼轩甫经离去湖南帅任，即异论纷起，或谓非便，或请改隶，或主移屯，而又以主持非人，风纪莫保，亦遂时染骄悍之习，使稼轩艰难缔造之成果坐此而几至全行废败。今将散见各处之有关文献备录于后，该军始终庶足考见焉。

《朱文公大全集》卷九十四《敷文阁直学士李公墓志铭》："公讳椿，字寿翁。……上以湖南兵役之馀，公私困敝，上下恫疑，思有以镇安之，谓公厚重可倚，复起公以显谟阁待制知潭州、荆湖南路安抚使。……飞虎军新立，或以为非便，公曰：'长沙一都会，控扼湖岭，镇抚蛮徼，而二十年间，大盗三起，何可无一军？且已费县官缗钱四十二万，民财力不可计，何可废耶，亦在驭之而已。'"

同书卷九十三《运判宋公墓志铭》："公讳若水，字子渊，……被旨摄帅事。飞虎军素骄悍，白昼掠人，吏不敢问，公一以军律绳之，赏信罚必。士民以是得安其居，而军吏亦皆悦服。"

同书卷九十四《直显谟阁潘公墓志铭》："公讳畤，字德鄜。……知潭州、安抚湖南。……飞虎军骄横不可制，有恃醉挟刃杀人者，按军法诛之，于是帖服无敢犯。"

周必大《奉诏录》卷一《移飞虎军御笔》（淳熙十五年五月七日）："飞虎军若以屯田为名，令渐出戍荆南，如何？更与杲议之。"回奏："臣伏准御笔询问飞虎军出戍荆南事。昨翟安道屡以军分未正、衣粮不及大军为言。臣缘曾闻玉音欲移此军，所以未敢领略，思为后图。适亦曾与郭杲商量，方欲来早面奏，今蒙宸翰，仰服圣明。惟是以屯田为名，恐军士疑其薄己；若只令杲具奏，以谓潭州去三衙太远，密迩荆南，乞改隶御前驻扎诸军，就正军额支破请给，俟三数月间，杲自措置起发，庶几乐从。度杲任此有馀。未审圣意以为然否。所有前月翟安道札子，谨具缴进，其飞虎军人马数目曲折皆可见，伏乞睿照。"

周必大《书稿》卷十《淳熙十年与林黄中少卿书》："某蒙谕飞虎军曲折，仰叹闵虑；密札数道，皆降付三省矣。长沙将兵原不少，因董苹及刘枢各创一军，往往舍彼就此。若精加训练，自可不胜用。而辛卿又竭一路民力为此举，欲自为功，且有利心焉。议者谓四者衣粮不等，恐非久长之策，拨隶步司，与御前江陵军无大相远也。正是主帅不应回易科扰。若非启闻，亦无由知。已一面下戒约，自此亦少戢否？亲兵等必委翟琼教阅，比预令再任，欲留备驱策，未审其才略何如，因风幸批报。以飞虎易鄂戍，去冬尝与侍从商量，而王宣子谓'此皆乌合无赖，在帅府，成队伍，方帖帖无事，若使出戍，无异虎兕出柙'。遂姑置之。更望审度见报也。"又十一年书："飞虎一军，牛僎屡乞移屯，一切止之，今又易帅矣。"又十二年书："荆襄乞飞虎不已，若岁令一半往来江陵间，使习知大军纪律，又有以系怀土之心，亦可行否？望速垂教。"

同书卷十一《与湖南潘帅畴书》（淳熙十二年）："飞虎军内外议论交兴，皆欲移置江陵；正虑湖湘阙人弹压，奏乞仍旧。亦有以书问相侵者，不敢校也。孤踪若不在此，众说必纷然矣。"

同书卷九《与赵德老彦逾书》（十三年）："垂报飞虎请给，湖南诸州煎熬已极，岂容添此一项，其出于户部无疑。二版曹已自无说，但省吏未必体国。近见科拨年来岁计，颇多画饼，将来须费申请也。人皆云飞虎当并入江陵，殊不思湖南岁有猺人强盗，自得此项军兵，先声足以弹压，是为曲突徙薪计，兹固可以默喻矣。"

《朱文公大全集》卷二十一《乞拨飞虎军隶湖南安抚司札子》："熹窃见荆湖南路安抚司飞虎军，原系帅臣辛弃疾创置，所费财力以钜万计，选募既精，器械亦备，经营缉理，用力至多。数年以来，盗贼不起，蛮猺帖息，一路赖之以安。而自弃疾去镇之后，便有指挥拨隶步军司，既而又有指挥拨隶荆鄂副都统。自此之后，只许缓急听本司节制，而升差事权并在襄阳。窃详当日创置此军，本为弹压湖南盗贼，专隶本路帅司。本路别无头段军马，唯赖此军以壮声势。而以帅司制御此军，近在目前，行移快疾，察探精审，事权专一，种种利便；今乃遥隶襄阳，襄阳乃为控制北边大敌，自有大军万数，何藉此军为重？而又相去一千二百馀里，其将吏之勤惰，士卒之勇怯，纪律之疏密，器械之利钝，岂能尽知？而使制其升黜之柄，徒使湖南失此事权，不过礼数羁縻略相宾服而已，于其军政，平日无由觉察，及有调发，然后从而节制之，彼此不相谙，委有误事必矣。欲望朝廷考究原来创置此军一宗本末，照辛弃疾当时所请，特赐敷奏，别降指挥，仍旧以湖南飞虎军为额，其升差节制一切事务，并委帅臣专制，只令荆鄂副都统司每岁十月关湖广总领所同共差官按拍事艺，觉察有无阙额虚券杂役之类，庶几互相防检，缓急可恃。"

《朱子语类》卷一三〇《自熙宁至靖康用人》："先生取荆公奏稿《进邺侯家传》者令人杰读之，又读益公跋，……因言：'本朝养兵蠹国，更无人去源头理会，只管从枝叶上去添兵添将。……潭州有八指挥，其制皆废弛，而飞虎一军独盛，人皆谓辛幼安之力。以某观之，当时何不整理亲军，自是可用，却别创一军，又增其费。'"

《历代名臣奏议》卷一八五《去邪门》，卫泾《奏按郭荣乞赐镌黜状》云："臣照对湖南飞虎一军，自淳熙间帅臣辛弃疾奏请创置，垂四十年，非特弹压蛮徭，亦足备御边境，北虏颇知畏惮，号虎儿军。开禧用兵，盖尝调发，缘统御无术，分隶失宜，兵将素不相谙，枉致剉衄，人皆惜之。"（按：此疏《四库》本《后乐集》失收。）

变税酒法为榷酒法。

《文献通考》卷十七《征榷》四，《禁酒》："淳熙八年兵部侍郎芮煇言：'潭州自绍兴初剧盗马友行税酒法，一方便之。于官无费，岁得钱十四五万缗。昨守臣辛弃疾变榷酒，人多移徙，乞依旧法。'"

《真西山文集》卷九《潭州奏复税酒状》："臣入境之初，访求民瘼，即闻榷酒一事重为潭人之害，既又详加考订，乃知积弊已极，不容不更；旧法具存，不容不复。……考诸故牍，税酒之法实起于绍兴元年，是时兵革未息，城市萧条，幕府适有练达之人，建议于州，募酝户造酒城外，而募拍户卖之城中，入城之时，数罂以税，官无尺薪斗米之费而坐获利入，民无逮捕抑配之扰而得饮醇美。其后名公钜卿相继典州，皆因而不改。……至乾道二年刘珙讨平郴寇，增置新兵，又乞屯军郴、桂，一时调度百出，亦不敢轻变税法，但增置糯米场，添创南北楚三楼，量从官卖，稍分酝户之利而已。及辛弃疾之来，创置飞虎一军，欲自行赡养，多方理财，取办酒课，乃始献议于朝，悉从官卖。明年，权给事中芮煇奏言：'潭州自行税酒法，人甚安之，官不费一钱而日有所入。今变税为榷，皆谓不便，人多移徙，虚市一空。始行之初，所得虽多，今止及半，而米曲之本，官吏之给，尽在其中。夫以小利易大便犹不可，况初无可得之利。且彼方新经陈峒猖獗之后，又可遽扰之乎。'孝宗皇帝亟从其说，降旨住罢，令本州照旧例施行。是年冬，帅臣李椿到官。椿于吏事最为详练，亦奏：'臣久居湖南，备谙土俗，税酒之为民便已久，而弃疾改之。当创造营寨房廊日，役夫匠甚众，所入虽不下七八百缗，夫匠一散已不及初，其后愈见亏额：会计所得，除抱认诸司钱及赡给官吏，虚有废罢酤户之名，实无所益。请依旧于行酤户税卖，而帅司楼店亦且开沽，俟税课登羡日止。'朝廷从之。"

同书卷三十三《潭州复税酒颂》："昔在中兴，舍榷而征，民既胥乐，官维省刑。有臣弃疾，易征而榷，正论盈庭，争折其角。"

秋，覆阅解试卷，得赵方。

《宋史》稼轩本传："帅长沙时，士人或诉考试官滥取第十七名《春秋》卷，弃疾察之信然，索亚榜《春秋》卷两易之，启名则赵鼎也，弃疾怒曰：'佐国元勋，忠简一人，胡为又一赵鼎！'掷之地。次阅《礼记》卷，弃疾曰：'观其议论，必豪杰士也，此不可失。'启之，乃赵方也。"

按：据《宋史·赵方传》，方为淳熙八年进士，则其得解必在本年。宋代各地解试例在秋季八月，因隶其事于此。

《钱塘遗事》卷三《赵方威名》："方初登第，作尉时，尝访辛稼轩，留三日，剧谈方略，辛喜之，谓其夫人曰：'近得一佳士，惜无可为赠。'夫人曰：'我有绢十端尚在。'稼轩遂将添作赆仪，且奉以数书，云诸监司觅文字，赵极感之。"

按：《宋史》所载稼轩识拔赵氏之事，按之其时其地，全无不合，当属可信。是则赵氏登稼轩之门必不待登第为尉之后。且赵氏举进士后任蒲圻尉，蒲圻为江陵属邑，其时稼轩已移帅隆兴，似亦无由过访，则《钱塘遗事》所载未必可信。但传信传疑，亦适足见稼轩确有奖擢赵氏之事，故附录于此。

经始构建上饶居第。作《新居上梁文》。至晚已于本年自称稼轩居士。

稼轩盖尝买地于江南东路上饶县城灵山门（北门）之外，本年内于长沙写有《新居上梁文》,知其已经始构筑房舍。文末以稼轩居士自称,知其以稼轩为称号,至晚亦当始于本年。

刊行亡友周信道(孚)《蠹斋集》。

《嘉定镇江志》附录:"周孚字信道,丹徒人,……有《蠹斋集》三十卷,稼轩辛弃疾幼安刊于长沙。枢密丘崈宗卿为之序,略曰:'予评信道之为诗,大约本诸黄太史而滥觞于江西诸贤,不为蹈袭、高爽刻励似何正平,而行布创立、纡徐明畅又似高子勉。逮其合处,微词宛转,一唱三叹,有讽有刺而不为虐,望太史氏犹将见。'"

《瀛奎律髓》卷四十四:"周孚字信道,济南人。乾道二年进士,为仪真教官卒。诗本黄太史。辛稼轩刊其集曰《蠹斋集》。丘详之惜其年不老,盖尚进而未艾。"

檄衡山尉戴翊世行县事。

周必大《平园续稿》卷三十七《二戴君墓碣》:"翊羽字汉宗,一字汉卿,童卯知力学,日记千言。长通载籍,益自刻苦,遂以起家。初补迪功郎,潭州衡山尉,盗不敢作。帅辛弃疾才之,檄行县事。台府交荐,升从政郎,补赣州雩都丞。"

按:《安福县志·宦迹志》:"戴翊世字汉卿,淳熙二年进士。"知《墓碣》原作"翊羽"盖误,今据改。

又按:刊《蠹斋集》及檄戴翊世行衡山县事,其年月均无可考,姑附录于本传帅湖南各事之后。

加右文殿修撰,差知隆兴府兼江西安抚。(本传)

《宋史全文》卷二十七:"〔淳熙七年〕十一月己未,知隆兴府张子颜言:'曩乾道之旱,江西安抚裘茂良有请,欲明谕州县,于赈济毕日,按籍比较,稽其登耗而为守令赏罚,以此流移者少。今岁旱伤，欲乞许臣依茂良所请以议守令赏罚。'从之。"

许及之《涉斋集》卷十三《上辛安抚二十韵》有云："更治今冯翊，重归旧颍川。载涂明积雪，嗣岁卜丰年。"

按：据《宋史全文》，知稼轩之帅江西为继张子颜之后任者。张氏于十一月既尚在职，知移帅诏命至早当在仲冬之后。但涉斋诗中有"积雪"及"嗣岁"等语，则稼轩之莅江西新任又必在年前，计其时当已迫近岁杪矣。

● 淳熙八年　辛丑（1181）　稼轩四十二岁。
在江西安抚使任

江右大饥，举办荒政。钱仲耕（佃）时任江西转运判官，同任救荒之责。

《宋史》稼轩本传："时江右大饥，诏任责荒政。始至，榜通衢曰：'闭籴〔粜〕者配，强籴者斩。"次令尽出公家官钱银器，召官吏儒生商贾市民各举有干实者，量借钱物，逮其责领运籴，不取子钱，期终月至城下发籴。于是连樯而至，其直自减，民赖以济。时信守谢源明乞米救助，幕属不从，弃疾曰：'均为赤子，皆王民也。'即以米舟十之三予信。"《朱子语类》卷一百十一《论民财》："直卿言：辛幼安帅湖南，赈济榜文，只用八字，曰：'劫禾者斩，闭粜者配。'先生曰：'这便见得他有才。此八字若做两榜，便乱道。'"

按：《语类》所记谓系稼轩帅湖南时事，但榜文既甚相类，疑其本非两事。盖《语类》本漫记一时言谈者，如前引"向在湖南收茶寇"（见淳熙二年）一语，时地即不免于混淆。因并录于此。黄震《黄氏日抄》卷七十八《抚州晓谕贫富升降榜》谓："本职闻'闭粜者籍，抢掠者斩'，此辛稼轩之所禁戒，而朱晦庵之所称述。"则以展转相传而更不免于歧互矣。

《宋会要·食货》六九之六五："〔淳熙〕八年二月八日，诏江西漕司行下旱伤州县守令，约束上户存恤地客，毋令失所逃移。从漕臣钱佃请也。"

友人陈珙字德厚，本年进士及第。（《嘉定镇江志·附录》）

稼轩遣客舟载牛皮运赴淮东总领所，以供军用，路经南康军境，为军守朱晦庵（熹）遣人搜检拘没，遂致函朱氏，请其给还。

《朱文公大全集·别集》卷六《与黄商伯》书："辛帅之客舟，贩牛皮过此，挂新江西安抚占牌，以帘幕蒙蔽舡窗甚密，而守卒仅三数辈。初不肯令搜检，既得此物，则持帅引来，云发赴淮东总所。见其不成行径，已令拘没入官。昨得辛书，却云'军中收买'。势不为已甚，当给还之，然亦殊不便也。因笔及之，恐传闻又有过当耳。"

按：稼轩前于淳熙四年至五年曾帅隆兴，其时朱氏并无官守，无缘搜检运物客舟。淳熙六年朱熹方之南康军就任，八年三月除提举浙东常平茶盐公事，闰三月即去军东归。因知拘没牛皮之事，必在八年闰三月之前。

许及之上稼轩诗二十韵，深蒙赏识，当为本年春间事。

《涉斋集》卷十三《上辛安抚二十韵》："开辟重华旦，胚胎间世贤。云龙时际会，星凤睹争先。天授归三杰，神谋效一编。宏谟驱固陋，馀论细雕镌。诏旨倾胪句，山呼动奏篇。干霄须造化。惟月进班联。有客占星次，逢人问日边。江湖烦镇抚，壤地屈盘旋。谈笑潢池净，生成壁垒坚。丈夫真细事，馀子敢差肩？黄屋深知切，青云宠渥骈。即归调鼎铉，少驻劚龙泉。更治今冯翊，重归旧颍川。载涂明积雪，嗣岁卜丰年。封植棠阴盛，欢迎竹马鲜。恩波行处足，威誉向来传。此独疮痍甚，方疑雨露偏。禁通邻邑粟，费减月桩钱。斋戒逾三日,遭逢有二天。执鞭吾所慕,负弩敢驱前。"

谢采伯《密斋笔记》卷四:"许同知为宰时,以词投稼轩,蒙赏音,即同出访梅。夜归,过一人家,礼席华盛,客尚未集,两人就坐索饮,主人奉之甚谨。许曰:'贵人入宅。'稼轩曰:'决无好事。谚云:破家县令,火门刺史。'其家乃邑胥之魁,未几果及祸。"

按:许及之于韩侂胄当权时位至同知枢密院事,《密斋笔记》中之许同知必即指及之。《宋史·许及之传》谓:"乾道元年林栗请增置谏员,乃效唐制置拾遗、补阙,以及之为拾遗。班序在监察御史之上。……光宗受禅,除军器监。"是则许氏自乾道初元迄孝宗禅位,均身居谏垣,无由更为县宰,并上诗于稼轩。唯另据《孝宗本纪》及《朝野杂记》,则谓南渡后补阙、拾遗之复置,事在淳熙十五年正月而非在乾道元年,知传文中"乾道元年"以下定有甚长之脱文,其间必有曾宰江西某县之事而亦在此脱漏中者。许氏为洪适之婿,《盘洲集》附录《洪适行状》即许氏所撰。《行状》撰于淳熙十二年,中有许氏自述云:"前年冬解秩分宜,纡道往省公。"据知许氏之诗必即作于分宜任内者。据诗中"更治""重归"及"禁通邻邑粟"等句,其必作于稼轩二次帅江西时亦无疑。唯《笔记》谓以词相投,而《涉斋集》中则唯有此诗,此或由谢氏一时笔误也。诗中所述救荒各事,足为史文之佐证,故备录之。

靖安舒邦佐,本年春进士及第。(《双峰猥稿》卷七有《谢辛帅启》。)

诗人胡时可通谒,亦当在本年暮春。

《随隐漫录》卷五:"辛稼轩觞客滕王阁,诗人胡时可通谒,阍人辞焉,呵詈愈甚。辛使前,曰:'既称诗人,先赋滕王阁,有佳句则预坐。'即题云:'滕王高阁临江渚,'众大笑,再书云:'帝子不来春已暮。莺啼红树柳摇风，犹是当年旧歌舞。'乃相与宴而厚赒之。范希文置酒郊楼，闻哭声，悉撤饮器，赠数丧之未葬者，忠厚可以戒薄俗。稼轩视希文之事必优为之。"

秋七月，以修举荒政，转奉议郎。

《宋会要·瑞异》二之二五《旱》："淳熙八年七月十七日，诏去岁诸路州军有旱伤去处，其监司守臣修举荒政，民无浮莩，各与除职转官。既而江西运副钱佃、知兴元府张坚、知隆兴府辛弃疾……各转一官。"

《宋史》本传："帝嘉之，进一秩。"

按：稼轩于十一月《祭吕东莱文》内所署官阶为奉议郎，知《宋史》本传所谓"进一秩"即转奉议郎也。

友人曾幼度（丰）、黄叔万（人杰）、陆德隆均曾来豫章相会。

曾丰《缘督集·别陆德隆黄叔万》诗序云："岁在辛丑，始识陆德隆、黄叔万于江西帅辛大卿座上，握手论文而去。戊申又会于中都，德隆得倅夔，叔万得宰公安。言别，次韵赠之。"

按：曾丰字幼度，号撙斋，抚州乐安人，乾道五年进士，积官至朝散大夫，知德庆府事。真德秀幼尝从之受学。（见虞集《道园学古录·缘督集序》。）其与稼轩交谊，诗序外别无可考。黄叔万即淳熙二年任萍乡主簿之黄人杰，南城人，乾道二年进士，有能诗声，自号鲁斋居士。见《两朝纲目备要》卷七嘉泰二年记事。所著有《可轩曲林》，见《书录解题·词集类》。《永乐大典》卷二五二六斋字韵鲁斋条下，引沈继祖《题归州黄教授鲁斋诗》，及《涉斋集·黄叔万知县以鲁名斋求诗将赴公安并以为饯》诗。陆德隆于淳熙八年后曾为玉山县令，稼轩有"用陆氏事送玉山令陆德隆侍亲东归吴中"之《六幺令》词。及淳熙十五年又为夔州倅。其馀事历则均不详。

友人东莱吕伯恭（祖谦）卒，年四十五。

吕祖俭《东莱吕太史年谱》："淳熙八年七月二十九日终于正寝，享年四十有五。"

稼轩闻吕氏逝世后有祭文，兹录其全文于下："维淳熙八年，岁次辛丑，十一月癸酉朔初二日甲戌，奉议郎充右文殿修撰、知隆兴军府事、兼管内劝农营田事、主管江南西路安抚司公事、马步军都总管辛弃疾，谨以清酌庶羞之奠，致祭于近故宫使直阁大著吕公之灵：某官：天质之美，道学之粹，操存之既固，而充养之又至。一私欲未始萌于心，极万变不足以移其志。故不力而勇，甚和而毅。泯爱憎以无迹，更毁誉而一致，宜君上益信其贤，而同异者莫得窥其际也。任重道远，发轫早岁，遗外形体，辍寝忘味。事物之来，若未始经吾意，迨夫审是决疑，则精微正大，中在物之理而尽处物之义。私淑诸人，固已设科不拒，闻者心醉。道行志得，抑将使群才并用而众志咸遂也。乃若生长见闻，人物门第，高文大册，博览强记，虽皆过绝于人，要之盖其馀事。厥今上承伊洛，远溯洙泗，佥曰'朱、张、东莱'，屹鼎立于一世。学者有宗，圣传不坠。又皆齿壮而力强，夫何南轩亡而公病废！上方付公以斯文，谓究用其犹未。传闻有瘳，士夫增气。忽反袂而相吊，惊邮传于殄瘁。呜呼，寿考之不究，德业之未试，室无人而子幼，何福善而如是！然而天所畀与者，其得抑多矣。又奚有于乔松之年，赵孟之贵。弃疾半世倾风，同朝托契，尝从游于南轩，盖于公而敬畏。兹物论之共悼，宁有怀于私惠，缄忱辞于千里，寓哀情于一酹。尚飨！"

江陵知县赵景明（奇晫）任满，归途过豫章相会。

项安世《平安悔稿》册第一《送赵令（奇晫）赴江陵》："平生所闻赵景明，太阿出匣百壬死。不令赤手缚可汗，亦合麻鞋见天子。霜风猎猎鬓毛斑，万里水县菰蒲间。妻儿称屈大夫笑，闭阁正用苏麻顽。"

《平安悔稿后编·江陵送赵知县》二首:"万壑千岩相送时,灵星小雪上丰颐。南云北梦重分首,扑漉繁霜满瘦髭。功业向来真自许,头颅今日遂如斯。英雄老大无人识,足扣双舷只自知(其一)。别离底处最堪怜,君上吴船我蜀船。从此相思真万里,重来何止又三年。司州刺史髭如戟(浙漕丘宗卿),国子先生瘦似橡(太学正叶正则)。二子有情须问讯,为言重九到西川(其二)。"

《稼轩词集·沁园春》"送赵景明知县东归用韵":"锦帆画舫行斋。怅雪浪粘天江景开。记我行南浦,送君折柳;君逢驿使,为我攀梅。落帽山前,呼鹰台下,人道花须满县栽。"

丘崈《文定词》有和稼轩韵二首,题云:"景明告行,颇动怀归之念,得帅卿词,因次其韵。前阕奉送,后阕以自见云。"其前阕云:"雨趣轻寒,风作秋声,燕归雁来。动天涯羁思,登山临水;惊心节物,极目烟埃。客里逢君,才同一笑,何遽言归如此哉。别离久,算不应兴尽,却棹船回。主人下榻高斋。更检点笙歌频宴开。便留连不到,迎春见柳;也须小驻,度腊观梅。花上盈盈,闺中脉脉,应念胡麻正好栽。从教去,正危阑望断,小倚徘徊。"

> 按:据项平甫诗中"千岩万壑"句,知相送时二人均在会稽。又据其"重来何止又三年"句,知赵氏之宰江陵乃年满代归者。据稼轩及丘宗卿词中语句,知赵氏之过访当在入冬之后。

檄新建县令汪义和视部内旱灾。议浚治豫章东湖,亦以汪义和劝阻,未果。

袁燮《絜斋集》卷十八《侍御史赠通议大夫汪公墓志铭》:"公讳义和,字谦之,徽州婺县人也。宰隆兴之新建,时岁大祲,府檄公视之,而使人私焉,曰:'幸以郡计为念。'已而谒帅,首言:'旱甚,十罹其八矣。'帅艴然曰:'不我告而专之可乎!'公曰:'农民已困,将为饿殍,赋安从出?明示以所减数,俾户知之,犹足以系其心;必待禀明,缓不及事,奈何。'大忤其意,以语见侵,公曰:'某头可断,言不可食。'帅黾勉从之。诸邑长咸在,无敢出声,公抗首力争,八县饥民均被大惠。府有东湖之胜,岁久不治,属公浚之,计工五十馀万,日役数千人,公言'取之诸邑,宁免迫胥?赋于近郊,徒资游手,于饥民无预。且游观之所,非今所急也'。议由是寝。时淳熙八年也。

按:稼轩此次帅江西几与本年相始终,故知文中之帅必即指稼轩言也。

陆子静(九渊)致函稼轩论为政,又有函致徐子宜(谊),中对某长吏颇多訾议而隐其名氏,实亦指稼轩言也。

《象山集》卷五《与辛幼安书》:"辄有区区,欲效芹献,伏唯少留聪明,赐之是正。窃见近时有议论之蔽,本出于小人之党,欲为容奸廋慝之地,而饰其辞说,托以美名,附以古训,要以利害,虽资质之美心术之正者,苟思之不深,讲之不详,亦往往为其所惑。此在高明必已洞照本末,而某私忧过计未能去怀,敢悉布之。……今天子爱养之方丁宁于诏旨,勤恤之意焦劳于宵旰,贤牧伯班宣惟勤,劳来不怠,列郡成风,咸尚慈恕;而县邑之间,贪饕矫虔之吏,方且用吾君禁非惩恶之具以逞私济欲,置民于囹圄械系鞭棰之间,残其支体,竭其膏血,头会箕敛,椎骨沥髓,与奸胥猾徒厌饫咆哮其上,巧为文书,转移出没,以欺上府。操其奇赢,与上府之左右缔交合党,以蔽上府之耳目。田亩之民,劫于刑威,小吏下片纸,囚纍纍如驱羊,劫于庭庑械系之威,心悸股栗,棰楚之惨,号呼吁天,赛家破产,质妻鬻子,仅以自免,而曾不得执一字之符以赴诉于上。上之人或浸淫闻其仿佛,欲加究治,则又有庸鄙浅陋、明不烛理、志不守正之人为之缓颊,敷陈仁爱宽厚有体之说,以杜吾穷治之意;游扬其文,具伪貌诞谩之事,以掩其罪恶之迹。遂使明天子勤恤之意,牧伯班宣之诚,壅底而不达。百里之宰，真承宣抚字之地，乃复转而为豺狼蝎虿之区，日以益甚，不可驱除，岂不痛哉。若是者其果可宥乎，果可失乎？至于是而又泛言宽仁之说以逆蔽吾穷治之途，则其滋害遗毒，纵恶伤和，岂不甚哉；其与古人宽仁之道，岂不戾哉。今之贪吏每以应办财赋为辞，此尤不可不辩。今日邦计诚不充裕，赋取于民者诚不能不逾于旧制，居计省者诚能推支费浮衍之由，察收敛渗漏之处，深求节约俭尼之方，时行施设已责之政，以宽民力，以厚国本，则于今日诚为大善；若未能为此，则亦诚深计远虑者之所惜。然今日之苦于贪吏者则不在此。使吏果不贪，则因今之法，循今之例，以赋取于民，民犹未甚病也；今贪吏之所取，供公上者无几，而入私囊者或相十百或相千万矣。今县邑所谓应办月解岁解者固多在常赋之外，然考其所从出，则逐处各有利源，利源所在，虽非著令之所许，而因循为例，民亦视以为常而未甚病也。利源有优狭，优者应办为易，狭者应办差难，然通而论之，优者多，狭者少，若循良之吏，则虽在利源狭处，亦宁书下考，不肯病民；今之贪吏，虽在利源优处，亦启无厌之心，搜罗既悉而旁缘无艺，张奇名以巧取，持空言以横索，无所不至，方且托应办之名，为缺乏之说，以欺其上。顾不知事实不可掩，明者不可欺，通数十年之间，取其廉而能者与其贪之尤者而较之，其为应办则同，而其赋取诛求于民者或相千万而不啻。此贪吏之所借以为说而欺上之人者，最不可不察也。贪吏害民，害之大者；而近时持宽仁之说者仍欲使监司郡守不敢按吏，此愚之所谓议论之蔽而忧之未能去怀者也。不识执事以为何如。今江西繄安抚修撰是赖，愿无摇于鄙陋之说，以究宽仁之实，使圣天子爱养之方，勤恤之意，无远不暨，无幽不达，而执事之旧节素守无所屈挠，不胜幸甚。"

同书同卷《与徐子宜书》二："婺女之行，道经上饶，闻说其守令无状，与临川大不相远。既而闻景明劾罢上饶、南康二守，方喜今时监司乃能有此，差强人意。刘文潜作漕江西，光前绝后，至其帅湖广，乃远不如在江西时，人才之难如此。某人始至，人甚望之，旧闻先兄称其议论，意其必不碌碌，乃大不然。明不足以得事之实而奸黠得以肆其巧，公不足以遂其所知而权势得以为之制。自用之果，反害正理，正士见疑，忠言不入。护吏而疾民，阳若不任吏而实阴为所卖，奸猾之谋无不得逞，贿赂所在无不如志。闻有一二行遣，形若治吏，而伪文诡辞、谄顺乞怜者皆可回其意，下人转移其事如转户枢。胥辈窥之审、玩之熟，为日久矣，所欲为者如取如携，不见有毫发畏惮之意。惟其正论诚意则扞格而不入，乃以此自谓其公且明也。良民善士，疾首蹙额、饮恨吞声，而无所控诉。公人世界其来久矣，而尤炽于今日。"

按：象山《与徐子宜书》中所云"劾罢上饶、南康二守"之景明，亦姓赵，与本年来豫章相会之江陵宰姓字全同而并非一人。宰江陵之赵景明名奇晡，见《平安悔稿》诗题中；此赵景明名烨，为福建三山人，曾从学于吕伯恭，由知抚州就除江西提点刑狱，均见蔡戡《定斋集·朝奉郎提点江南东路刑狱赵公墓志铭》中。《宋会要·职官》七二之三一：淳熙八年九月有记事云："二十八日，知信州刘甄夫、知南康军吴谅夫并放罢，以提刑赵烨劾甄夫年龄衰暮，郡政无纲纪，谅夫天资狡狠，交通货贿，且违法收税故也。"与陆书所云正为一事，知陆氏此信必写于淳熙八年九月以后者。致书稼轩既备述吏胥蔽上欺下之不可宥，致书徐氏亦痛陈长吏为胥辈玩蔽卖弄之事实，知此所谓"长吏"为指稼轩无疑。

冬十一月，改除两浙西路提点刑狱公事，旋以台臣王蔺论列，落职罢新任。

稼轩《祭吕东莱文》："维淳熙八年岁次辛丑十一月癸酉朔，初二日甲戌，奉议郎充右文殿修撰、知隆兴军府事、兼管内劝农营田事、主管江南西路安抚司公事、马步军都总管辛弃疾；谨以清酌庶羞之奠，致祭于近故宫使直阁大著吕公之灵。"

《宋会要·职官》七二之三二："淳熙八年十二月二日，右文殿修撰、新任两浙西路提点刑狱公事辛弃疾落职罢新任。以弃疾奸贪凶暴，帅湖南日虐害田里，至是言者论列，故有是命。"

崔敦诗《西垣类稿》卷二《辛弃疾落职罢新任制》："淫风殉货，义存商训之明；酷吏知名，事匪汉朝之美。岂意公平之世，乃闻残黩之称。罪既发舒，理难容贷。尔乘时自奋，慕义来归，固尝推以诚心，亦既委之方面。曾微报效，遽暴过愆：肆厥贪求，指公财为囊橐；敢于诛艾，视赤子犹草菅。凭陵上司，缔结同类，愤形中外之士，怨积江湖之民。方广赂遗，庶消讥议。负予及此，为尔怅然。尚念间关向旧之初心，迄用平恕隆宽之中典：悉镌秘职，并解新官。宜讼前非，益图后效。可。"

《宋史》稼轩本传："台臣王蔺劾其用钱如泥沙，杀人如草芥。"

按：据韩元吉《南涧甲乙稿·崔敦诗墓志铭》，知崔氏卒于淳熙九年，则上引制词必行于稼轩此次罢任之时为无疑。据其中"肆厥贪求，指公财为囊橐；敢于诛艾，视赤子犹草菅"等语，必即依据弹章中"用钱如泥沙，杀人如草芥"之语以立言者。《宋史·王蔺传》未著明其任台臣之时期，据《宋会要·职官》五五之三五载，"〔淳熙〕八年八月十一日诏，新权发遣舒州王蔺两经奏对，鲠亮敢言，朕甚嘉之，虽不曾作县，可特除监察御史。"又查《宋会要·职官》七二之三二、三三，淳熙八年所载经监察御史王蔺所奏劾之官吏甚多，于十二月一日，即稼轩落职罢新任之前一日，尚载其劾知饶州赵公广、知徽州曹耜不恤荒政、催科苛急一事，则稼轩此次所被弹章为出于王氏之手，必亦不误。《宋史》本传乃将此事记叙于绍熙五年帅闽去职之时，殊为未合。其时王氏方膺两湖制阃之寄（《宋史·王蔺传》：帅江陵，宁宗即位，改帅湖南），不任言责，莫得而论列他路帅臣也。

是年，带湖新居落成。

洪迈《文敏公集》卷六《稼轩记》："国家行在武林，广信最密迩畿辅。东舟西车，蜂午错出，势处便近，士大夫乐寄焉。环城中外，买宅且百数。……郡治之北可里所，故有旷土，三面附城，前枕澄湖如宝带，其纵千有二百三十尺，其衡八百有三十尺，截然砥平，可庐以居，而前乎相攸者皆莫识其处，天作地藏，择然后予。济南辛侯幼安最后至，一旦独得之，既筑室百楹，财占地什四。乃荒左偏以立圃，稻田泱泱，居然衍十弓。意他日释位得归，必躬耕于是，故凭高作屋下临之，是为稼轩。田边立亭曰植杖，若将真秉耒耨之为者。东冈西阜，北墅南麓，以青径款竹扉，锦路行海棠，集山有楼，婆娑有堂，信步有亭，涤砚有渚。皆约略位置，规岁月绪成之，而主人初未之识也。绘图畀余曰：'吾甚爱吾轩，为吾记'。……侯名弃疾，今以右文殿修撰再安抚江南西路云。"

陈亮《龙川文集》卷二十一《与辛幼安殿撰书》："始闻作室甚宏丽，传到《上梁文》，可想而知也。见元晦说潜入去看，以为耳目所未曾睹，此老言必不妄。去年亮亦起数间，大有鹪鹩肖鹍鹏之意，较短量长，未堪奴仆命也。"

《宋史》稼轩传："尝谓人生在勤，当以力田为先。北方之人，养生之具不求于人，是以无甚富甚贫之家；南方多末作以病农，而兼并之患兴，贫富斯不侔矣。故以稼名轩。"

按：洪迈《稼轩记》中云"既筑室百楹，财占地什四"，云"主人初未之识"，云"今以右文殿修撰再安抚江南西路"，稼轩游豫章东湖之《满庭芳》词注中，亦已道及洪氏作记之事，是《稼轩记》当作于本年暮春之前，而带湖新居之经始则当在上年稼轩帅湖南时。迨本年秋冬之际，朱熹被命提举两浙东路常平茶盐公事，奏事行在，路经上饶，营造工程于时当已大部完竣，因得潜入去看而诧为未睹也。

● 淳熙九年　壬寅（1182）　稼轩四十三岁。
在上饶家居

秋九月，友人朱晦菴（熹）过信上相会。

清王懋竑《朱子年谱》："淳熙九年八月改除江南西路提点刑狱公事，辞。九月十二日去任归。"

韩淲《涧泉集》卷二《访南岩一滴泉》诗："僧逃寺已摧，唯馀旧堂殿。颠倒但土木，仿佛昔所见。山寒少阳焰，崖冷尽冰线。曾无五六年，骤觉荒凉变。遗基尚可登，一滴泉自溅。忆昨淳熙秋，诸老所闲燕：晦菴持节归，行李自畿甸；采访吾翁庐，翁出成饮饯；因约徐衡仲，西风过游衍；辛帅倏然至，载酒具肴膳。四人语笑处，识者知叹羡。摩挲题字在，苔藓忽侵遍。壬寅到庚申，风景过如箭。惊心半存殁，历览步徐转。回思劝耕地，尝看郡侯宴。今亦不能来，草木漫葱茜。人间之废坏，物力费营缮。不如姑付之，猿鸟自啼啭。"

按：稼轩与朱熹相识始于何时，概无可考。唯《朱子语类》卷一百一十《论民财》，有云："福建赋税易办，浙中全是白撰。横敛无数，民甚不聊生。丁钱至有三千五百者。人便由此多去计会中使，作宫中名字以免税。向见辛幼安说'粪船亦插德寿宫旗子'，某初不信，后提举浙东，亲见如此。"参以上年因贩运牛皮客船为朱熹检查拘没、稼轩致书朱氏一事，则相识必在此数年前。

是年范廓之（开）始来受学。

《稼轩词序》："开久从公游，其残膏剩馥，得所沾焉为多。因暇日裒集冥搜，才逾百首，皆亲得于公者。以近时流布于海内者率多赝本，吾为此惧，故不敢独閟，将以祛传者之惑焉。淳熙戊申正月元日门人范开序。"

《稼轩词集·醉翁操》题云:"顷予从廓之求观家谱,见其冠冕蝉联,世载勋德。廓之甚文而好修,意其昌未艾也。今天子即位,覃庆中外,命国朝勋臣子孙之无见仕者官之。先是,朝廷屡诏甄录元祐党籍家。合是二者,廓之应仕矣。将告诸朝,行有日,请予作诗以赠。属予避谤,持此戒甚力,不得如廓之请。又念廓之与予游八年,日从事诗酒间,意相得欢甚,于其别也,何独能恝然。顾廓之长于《楚词》而妙于琴,辄拟《醉翁操》为之词以叙别。异时廓之绾组东归,仆当买羊沽酒,廓之为鼓一再行,以为山中盛事云。"

《至元嘉禾志》卷二十《白龙潭记》:"嘉定丁丑岁,……后因天台僧隆磊云游来此,闻龙神感通之异,因公筑室之难,归语舶宫吴越钱沆,乃故相成公季子也,钱具大信根。……洛人范开,久客钱门,远陪东阁,目击胜事,因公以记文见嘱,又恶得而辞焉。嘉定己卯夏五望,竹洞翁记。"

按:《稼轩词集》中与范廓之酬唱之作甚多,据上引两文,知范开必即范廓之,盖两文所叙情事颇相合,而"开"与"廓"义亦相属,必开其名而廓之其字也。信州本"词集"遇"廓之"均改作"先之",则以宁宗名扩,于即位后诏御名并同音一十八字如廓与郭等均须回避故也(见《宋会要·刑法》二之一二六)。右引《白龙潭记》称范开为洛人,而稼轩《醉翁操》词题又谓其为元祐党籍家,今查隶名元祐党籍之范姓人物中,唯范祖禹之子孙有曾自称或被称为洛人者,如祖禹长子范冲,因曾奉高宗之命编辑司马光之《涑水纪闻》,其后吕本中遂有"温公《涑水纪闻》多出洛中人家子弟增加之伪"之说。范冲长子仲熊,曾一度为金军所羁留,曾向金人自称为"西京"(北宋以洛阳为西京)人,也曾被人称为"洛阳土豪"(见《三朝北盟会编》卷六三)。范冲的次子仲彪虽仕宦履历无考,然在朱熹《书张氏所刻潜虚图后》一文中，亦称之为"洛人范仲彪炳义"。凡此皆可证知，虽则范冲一家在宋室南渡之后已偕同赵鼎一家一同南迁衢州，而其父子仍自称或被称为"洛人"。是则稼轩所称为"元祐党籍家"之范廓之与《白龙潭记》"洛人范开"，其即范祖禹之裔孙断然无疑。衢州距信州不远，且同在一交通要道上，此与稼轩所谓"异时绾组东归，仆当买羊沽酒"云云亦正相合。至其究为范仲熊或范仲彪之闻孙，则莫可考矣。

崔大雅（敦诗）卒，年四十四。

韩元吉《南涧甲乙稿》卷二十一《中书舍人兼侍讲直学士院崔公墓志铭》："崔公敦诗，……通州靖海人也。少年中进士科，早有文名，用荐者入馆阁。……（淳熙）八年九月拜中书舍人，加侍郎，直学士院。九年大疫，遽以疾，五月几日以不起闻。公字大雅，……当绍兴三十年，公与兄敦礼联登第，……敦礼为诸王宫大小学教授，一病而卒。不数月公又物故，人尤哀之。年仅四十有四。"

钱象祖来守信州。

韩元吉《南涧甲乙稿》卷十五《信州新作二浮桥记》："淳熙十年仲夏，信溪大水，浮梁敝，几垫，郡守钱侯象祖议新之，曰：'吾承乏民上，既逾年矣。……'"

按：钱氏于嘉泰四年除同知枢密院事，稼轩作启贺之，其相识疑当始于钱氏守信州时。

● **淳熙十年　癸卯（1183）**　稼轩四十四岁。
在上饶家居

春，友人陈同甫（亮）有书来，约秋后来访，未果。

陈亮《龙川文集》卷二十一《与辛幼安殿撰书》："亮空闲没可做时，每念临安相聚之适；而一别遽如许，云泥异路又如许。本不欲以书自通，非敢自外，亦其势然耳。前年陈咏秀才强使作书，既而一朋友又强作书，皆不知达否；不但久违无以慰相思也。去年东阳一宗子来自玉山，具说辱见问甚详，且言欲幸临教之，孤陋日久，闻此不觉起立，虽未必真行，然此意亦非今之诸君子所能发也。感甚不可言。即日春事强半，伏惟燕处有适，天人交相，台候万福。亮顽钝，浸已老矣，面目棱层，气象雕落，平生所谓学者，又皆扫荡无馀，但时见故旧则能大笑而已。其为无足赖，晓然甚明，真不足置齿牙者。独念世道日以艰难，识此香气者，不但人摧败之，天亦僵仆之殆尽。四海所系望者，东序唯元晦，西序唯公与子师耳，又觉戛戛然若不相入，甚思无个伯恭在中间捐就也。天地阴阳之运，阖辟往来之机，患人无毒眼精硬肩脾头耳；长江大河，一泻千里，不足多怪也。前年曾访子师于和平山间，今亦甚念走上饶，因入崇安；但既作百姓，当此田蚕时节，只得那过秋杪。始闻作室甚宏丽，传到《上梁文》，可想而知也。见元晦说潜入去看，以为耳目所未曾睹，此老言必不妄。去年亮亦起数间，大有鹪鹩肖鹍鹏之意，较短量长，未堪奴仆命也。又闻往往寄词与钱仲耕，岂不能以一纸见分乎？偶有端便，因作此问起居，且询前书达否。此便一去不回，能寻便以一二字见及，幸甚。馀惟崇护茵鼎，大摅所蕴，以决天下大计为祷。"

按：书中之钱仲耕名佃，苏州常熟人，于淳熙八年由江西漕移守婺州，稼轩为赋《西河》以送其行。《宋会要·职官》七二之三九，淳熙十年九月十三日载："中奉大夫充秘阁修撰知婺州钱佃特降一官，坐军兵喧哄，佃既获为首人，不能尽法行遣故也。"是其时钱氏尚在婺州任；同年闰十一月九日又载："新除司农卿钱佃差主管建宁府武夷山冲佑观，以臣僚驳奏故也。"是钱氏之离婺州任在十年闰月之前。书中既云"闻往往寄词与钱仲耕",当系钱氏尚在婺州时事,金华、永康相去未远,故陈氏得闻其事。又陈氏于淳熙十一年春系狱得释之后,所有致友人函件,均详述其事之原委而大致其愤懑之辞,此书独未道及其事。凡此均可证此书之作必在十一年甲辰之前。"因入崇安"语,乃指入崇安访朱熹言。淳熙九年朱熹尚在浙东提举任,该年秋九月方以奏劾台州守唐仲友事而去职家居,则此书又可断其必在九年之后。因知其决在本年春为无疑。《龙川集·癸卯通朱氏书》有云:"自去年七月三日得教答之后,不惟使车入丹丘,亮亦架数间泼屋,自朝至暮,更不得举头,况能相从于数百里之外乎。"与此书中"去年亮亦起数间"语正指一事。与朱书又云:"春间尝欲遣人问讯,不果,漏逗遂至今日,良可一笑。几番意思闷顿时,欲裹包相寻于寂寞之滨,又复牵掣而止。尊仰殆不胜情。即日秋气澄清,伏惟燕居有相,……"与此书中"今亦甚念走上饶,因入崇安"等语亦指一事而言。与朱书乃秋日所作,知此书所谓"既作百姓,……只得那过秋杪"者,届时又复别遇牵掣,而使此行终未得果。至十一年春陈氏即被累系狱,此事遂更因循,偿愿之期乃复迟至五年之后矣。

汤朝美(邦彦)之返归金坛,当为本年春间事。

　　按:汤氏于淳熙三年四月以使事被谪,送新州编管,其后又移信州,其事已俱载于前。刘宰于《颐堂集序》中谓其"一谪八年乃始得归",韩南涧《送汤朝美归金坛》诗中有"春风正浩荡,江水清可掬"句,故知汤氏之自便东归当在本年春季。

是年岳肃之(珂)生。

岳珂《宝真斋法书赞》卷二十八《银青清白颂语跋》云:"绍

熙壬子十月,先君子帅广,……珂时始十龄。"

夏五月叶梦锡(衡)卒,年六十二。

《宋宰辅编年录》:"淳熙二年乙未,九月乙未叶衡罢右丞相。……十年四月诏复通议大夫,依前提举洞霄宫,依吏部检举也。五月卒。"

《宋史》卷三八四叶衡传:"年六十有二薨,赠资政殿学士。"

秋八月傅安道(自得)卒,年六十八。

《朱文公大全集》卷九十八《朝奉大夫直秘阁主管建宁府武夷山冲佑观傅公行状》:"公讳自得,字安道。……一日,忽召所善前昭武守黄君维之,新新安守石君起宗,置酒卧内与诀,既而剧谈谈笑歌呼如常时,翌日遂不起。时淳熙十年秋八月也。年六十有八。"

冬十一月,李寿翁(椿)卒,年七十三。

《朱文公大全集》卷九十四《敷文阁直学士李公墓志铭》:"公讳椿,字寿翁,洺州永年县人。……进敷文阁直学士致仕,朝拜命,夕登舟,归老衡阳故居野塘之上。淳熙十年十一月旦日薨,年七十有三。"

● **淳熙十一年　甲辰(1184)**　稼轩四十五岁。在上饶家居

是年春二月友人洪景伯(适)卒,年六十八。

《周益公文集·宋宰相赠太师魏国洪文惠公神道碑铭》:"淳熙十一年二月辛酉薨于正寝,享年六十八。"

李仁甫（焘）卒，年七十。

《宋史》卷三八八《李焘传》："李焘字仁甫，眉州丹棱人。……淳熙十一年春，乞致仕，优诏不允。……病革，除敷文阁学士致仕。命下，喜曰'事了矣'。……乃卒，年七十。"

三月，友人陈同甫（亮）被累系狱，凡七八十日方得释。

《龙川文集》卷二十八《陈春坊墓碑铭》："甲辰之春，余以药人之诬，就逮棘寺，更七八十日而不得脱。"

同书卷二十《甲辰答朱元晦书》："五月二十五日亮方得离棘寺而归。……当路之意，主于治道学耳，亮滥膺无须之祸：初欲以杀人残其命，后欲以受赂残其躯，推狱百端搜寻，竟不得一毫之罪，而摄其投到状一言之误，坐以异同之罪，可谓吹毛求疵之极矣。最好笑者，狱司深疑其挟监司之势，鼓合州县以求赂；亮虽不肖，然口说得，手去得，本非闭眉合眼、朦瞳精神、以自附于道学者也。若其真好贿者，自应用其口手之力，鼓合世间一等官人，相与为私，孰能御者，何至假秘书诸人之势，干与州县以求贿哉。狱司吹毛求疵，若有纤毫近似，亦不能免其躯矣。"

《叶水心文集》卷二十四《陈同甫王道甫墓志铭》："乡人为宴会，末胡椒，特置同甫羹胾中，盖村俚敬待异礼也。同坐者归而暴死，疑食异味有毒，已入大理狱矣。"

按：《宋史》陈氏本传及叶绍翁《四朝闻见录》，对陈氏系狱事均有记载，唯其中讹误甚多，故概不征引。参拙著《陈龙川传》附录《狱事考》。

秋七月，友人罗端良（愿）卒，年四十九。

《鄂州小集》附录《鄂州太守存斋罗公愿传略》云："公讳愿，字端良，存斋其自号也。……乾道元年监南岳庙，遂踵世科。八年通判赣州，遣摄州事。秩满差知南剑州。改畀鄂州。贰车刘公清之子澄,学行端饬,相与劝学劭农甚力,所谓令修庭户之间而民自得于湖山千里之外。报政才期而公不少延矣,淳熙十一年甲辰七月十三日也。公生于绍兴丙辰之三月,得年仅四十九。"

《宋史·罗汝楫传》:"罗汝楫字彦济,徽州歙县人。……与中丞何铸交章论岳飞,罢其枢筦。……子颢、籲、颉、颂、愿、颓,皆有文。愿字端良,博学好古,法秦汉为词章,高雅精炼,朱熹特称重之。有《小集》七卷,《尔雅翼》二十卷。知鄂州,有治绩。以父故,不敢入岳飞庙。一日自念:'吾政善,姑往祠之。'甫拜,遽卒于像前。人疑飞之憾不释云。"

按:据右引两文,稼轩与罗氏交与之迹尚难概见,但由罗氏《谢稼轩启》中,知罗氏在赣州通判任中为稼轩所知赏,并得其推荐而擢知南剑州,已次其事于淳熙三年条下。其谢启全文云:"受察公朝,本由推毂;疏恩列郡,亦既怀章。退省屏庸,惟深感荷。伏念某顷为别驾,得近行台,表于属吏之中,期以古人之事。万乘之器,乃取蟠木以为容;千石之钟,岂为寸莛而发响。遂关渊听,施被明扬。揆以生平,知我莫如于鲍子;闻之道路,逢人更说于项斯。意朝廷诸公之贤,多门墙一日之雅。倘非凭藉,曷有超逾?兹盖伏遇某官文武兼资,公忠自许,胸次九流之不杂,目中万马之皆空。见辄开心,不假越趄嗫嚅之请;称之极口,率皆沉着痛快之词。衮衮甚荣,梦刀既叶。季布河东之召,誉偶出于一人;袁安楚郡之除,选第因于三府。至于羁迹,全赖公言。惭非共理之良,曷称同升之义。某敢不勤宣上意,毋负知己!荐长史而称宰相之才,事无近比;期国士而用众人之报,人谓斯何。抱此愚心,要之晚节。"据知罗氏之所以感戴稼轩者,殊不限于奏闻其在赣政绩一节,则二人必素甚契善可知。因于罗氏之辛而详著其生平梗概如右。

冬，寓居信上之李正之（大正）入蜀任利州路提刑，郑元英亦过信入蜀，稼轩均赋词为别。

《稼轩词集·满江红》（蜀道登天阁）题云："送李正之提刑入蜀。"又《蝶恋花》（莫向楼头听漏点阕）题云："用赵文鼎提举送李正之提刑韵送郑元英。"

● 淳熙十二年　乙巳（1185）　稼轩四十六岁。
在上饶家居

是年，郑舜举（汝谐）为信州守，稼轩与相酬唱甚多。

赵蕃《章泉稿》卷五《重修广信郡学记》后附录余铸《记学田事》云："淳熙十二年知州事郑汝谐再拨下新收庄。"

《宋会要·食货》七〇之七四："淳熙十二年三月二十五日，宰执进呈权发遣信州郑汝谐奏……"

● 淳熙十三年　丙午（1186）　稼轩四十七岁。
在上饶家居

是年岁杪，郑舜举（汝谐）被召赴临安。

韩元吉《南涧甲乙稿》有"郑舜举别席侑觞"之《菩萨蛮》词一首，起句云："诏书昨夜先春到，留公一共梅花笑。"

查《中西回史日历》，淳熙十三年十一月初三日冬至，自此下推四十五日，则立春节应为是年十二月十八日，韩诗谓诏书昨夜先春到，则当在十二月十六日或十七日也。

《宋会要·职官》一〇之三九："淳熙十四年三月十五日，吏刑部言令大理寺结绝公案批报，以革留滞之弊。以考功员外郎郑汝谐申……从之。"

● 淳熙十四年　丁未（1187）　稼轩四十八岁。
在上饶家居

主管冲佑观当在本年。

《宋史》稼轩本传："以言者落职。久之，主管冲佑观。"

《杨诚斋集》卷一百二十《宋故少师大观文左丞相鲁国王公神道碑》："淳熙二年，除端明殿学士，签书枢密院事。……辛弃疾平江西茶寇，上功太滥，公谓不核真伪何以劝有功。……三年八月除同知枢密院事。靖州蛮既平，率逢原杀及老幼，……公请惩其罪。五年十一月除枢密使。……广西帅刘焞平妖贼李接，上问焞功孰与辛弃疾、王佐？公曰：'弗如也。'乃畀焞集英殿修撰。……九年九月己巳，已拜公左丞相，克家右丞相，二公对持国柄，同心辅政。……然公守法度，爱名器，重人命，钦刑罚，惜人材，全始终，恤民隐，宣德意，审几事，持远谋，夙夜切磋，无微不尽。……故相陈俊卿请老，公言其材可惜，未宜遽从；赵公雄请祠，公言人才实难，亦未宜听；右相梁公克家告病求去，公言时方盛寒，请留之以经筵在京祠官之职，俟春暄而后行；部使者曾逢请祠以养亲，公言逢之孝养，宜加以贴职美名之宠，示砥砺于风俗；周极有才而人多议其轻，公言跅弛之士缓急能出死力，上遂用为郡守；辛弃疾有功而人多言其难驾御，公言此等缓急有用，上即畀祠官。公之惜人才全始终如此。……十一年冬，边吏言虏主归朔庭，公言于上曰：'虏之情伪未可知也，或中原豪杰起而图之，为吾驱除，亦未可知也。'"

《攻媿集》卷八十七《少师观文殿大学士鲁国公致仕太师王公行状》："〔淳熙〕十年以太夫人将八十，久任机衡，求退甚力，上不许。……天长水害七十馀家，或谓不必以闻，公曰：'昔人谓人主不可一日不闻水旱盗贼。'……因拟周极安丰军，公奏'跅弛之士缓急可用，临难不顾其身，小廉曲谨者未必能之，平日爱惜人才正为此耳。'……十二年十一月为郊祀大礼使,高宗度八十,议典礼赏赍甚详。"

《宋史·王淮传》:"尝言跅弛之士缓急能出死力,乃以周极知安丰军,辛弃疾与祠。"

张端义《贵耳集》卷下:"王丞相欲进拟辛幼安除一帅,周益公坚不肯。王问益公云:'幼安帅材,何不用之?'益公答云:'不然,凡幼安所杀人命,在吾辈执笔者当之。'王遂不复言。"

按:稼轩主管冲佑观事,各书均未明著其年月,据《宋史》及楼、杨二集,知其事与周极之知安丰军相先后,而周极于何时知安丰军亦无可考。杨诚斋于王淮《神道碑》中次其事于淳熙九年王氏拜左相之后,十一年边吏言虏主归朔庭之前,则似当不出此二年之间,而细按之又知其不然。查《神道碑》于王氏拜左相后,即举数其守法度爱名器等美德,其下即枚举各种事实以为之证,核其所列举者,盖综合王氏任左相期内建明施措之可称者,以类相从而并述之,初非以十一年冬为断限也。即如梁克家之罢右相,《宋史·孝宗本纪》梁氏本传及《宰辅表》中,均明书其事于十三年十一月中,可为明证。是则稼轩奉祠于何年,仍不能知。然考宋代州郡长贰之任免,除命由中出者外,例由左右两相奏拟,《贵耳集》中既有王丞相周益公问答云云之记事,则其事当在淳熙十四年二月丁亥周必大自枢密使迁光禄大夫除右丞相之后。必是除帅拟议见沮于周,因即特与稼轩以宫观也。王、周共相,起十四年二月,至十五年五月王氏即为薛叔似论罢,因著其事于此。

夏,友人韩无咎(元吉)卒,年七十。

陆游《剑南诗稿》卷十九《闻韩无咎下世》,题下自注:"丁未夏。"

韩元吉《南涧甲乙稿》卷十四《系辞解序》:"予生尝自誓:

年至六十乃敢著书。淳熙戊戌，岁既六十有一，始自志其自得者，作《系辞解》。"

  按：稼轩有《寿韩南涧·水龙吟》一阕，题云"次年南涧用前韵为仆寿，仆与公生日相去一日，再和以寿南涧"。"次年""前韵"云者，均蒙甲辰年《寿南涧词》而言，云"相去一日"，知南涧生辰为五月十二。稼轩又有《水调歌头》一阕，题云"寿韩南涧尚书七十"。与陆剑南诗题相参，则南涧去世必后于其七十寿辰犹未久也。

友人汤朝美（邦彦）卒，年五十三。

刘宰《漫塘文集》卷十九《颐堂集序》："颐堂先生司谏汤公，故知枢密院敏肃公之玄孙。……公殁后四十有八年，其季婿赵侯镇婺，始裒公遗文，千里诒书，俾某序次。某弱冠居乡里，值公南归，数操几杖从之。公殁之岁年方五十有三云。端平乙未五月朔旦刘某序。"

  按：汤朝美之季婿为赵必愿，于端平二年始镇婺州，由此逆推四十八年，知汤氏之卒在本年。

友人钱仲耕（佃）卒，年六十二。

《琴川志》："钱佃字仲耕，弱冠入太学，登绍兴十五年进士第。……卒年六十二，终于中奉大夫。"

《杨诚斋集》卷二十二《钱仲耕殿撰侍郎挽诗》："不应逾耳顺，便返白云乡。"

  按：《诚斋集》均系按年编次者，此诗在《朝天集》丁未年四月十七日《侍立集英殿观进士唱名》等诗之后，在《戊申元日立春》诗之前，因知钱氏之卒必在本年。

● 淳熙十五年　戊申（1188）　稼轩四十九岁。
在上饶家居

正月，门人范开编刊《稼轩词甲集》成。
范开序尾自记年月为淳熙戊申正月元日。

奏邸忽又讹传稼轩以病挂冠。
《稼轩词集·沁园春》题云："戊申岁奏邸忽腾报谓余以病挂冠，因赋此。"全词云："老子平生，笑尽人间，儿女怨恩。况白头能几，定应独往；青云得意，见说长存。抖擞衣冠，怜渠无恙，合挂当年神武门。都如梦，算能争几许，鸡晓钟昏。　此心无有亲冤。况抱瓮年来自灌园。但凄凉顾影，频悲往事；殷勤对佛，欲问前因。却怕青山，也妨贤路，休斗尊前见在身。山中友，试高吟《楚些》，重与招魂。"

梁启超编《辛稼轩年谱》释此词云："先生落职，本缘被劾，而邸报误为引疾，词中'笑尽儿女怨恩'、'此心无有亲冤'，谓胸中绝无芥蒂，被劾与引退原可视同一律也。'白头能几，定应独往'、'衣冠无恙，合挂当年神武门'，言早当勇退，不必待劾也。'都如梦，算能争几许，鸡晓钟昏'，言邸奏竟为我延长若干年做官生涯，然所差能几，不足较也。'抱瓮年来自灌园'、'凄凉顾影，频悲往事'，此明是罢斥后情状，若犹在官，安得有此语。'却怕青山，也妨贤路'，极言忧谗畏讥，恐虽山居犹不免物议也。'山友重与招魂'，言本已罢官，邸奏又为我再罢一次，山友不妨再赋招隐也。"

按：梁说是也。辛启泰《谱》谓稼轩之罢江西安抚事在本年，并以此词题语为据，梁氏释"抱瓮年来自灌园"及"凄凉顾影，频悲往事"二语，谓"明是罢斥后情状，若犹在官，安得有此语"，均系针对辛《谱》之误而发。但梁氏《谱》中谓稼轩之落职去任为淳熙十二年秋冬间事,亦误。

郑厚卿(如崈)守衡州,稼轩赋词送之。

《永乐大典》卷八六四七、八六四八衡字韵引宋修《衡州府图经志》郡守题名:"郑如崈,朝散郎,淳熙十五年四月到,绍熙元年正月罢。"

《稼轩词集·水调歌头》题云:"送郑厚卿赴衡州。"起云:"寒食不小住,千骑拥春衫。衡阳石鼓城下,记我旧停骖。"

> 按:据词中语意,知郑氏之赴衡州,事在淳熙七年稼轩卸湖南帅任之后。查《衡州图经志》所载郡守姓名,自淳熙初至南宋末,郑姓者唯郑如崈一人,为继刘清之后任者,知郑厚卿必即郑如崈。

秋,友人赵昌父(蕃)归自湖南,岁末以诗卷寄赠稼轩。

《漫塘集》卷三十二《章泉赵先生墓表》:"先生姓赵氏,讳蕃,字昌父。其先自杭徙汴,由汴而郑,南渡居信之玉山。……世号章泉先生。……以少尝从静春先生刘公清之受学,公时守衡,故欲从之卒业;甫至而刘以非罪去,即从之归,其谨于所职而笃于所事如此。"

《宋会要·职官》七二之四八:"淳熙十四年十二月二十七日,知衡州刘清之主管华州云台观。言者论其以道学自负,于吏事非所长,财赋不理,仓库匮乏,又与监司不和,乞与宫祠。从之。"

《淳熙稿》卷八有诗题云:"蕃舣舟湘西之明夕,郑仲理、吴德夫、周伯寿、黎季成共置酒于书院阁下。追饯者邢广声、王衡甫。时戊申仲秋七日。"

同书卷五有诗题云:"以归来后与斯远倡酬诗卷寄辛卿。"全诗云:"人家馈岁何所为,纷纷酒肉相携持。我曹馈岁复何有,酬倡之诗十馀首。缄封寄藁玄英方,从人笑痴我自狂。狂馀更欲谁送似,咫尺知音稼轩是。公乎比复何所作,想亦高吟动清酤。宾朋杂遝孰为佳,咸推杨范工词华。我曹所乐虽小技,历古更今不能废。岁云暮矣勿叹穷,梅花烂漫行春风。"

友人陈同甫(亮)来访,相与鹅湖同憩,瓢泉共酌,长歌相答,极论世事,逗留弥旬乃别。

《稼轩词集·贺新郎》题云:"陈同甫自东阳来过余,留十日,与之同游鹅湖,且会朱晦庵于紫溪,不至,飘然东归。既别之明日,余意中殊恋恋,复欲追路,至鹭鹚林,则雪深泥滑不得前矣。独饮方村,怅然久之,颇恨挽留之不遂也。夜半投宿吴氏泉湖四望楼,闻邻笛悲甚,为赋《乳燕飞》以见意。又五日,同甫书来索词,心所同然者如此,可发千里一笑。"

稼轩《祭陈同父文》:"而今而后,欲与同父憩鹅湖之清阴,酌瓢泉而共饮,长歌相答,极论世事,可复得耶!"

《朱文公大全集》卷二十八《戊申与陈同甫书》一:"熹恳辞召命,不蒙开允,反得除用,超异非常,内省无堪,何以胜此。已上免奏,今二十馀日矣,尚未闻可报,踧踖不自胜。来书警诲,殊荷爱念。然使熹不自料度,冒昧直前,亦只是诵说章句以应文备数而已,如何便担当许大事。况只此幸冒,亦未敢承当,老兄之言无乃太早乎。然世间事思之非不烂熟,只恐做时不似说时,人心不似我心。孔子岂不是至公至诚,孟子岂不是粗拳大踢,到底无著手处;况今无此伎俩,自家勾当一个身心尚且奈何不下,所以从前不敢容易出来,盖其自知甚审,而世间一种不相识、有公论底人亦莫不知之。只是吾党中有相知日久、相爱过深者,好而不知其恶,误相假借,以为粗识廉耻,而又年纪老大,节次推排,遂有无实之名,以至上误君父之听,有此叨窃。每中夜以思,悚惧惭怍,无以少答上下之望,未尝不发汗沾衣也。不意以老兄之材气识略,过绝流辈,而亦下同流俗,信此虚声,将欲强僬侥以千钧之重,而不忧其覆跌狼狈,以误知人之明也。辞免人行已久,旦夕必有回报。似闻后来庙论又有新番,从官已有以言获罪而去者。未知事竟如何。封事虽无高论,然恐无降出之理;万一果如所传,则孤踪尤是不复可出。自今以往,牢关固拒尚恐不免于祸,况敢望入帝王之门乎。彼去都城不远,想已见得近日爻象矣。万一再辞不得,即不免束装裹粮,为生行死归之计。承许见访于兰溪,甚幸。但恐无说话处。向来子约到彼,相守三日,竟亦不能一吐所怀。或先得手笔数行,略论大意,使未相见间预得䌷绎,而面请其曲折,庶几犹胜匆匆说话不尽,只成闲追逐也。"

同书同卷《戊申与陈同甫书》二:"熹所遣人,度月半前后到都城。不知岁前便得归否?但迂滞之见书中已说尽,自看一过,亦觉难行,次第八九分是且罢休矣。万一不如所料,又须别相度,今亦不可预定耳。来教所云,心亦虑之,但鄙意到此,转觉懒怯。况本来只是间界学问,更过五七日便是六十岁人,近方措置种得几畦杞菊,若一脚出门,便不能得此物吃,不是小事。奉告老兄:且莫相撺掇,留取闲汉在山里咬菜根,与人无相干涉,了却几卷残书,与村秀才子寻行数墨,亦是一事。古往今来,多少圣贤豪杂,韫经纶事业不得做,只恁么死了底何限,顾此腐儒又何足为轻重,况今世孔、孟、管、葛自不乏人也耶。来谕'恐为豪士所笑',不知何处更有豪士笑得,老兄勿过虑也。"

按:据《朱子年谱》及《宋史·朱熹传》,朱氏于淳熙十五年王淮罢相之后,六月壬申奏事延和殿,翌日即除兵部郎官。以与林栗不合,为林劾罢,乃令依旧任江西提刑,再辞免,除直宝文阁、主管西京嵩山崇福宫。未逾月,再召,乃投匦进封事,既又除主管太一宫兼崇政殿说书。二书大段均论出处意义,即指以上各诏命而言。前书中谓"承许见访于兰溪",必是陈氏于启行赴广信前而特地约邀者。后书以"不知岁前便得归否"为问,当是知陈氏已赴信州,自身未肯前往兰溪相会，故不知陈氏之归当在何时也。问以岁前归否，并有"更过五七日便是六十岁人"语，知其节候当在岁杪。陈氏访稼轩之年月，二人作品中均未明言，藉上引朱氏二书乃得考定。

又按：稼轩又有《贺新郎》一阕，题为"同父见和再用韵答之"，有句云："我病君来高歌饮，惊散楼头飞雪。"则稼轩于本年冬盖曾患病也。

● 淳熙十六年　己酉（1189）　稼轩五十岁。
在上饶家居

二月，孝宗禅位于光宗。

《宋史全文》卷二十七〔淳熙十六年二月〕壬戌（按即初二日）内降诏书，略曰："皇太子仁孝聪哲，久司匕鬯，军国之务，历试参决，宜付大宝，抚绥万邦。……皇太子可即皇帝位，朕称太上皇，移居重华宫。"

本年曾与夫人范氏同庆五十寿。

稼轩有"寿内子"之《浣溪沙》词，上片云："寿酒同斟喜有馀，朱颜却对白髭须，两人百岁恰乘除。"稼轩与夫人范氏同龄，已见绍兴三十二年与范氏完婚条下，此首《浣溪沙》词中"两人百岁恰乘除"，之意，当指两人年龄均为五十，二乘五十为一百，二除一百为五十也。起句之"寿酒同斟"当亦寓有此意。稼轩生于五月十一日，范氏之诞辰疑当早于稼轩，故即藉其日相庆，惜不知确在何月日耳。

本年，金华杜叔高（斿）来会。

《稼轩词集·贺新郎》题云："用前韵送杜叔高。"

按:"用前韵者",用与陈同父酬答之韵也。因知叔高之来会必后于同父不久。

《朱文公大全集》卷六十《答杜叔高》:"辛丈相会,想极款曲。今日如此人物,岂易可得,向使早向里来有用心处,则其事业俊伟光明,岂但如今所就而已耶。彼中见闻岂不有小未安者?想亦具以告之。渠既不以老拙之言为嫌,亦必不以贤者之官为忤也。"

按:朱氏此书并无明确年月可考。查《稼轩诗集》有《同杜叔高祝彦集观天保庵瀑布》一首,题下自注为"庚申岁二月二十八日",则是庆元六年杜氏又有造访之事。但朱氏之卒即在该春三月甲子,则此书决非该年所写可知。由"彼中见闻"云云,知确为杜氏来会归去以后之语,因节录于此。

又按:信州本《稼轩词集》,凡"叔高"均作"仲高"。仲高名旃,稼轩曾为之开山田,事详嘉泰三年。义项安世《平安悔稿》册二有诗题云:"答杜仲高来书哭兄伯高及辛待制……"据知稼轩与仲高亦多往还。但叔高来访有朱氏文集作旁证,而仲高则否,因从四卷本词集而定采访者为叔高。

王季海(淮)卒,年六十四。

《攻媿集》卷八十七《少师观文殿大学士鲁国公致仕赠太师王公行状》:"王公讳淮,字季海。……淳熙十六年忽语诸子曰:'六十有四,卦气已尽,而衰苦衰病如此,其能久乎。'……夜漏下一刻,默默而薨,实八月十二也。"

范廓之(开)应诏以家世赴告南宋行朝,将以求仕,辞别稼轩,稼轩为赋《醉翁操》相送,其事当在本年。

稼轩《醉翁操》题语有云:"今天子即位,覃庆中外,命国朝勋臣子孙之无见仕者官之。……廓之应仕矣。将告诸朝,行有日……辄拟《醉翁操》为之词以叙别。"按:宋光宗以本年二月受禅即位,明年改元绍熙，今题语既止云"新天子即位"而不云绍熙改元，故应为淳熙十六年内事。曩曾以此事此词系于绍熙元年，盖误。

● 光宗（惇）绍熙元年　庚戌（1190）　稼轩五十一岁。在上饶家居

是年冬十二月友人陈同甫（亮）再度系狱，年馀方得释。

《龙川文集》卷二十八《何少嘉墓志铭》："绍熙改元冬十二月，狱事再急，月之六日，少嘉无疾而死，予为之惊呼曰：'我其不免于诏狱乎？少嘉死是恶证也。'"

同书卷三十《凌夫人何氏墓志铭》："未几而坚母亦死，实绍熙改元十月之一日，得年五十有一，而求余铭其墓。坚于余休戚每若相关者，余心许之，而困于囚系；小定，则坚来曰：'坚以其年十二月丁酉葬坚母于县西三里德政乡华表原先人之侧，墓内之志已矣，何以相其墓上乎？'"

《叶水心文集》卷二十四《陈同甫王道甫墓志铭》："已入大理矣；民吕兴、何廿四殴吕天济且死，恨曰：'陈上舍使杀我。'县令王恬实其事，台官谕监司选酷吏讯问，数岁无所得，复取入大理，众意必死，少卿郑汝谐直其冤，得免。未几，光宗策进士，擢第一。"

叶绍翁《四朝闻见录》甲集《天子狱》："居无几，亮又以家僮杀人于境外，适被杀者尝辱亮父，其家以为亮实以威力用僮，有司笞搒僮气绝复苏者屡矣，不服。仇家置亮父于州囹，又嘱中执法论亮情重，下廷尉。时王丞相淮知上欲活亮，以亮款所供'尝讼僮于县而杖之矣'，仇家以此尤亮之素计，持之愈急，王亦不能决。稼轩辛公与相婿素善，亮将就逮，亟走书告辛，辛公北客也，故不以在亡为解，援之甚至，亮遂得不死。时考亭先生、水心先生、止斋陈氏俱与亮交，莫有救亮迹，亮与辛书，有'君举吾兄，正则吾弟，竟成空言'云。"

按：叶氏此段记事，如"仇家置亮父于州圄"以及"时王丞相淮知上欲活亮"等，均与事实违忤：陈氏之父辛于乾道九年，王淮于淳熙十五年罢相，绍熙元年逝世，均不得与此次狱事有干涉，辨证详拙著《陈龙川传》附录《陈亮狱事考》中。唯所述稼轩于此次援陈事迹，《狱事考》中置而未论，而其实亦颇有不合之处。叶氏谓稼轩与相婿素善，且承上文"时王丞相淮知上欲活亮"而言，则"相婿"当指王淮之婿。查《诚斋集·王淮神道碑》及《攻媿集·王淮墓志铭》，知王氏共三女，其一适淳熙五年状元姚颖，馀二人均未及笄而夭。又据袁燮《絜斋集·姚颖行状》及《叶水心文集·姚颖墓志铭》，知姚氏于淳熙十年十月即逝世，其时尚在陈氏第一次系狱之前，即使稼轩与姚氏果相善，至此时亦已无所用之矣。《宋史》陈氏本传亦谓"辛弃疾、罗点援之尤力"，盖亦沿叶绍翁之误也。

又按：陈氏出狱之后，致各方之谢启甚多，均存《龙川文集》中，其中并无致稼轩者。历考绍熙初年在朝之人，与稼轩素相厚善者盖其少，唯大理少卿郑舜举（汝谐）于淳熙十二三年间曾守信州，与稼轩交谊颇笃。《叶水心集·陈同甫墓志铭》中谓"少卿郑汝谐直其冤"，陈氏于脱狱后亦有《申谢郑氏启札》。但《龙川文集》中别无与郑氏往还之迹，二人恐非素识。因疑郑氏之所以肯主持公论开脱陈氏者，盖即因稼轩居中为介，使郑氏得尽悉陈氏被累原委而然。叶绍翁所谓"援之尤力"者，殆指此。至稼轩《祭陈同甫文》中"中更险困，如履冰崖，人皆欲杀，我独怜才"等语，乃系借用杜甫"不见李生久，佯狂真可哀，世人皆欲杀，吾意独怜才"诗句者，未可据以指实援陈之事迹也。馀参《陈亮狱事考》。

● 绍熙二年　辛亥（1191）　稼轩五十二岁。
在上饶家居

二月，友人王宣子（佐）卒，年六十六。

陆游《渭南文集》卷三十四《尚书王公墓志铭》："惟公讳佐，字宣子，会稽山阴人。……绍熙元年八月自制圹记。……二年二月十一日，晨起犹读书理家事如平时，俄暴感风眩，遂卒。享年六十有六。"

是年王道夫（自中）知信州，与稼轩时相过从。

《鹤山大全集》卷七十六《宋故藉田令知信州王公墓志铭》："绍熙二年入见，……翌日，帝谓宰执曰：'王自中以母老，再三不肯留，近郡孰阙守？'以常、信对，遂差知信州。为政简静知大体。六邑多逋负，公为宽补解之繇，严当上之数，皆感激思奋，课更以最。"

洪莘之通判信州，至晚当始于本年。

洪迈《夷坚志》支丁卷七《信州鹿鸣燕》条："绍熙三年秋，信州解试，……时大儿通判州事。"

　　按：稼轩有寿洪氏之《瑞鹤仙》一阕，题云："寿上饶倅洪莘之，时摄郡事，且将赴漕举。"词中有"明年时候，被姮娥做了殷勤，丹桂一枝入手"等句，知必作于绍熙二年。钱大昕《洪文敏公年谱》于绍熙三年始著"长子㭿通判信州"，盖据《夷坚志》而云然。但《夷坚志》谓三年适在信州，非谓始于三年也。

● 绍熙三年　壬子（1192）　稼轩五十三岁

春，赴福建提点刑狱任。

《稼轩词集》有《浣溪沙》一阕,题云:"壬子春,赴闽宪,别瓢泉。"

> 按:《宋史》稼轩本传谓"绍熙二年起福建提点刑狱",与此词题相参,疑是诏命在去年冬而赴任则在本年春也。

路经崇安时,曾至武夷精舍与朱晦庵相会。

《陆象山先生年谱》:绍熙三年夏四月十九日,朱元晦来书云:"……近辛幼安经由,及得湖南朋友书,乃知政教并流,士民化服,甚慰。"

> 按:朱氏此函,检《朱文公文集》未获。据《陆谱》所载得书之时间推之,知书中所述"辛幼安经由",必当为稼轩赴闽就提刑任时事。于时陆九渊为荆门知军。据朱书云云,知二人晤谈之顷,稼轩必曾称道陆氏在荆门军之政绩也。

二月,友人陈同甫脱狱。

《龙川文集》卷二十八《喻夏卿墓志铭》:"绍熙辛亥,夏卿年且九十有一,……八月十有九日夏卿死,余犹系三衢狱中,微若闻之,则为之出涕。明年二月出狱,则往哭焉。"

友人施圣与(师点)卒,年六十九。

《水心文集·故知枢密院事资政殿大学士施公墓志铭》:"淳熙十五年知枢密院事施公师点引疾辞位,……光宗内禅,知隆兴府。……绍熙三年二月乙未薨于豫章,年六十九。"

委上杭令鲍粹然决汀州疑狱。

《真西山集》卷四十六《朝散大夫知常德府鲍公墓志铭》:"予开禧中自延平从事入连帅幕府,时鲍公粹然实掌机宜文字。……公字醇父。……再调汀之上杭令。……州有疑狱,久不决,臬使辛公弃疾语其属曰：'自入境唯闻上杭令解事，盍以委诸。'公一阅，具得其情，囚以不冤横死。"

折狱定刑，务从宽厚。

按：稼轩于绍熙四年秋加集英殿修撰知福州，楼钥所撰制词中总述稼轩本年在闽宪任内之治绩有云："比居外台，谳议从厚，闽人户知之。"惜具体事件俱无从考知。

福建安抚使林枅于同列多不相下，与稼轩亦不协。

《淳熙三山志》二十二《郡守》："林枅，绍熙二年十二月以朝请大夫直徽猷阁知。"

《朱文公大全集》卷二十九《答赵尚书书》："四月二十六日，熹扣首再拜，上覆吏部尚书台座……闽中自得林、辛，一路已甚幸。"

同书续集卷四《答刘晦伯书》："章掾事已为言之，但今年缘与宪车相款，大得罪于乡人，其实不曾开口说一字，渠问亦不深应，不谓乃得此谤。今此事虽不同，然此亦不可广也。林帅固贤，然近闻其与宪司不协，亦大有行不得处。岂其神明将去而不思至此耶，抑为州者固得以捍制使者，而使者果不可以察县耶？大抵范忠宣所谓'恕己则昏'者，甚不可不戒，使渠自作监司，能堪此耶！"

按：林枅于绍熙三年为福建帅，其时稼轩正任福建提点刑狱，则朱熹书之"宪车"必指稼轩而言。朱氏既自云"与宪车甚相款"，二人间交谊之深自可知。《黄勉斋集》卷四《与晦庵朱先生书》有云："刘仲则来访，云：'渠见摄帅幕。帅于同列多不相下，辛宪又非能下人者，一旦有隙，则祸有所归。'渠欲得先生道其姓名于辛宪，榦与之有世契，不能辞，可否，幸裁酌。"朱氏书中又有"近闻其与宪司不协"等语，知林、辛间盖甚龃龉。

秋九月，林枅卒，稼轩摄帅事。

《宋史》稼轩本传："弃疾为宪时，尝摄帅，每叹曰：'福州前枕大海，为贼之渊，上四郡民，顽犷易乱，帅臣空竭，缓急奈何。'"

《淳熙三山志》卷二十二《郡守》："林枅，绍熙……三年九月卒。郑侨，三年十二月以显谟阁学士通奉大夫知。"

按：据此知稼轩之摄帅，必在林氏既卒之后，郑氏犹未到任之前。

厉威严，以法治下。

《真西山集》卷四十五《少保成国赵正惠公（希怿）墓志铭》："公以淳熙丁未进士，调福州司户参军。……即采古历代与先朝名公之有惠爱及民者，辑为编，书置左右，朝夕观焉以自程。府帅赵忠定公每委以事，度可，必尽力；度不可，必尽言。忠定公荐其才。后帅林公枅强毅难犯，独为公降色辞。其后提点刑狱辛公弃疾摄帅事，厉威严，轻以文法绳下，官吏慄栗，惟恐奉教条不逮得谴，公终始据正，不为屈。"

上疏论经界盐钞事。

《开庆临汀志》（见《永乐大典》卷七八九五汀字韵）《丛录先正诸公条陈本州利害事宜》：绍熙四年福建提刑辛公弃疾《论经界钞盐札子》节要："天下之事，因民所欲行之，则易为功。漳、泉、汀三州皆未经界，漳、泉民颇不乐行，独汀之民力无高下，家无贫富，常有请也。且其言曰：'苟经界之行，其间条目，官府所虑谓将害民者，官不必虑也，吾民自任之。'其言切矣。故曰经界为上。其次莫若行钞盐。钞盐利害，前帅臣赵汝愚论奏甚详，臣不复重陈。独议者以向来漕臣陈岘固尝建议施行，寻即废罢；朝廷又询征广西更改盐法之弊，重于开陈。其实不然。广西变法，无人买钞，因缘欺罔。福建钞法，才四阅月，客人买钞几登递年所卖全额之数。止缘变法之初,四州客钞辄令通行,而汀州最远,汀民未及搬运,而三州之贩盐已番钞入汀,侵夺其额,汀钞发泄以致少缓。官吏取以藉口,破坏其法。今日之议,正欲行之汀之一州,奈何因噎而废食耶?故曰钞盐次之。"

　　按:稼轩于绍熙三年岁杪离闽宪任,四年秋又出知福州兼福建安抚使。《志》谓此疏为四年任提刑时所上,盖误。若系提刑任内所奏进者,则当为绍熙三年,且当在三年秋冬两季稼轩兼摄安抚使时。

是年以女妻陈汝玉(成父)。

《万姓统谱》卷十八:"陈骏,字敏仲,宁德人。举进士,登朱文公之门。……子成父,字汝玉,克承家学。辛弃疾持宪节来闽,闻其才名,罗致宾席而妻以女。其学以立诚为本,《近思录》一本口诵心悟不少辍,故行己皆有法度。安贫守道,澹如也。尝升上庠,两预解选。有《律历志解》、《和稼轩词》、《默斋集》藏于家。"

与朱晦庵(熹)游从甚繁,情谊甚款。

《朱文公大全集》卷八十五《答辛幼安启》:"光奉宸纶,起持宪节。昔愚民犯法,既申震詟之威;今圣上选贤,更作全安之计。先声攸暨,庆誉交兴。伏惟某官卓荦奇材,疏通远识;经纶事业,有股肱王室之心;游戏文章,亦脍炙士林之口。轺车每出,必著能名;制阃一临,便收显绩。兹久真庭之逸,爰深正宁之思。当季康患盗之时,岂张敞处闲之日?果致眷渥,特畀重权:歌《皇华》之诗,既谕示君臣之好;称直指之使,想潜消郡国之奸。第恐赐环,不容暖席。熹苟安祠禄,获托部封,属闻绣斧之来,尝致鼎裀之问。尚烦缛礼,过委骈缄。虽双南金,恐未酬于郑重;况一本薤,亦奚助于高明。但晤对之有期,为感欣而无已。"

《朱子语类》卷一百三十二《中兴至今人物》："辛幼安为闽宪，问政，答曰：'临民以宽，待士以礼，驭吏以严。'恭甫再为潭帅，律己愈谨，御吏愈严。某谓如此方是。"

《朱子语类》卷一百零七《杂记言行》："有为其兄求荐书者，先生曰：'没奈何为公发书。某只云某人为某官亦老成谙事，亦可备任使，更须求之公议如何，某不敢必。辛弃疾是朝廷起废为监司，初到任也须采公议荐举。他要使一路官员，他所荐举，须要教一路官员知所激劝是如何。他若把应副人情，有书来便取去，这一任便倒了。'"

呼医治疗怀安县尉杨岳目疾。

《朱文公大全集》卷六十四《答巩仲至书》："前怀安尉杨岳从事，乃龟山先生之孙。向来在官，不幸盲废，稼轩怜之，为之呼医治疗，竟不能视。后来郑枢特为请祠。今在彼城中寓居。因其便还，匆匆附此。"

按：怀安县在闽侯县北。郑枢即绍熙四年帅福建之郑侨。郑氏为杨岳请祠，事在稍后，知稼轩之呼医治疗当在任闽宪时。

十二月，陆子静（九渊）卒，年五十四。

《陆象山年谱》："绍熙三年壬子，五十四岁。冬十二月十四日癸丑，日中，先生卒。"

被召赴行在，岁杪由三山启行。

《稼轩词集·水调歌头》题云："壬子，三山被召，陈端仁给事饮饯，席上作。"又《西江月》题云："正月四日和建安陈安行舍人。时被召。"

按：据上引二词题语，知稼轩之被召当在岁末，奉旨即行，途中度岁，故正月四日已抵建宁也。

● **绍熙四年　癸丑（1193）　稼轩五十四岁**

途次访朱晦庵于建阳，劝其赴广右，就经略安抚使。晤陈同甫于浙东。

《朱文公大全集续集》四《答刘晦伯书》："饶廷老归，闻诸公相许已有成说。而辛卿适至，以某尝扣其广右事宜，疑其可以强起，乃复宿留。然近又有书恳尤延之，计必从初议矣。万一不允，不敢惮远畏瘴；但恐亢拙无补于事，而徒失家居讲学、接引后来之益，岁月愈无多愈可惜耳。"

按：据"广右事宜"及"不敢惮远畏瘴"二语，知此书所讨论者乃是否赴广西之事。查《朱子年谱》："绍熙三年冬十二月除知静江府广南西路经略安抚使，辞。四年癸丑正月有旨趣之任，复辞。二月，差主管南京鸿庆宫。"书中云云，必是稼轩力劝朱氏赴任，其事当在已过建宁之后，想亦在正月初旬也。

《宋史》稼轩本传："尝同朱熹游武夷山，赋《九曲棹歌》。熹书'克己复礼'、'夙兴夜寐'题其二斋室。"

朱熹《与潘文叔明府书》："辛幼安过此，极谈佳政。"

按：此书《朱文公大全集》中失载，兹据柳贯《柳待制文集》卷十八《跋家中所藏文公帖》征引。知其在此时者，以《大全集》卷八十九《旌忠愍节庙碑》参证，绍熙三四年内潘友文适为江西永丰令，其地与上饶相近，故稼轩得谂知其政绩也。

《龙川文集》卷十六《信州永丰县社坛记》："吾友潘友文文叔之作永丰也，稼轩辛幼安以为文叔爱其民如古循吏，而诸公犹诘其验，幼安以为'役法之弊，民不肯受役，至破家而不顾。永丰之民往往乞及今令在时就役，是孰使之然哉？'"

《涧泉集》卷十二《送陈同甫丈赴省》诗："平生四海几过从，晚向闽山访晦翁。又见稼轩趋召节，却随举子赴南宫。"

> 按：韩氏诗题下原注云："癸丑正月十六日。"据知稼轩于此次应召途中，必曾于浙东与陈氏相会晤。其向陈氏盛称潘友文政绩，亦必此时事。

光宗召见于便殿，奏论荆襄上流为东南重地，应妥为备御。

> 按：今存《永乐大典》残卷第八四一三卷兵字韵中收有稼轩"绍熙癸丑登对札子"一篇，《历代名臣奏议》卷三三六《御边门》亦加收录，而改题为"论荆襄上流为东南重地"。

迁太府卿。

> 按：《宋史》稼轩本传原作"迁大理少卿"，兹据《攻媿集》制词改。

《攻媿集》卷三十五《福建提刑辛弃疾除太府卿制》："敕具官某：尔蚤以才智，受知慈宸，盘根错节，不劳馀刃。中更闲退，以老其才。养迈往之气，日趋于平；晦精察之明，务归于恕；朕则得今日之用焉。召从闽部，长我外府。夫气愈养则全，明愈晦则光，于以见之事功，孰能御之哉。"

秋，加集英殿修撰，知福州，兼福建安抚使。

同书卷三十六《太府卿辛弃疾集英殿修撰知福州制》："敕具官某：六闽奥区，三山为一都会，地大物阜，甲于东南，负山并海，绵亘数千里，举听命于大府，连帅之选，岂云易哉。尔以轶群之才，早著事功，寿皇三畀大藩，宠以论譔之华，于今几二十年。召对便朝，擢长外府，益平豪爽之气，而见温粹之容，朕心嘉焉。比居外台，谳议从厚，闽人户知之。升之集贤，增重阃寄。往其为朕布宣德意，抚吾赤子，以宽一面之顾忧，朕岂汝忘哉。"

《淳熙三山志》卷二十二《郡守》："辛弃疾，绍熙四年八月以朝散大夫集英殿修撰知。"

陈傅良《止斋集》卷二十三《直前札子》："或以乞去而亟请不获，则又纷然窃议，曰陛下恶人言去。彼辛弃疾召为大卿，即去为帅，至欲以次对宠其行，然则陛下岂恶人言去耶。"

《宋史》稼轩传："加集英殿修撰，兼福建安抚使。弃疾为宪时尝摄帅，……至是，务为镇静。"

是年陈同甫（亮）举进士第一。

《宋名臣言行录外集》卷十六："陈亮字同父，婺州永康人，壮岁首贤能之书，寻预璧水之选。孝宗朝六达帝庭上书，论恢复大计。又伏阙论宰相非才，无以系天下望。垂拱殿成，进赋以颂德，又进《郊祀庆成赋》，皆不报。光宗即位，伏阙上《鉴成箴》，又不报。绍熙四年举进士，上亲擢之第一。"

任子严（诏）卒。

周必大《省斋文稿》卷八有《任子严挽诗》，编于本年内。

范至能（成大）卒，年六十八。

周必大《平园续稿》卷二十二《资政殿大学士赠银青光禄大夫范公成大神道碑》："公讳成大，字至能。……绍熙三年加资政殿大学士，……四年九月公疾病，以是月五日薨，享年六十有八。"

诗人彭止通谒，当在本年前后。

《全闽诗话》卷四引《闽书》："彭止字应期，自号漫者，崇安人。尝谒辛弃疾，值其昼寝，题诗而去。词云：'棋子声乾案接尘，午窗诗梦暖于春。清风不动阶前竹，谁道今朝有故人。'弃疾觉,遣人追之,延留累月。所为诗皆清丽典雅。有《刻鹄集》。"

按:上诗《刻鹄集》中题作"题辛稼轩斋中"。

● 绍熙五年　甲寅(1194)　稼轩五十五岁。
在福建安抚使任

置备安库,积镪至五十万缗,用以籴米粟,供宗室及军人之请给。

《宋史》稼轩传:"至是务为镇静,未期岁,积镪至五十万缗,榜曰备安库。谓闽中土狭民稠,岁俭则籴于广,今幸连稔,宗室及军人入仓请米,出即粜之,候秋贾贱,以备安钱籴二万石,则有备无患矣。又欲造万铠,招强壮,补军额,严训练,则盗贼可以无虞。事未行,台臣王蔺劾其用钱如泥沙,……遂丐祠归。"

按:王蔺劾稼轩,事在淳熙八年,《宋史》此文叙事有误,考辨已详彼年条下。

檄福清县主簿鞫长溪县囚,稼轩又亲按之,辨释五十馀人。

道光《福建通志》卷一百二十三《宦迹志·福清县佐》:"傅大声,仙游人,淳熙(按:应作绍熙)间主簿。安抚使辛弃疾檄鞫长溪县囚,大声辨释五十馀人,仅留十馀人于狱。邑令憾大声翻异,无宾主礼,大声至质衣以食。及弃疾亲按,皆从大声谳。"

委长溪令曹虙改采鬻盐之法,又差官吏置铺,就坊场出卖犒赏库回易盐。

《攻媿集》卷一百零六《曹虙墓志铭》:"淳熙十五年以举者改宣教郎,知秀州嘉兴县,既书再考,引亲嫌,改知福州长溪县。……既至长溪,辛公帅闽,以鬻盐来委。君谓县为出产之地,开国以来未尝与民争利,持不可。帅怒,易纠曹。比至,帅已释然，不使就职，相与觞咏弥旬。会貳车阙，即以处君。"

《宋会要·食货》二八之三九："〔光宗绍熙五年〕三月一日，臣僚言：'访闻福建安抚司措置出卖犒赏库回易盐，约束甚严，榷贩甚广，多差官吏至坊场。事体骤新，民旅非便。乞命福建帅司日下住罢所置官吏坊场，今后置铺，不得出门。'从之。"

友人陈同甫（亮）卒，年五十二。

《宋名臣言行录外集》卷十六《陈亮传》云："绍熙四年举进士，上亲擢之第一，授建康军节度判官，次年卒，享年五十有五。"

吴师道《敬乡录·陈亮小传》："由免解奏名，擢绍熙癸丑进士第一，授承事郎，金书建康郡节度判官厅公事，未上，逾年病，一夕卒。"

稼轩《祭陈同父文》有云："闽、浙相望，音问未绝，子胡一病，遽与我诀？呜呼同父，而止是耶！而今而后，欲与同父憩鹅湖之清阴，酌瓢泉而共饮，长歌相答，极论世事，可复得耶？千里寓辞，知悲之无益而涕不能已，呜呼同父，尚或临监之否？"

按：据《龙川文集》，知陈氏生于绍兴十三年（1143），绍熙四年（1193）举进士，年五十一，次年即卒，当为五十二岁，《言行录》谓享年五十五，误。其卒在何月何日，无可考。唯吕皓之母夏氏葬于绍熙五年二月二十七日，陈氏犹为作《墓志铭》，知其卒当在二月之后，而稼轩《祭陈同父文》又作于未离闽帅任时，则最晚亦当卒于入秋之前也。

修建福州郡学。

《八闽通志》卷三十六《秩官志·名宦门》："詹体仁，字元善，浦城人。……直龙图阁知福州，……在郡尝出钱助修郡学以毕前守辛弃疾之功。"

秋七月，宋光宗禅位于皇太子扩，是为宁宗。

《宋史·光宗纪》："〔绍熙五年〕六月戊戌夜寿皇圣帝崩。壬寅，寿皇大敛。皇子嘉王复入奏事，诏'俟疾愈，过宫行礼'。初丞相留正等屡请立嘉王为皇太子，帝许之，正拟指挥以进，奉御笔：'历事岁久，念欲退闲。'七月甲子，太皇太后以皇帝疾未能执丧，命皇子嘉王即皇帝位于重华宫之素幄，尊皇帝为太上皇帝。"

赵汝愚为执政大臣。

《宋史·宁宗纪》："同月己巳，以赵汝愚参知政事。庚午，召秘阁修撰知潭州朱熹诣行在。辛巳，以赵汝愚为枢密使。壬午，韩侂胄落阶官，为汝州防御使。甲申，以兵部尚书罗点签书枢密院事。"

《宋史纪事本末·韩侂胄专政》："初韩侂胄欲推定策功，意望节钺，汝愚曰：'吾宋臣，汝外戚也，岂可言功。惟爪牙之臣则当推赏。'乃加郭杲节钺，但迁侂胄防御使，侂胄大失望。然以传达诏旨，浸见亲幸，时时乘间而弄威福。"

同月，以谏官黄艾论列，罢帅任，主管建宁府武夷山冲佑观。

《宋会要·职官》七三之五八："绍熙五年七月二十九日知福州辛弃疾放罢，以臣僚言其残酷贪饕，奸赃狼藉。"

《后村大全集》卷一百九十四《黄柳州简墓志铭》："父艾，刑部侍郎，赠少师，为绍熙名臣。……初，少师在谏垣，论击辛卿弃疾，辛衔切骨。"

按：《攻媿集》卷四十，有"将作少监黄艾除右正言"及"右正言黄艾除左司谏"制词。又，《续宋编年资治通鉴》绍熙五年载："秋七月戊辰诏求言，以章颖为侍御史，黄艾为左司谏。八月乙卯，章颖、黄艾罢言职。"与《后村集·黄简墓志》参证，知《宋会要》所谓之"臣僚"实即黄艾也。

《淳熙三山志》卷二十三《郡守》："辛弃疾，……绍熙五年八月罢。"

《宋史》本传："台臣王蔺劾其用钱如泥沙，杀人如草芥，且夕端坐闽王殿。遂丐祠归。"

> 按：王蔺劾辛，事在淳熙八年，详见该年记事，本传以为本年事，大误。其所云"丐祠"，证以《宋会要》庆元二年辛氏罢宫观之记事，知其为主管建宁府武夷山冲佑观也。

赵汝愚为右丞相并擢用朱熹等人。

《宋史·宁宗纪》："八月癸巳，以朱熹为焕章阁待制兼侍讲，甲午增置讲读官，以给事中黄裳、中书舍人陈傅良彭龟年等为之。丙辰，以赵汝愚为右丞相。"

又："九月庚子，罗点薨。壬申，以刑部尚书京镗签书枢密院事。初，帝欲除镗帅蜀，赵汝愚谓人曰：'镗望轻资浅，岂可当此方面！'镗闻而憾之。由是侂胄引以自助。镗时已变素守，群憸附和，视正人如仇雠。衣冠之祸自此始。"

同月，以御史中丞谢深甫论列，降充秘阁修撰。

《宋会要·职官》七三之五九："绍熙五年九月二十七日，朝散大夫集英殿修撰辛弃疾降充秘阁修撰；朝议大夫焕章阁待制提举江州兴国宫马大同降充集英殿修撰，罢祠。以御史中丞谢深甫言：二人交结时相，敢为贪酷，虽已黜责，未快公论。"

韩侂胄进用其党徒谢深甫、刘德秀、李沐等人。

《宋史纪事本末·韩侂胄专政》："冬十月，内批以谢深甫为御史中丞，刘德秀为监察御史，罢右正言黄度。时，韩侂胄日夜谋去赵汝愚，知阁门事刘弼因谓侂胄曰：'赵相欲专大功，君岂惟不得节钺，将恐不免有岭海之行。'侂胄愕然问计，曰：'惟有用台谏耳。'侂胄然之，遂以给事中谢深甫为中丞。会汝愚请令近臣荐御史，侂胄密以其党刘德秀属深甫，遂以内批用之。由是刘三杰、李沐等牵连以进，言路皆侂胄之人，排斥正士。"

朱熹以上疏忤韩侂胄罢侍讲。

《宋史·宁宗纪》："闰十月戊寅，侍讲朱熹以上疏忤韩侂胄罢，赵汝愚力谏，不听。台谏、给舍交章请留朱熹，亦不听。"《宋史纪事本末·道学崇黜》："及上即位，宰相赵汝愚首荐熹，遂自潭州召为焕章阁待制兼侍讲。及至，每进讲务积诚意以感动上心，上亦稍稍嘉纳焉。熹复奏疏极言：'陛下即位未能旬月，而进退宰臣，移易台谏，皆出陛下之独断，中外咸谓左右或窃其柄。臣恐主威下移，求治反乱矣。'时韩侂胄方用事，熹意盖指侂胄也，侂胄由此大恨，使优人峨冠大袖象大儒，戏于上前，因乘间言熹迂阔不可用，遂出内批，罢熹经筵，除宫观。熹去，侂胄益肆无忌惮矣。其党复为言，凡相与为异者，皆道学之人也，阴疏姓名授之，俾以次斥逐。或又为言，以道学目之则有何罪？当名曰伪学。由是有伪学之目，善类皆不自安。"

十一月庚戌，以宜州观察使韩侂胄兼枢密都承旨。（《宋史·宁宗纪》）

十二月，谢深甫奏劾中书舍人陈傅良，语又涉及稼轩。

《宋会要》（篇第同前）："绍熙五年十二月九日，中书舍人陈傅良与宫观，以御史中丞谢深甫言其芘护辛弃疾，依托朱熹。"

赵汝愚擢用人物陆续被贬黜。

《宋史·宁宗纪》："十二月乙丑，吏部侍郎彭龟年上疏，言韩侂胄假托声势、窃弄威福，乞黜之以解天下之疑。诏罢龟年，进侂胄一官，与在京宫观。赵汝愚请留龟年，不听。庚午，以京镗参知政事。辛未，监察御史刘德秀劾起居舍人刘光祖，罢之。"

再到期思卜筑，当在本年。

《稼轩词集·沁园春》题云："再到期思卜筑。"全词云："一水西来，千丈晴虹，十里翠屏。喜草堂经岁，重来杜老；斜川好景，不负渊明。老鹤高飞，一枝投宿，长笑蜗牛戴屋行。平章了，待十分佳处，著个茅亭。　青山意气峥嵘，似为我归来妩媚生。解频教花鸟，前歌后舞；更催云水，莫送朝迎。酒圣诗豪，可能无势，我乃而今驾御卿。清溪上，被山灵却笑：白发归耕。"

按：稼轩自淳熙八年罢江西帅任后即家居带湖新第，及访泉于期思而得瓢泉之胜，乃复时往时来于带湖、瓢泉之间，故于陈同甫之来访，则"酌瓢泉而共饮"，于赴闽宪之时，则与诸友话别瓢泉而赋《浣溪沙》。此词有"喜草堂经岁，重来杜老"语，知其绝非作于居带湖时期。又有"青山意气峥嵘，似为我归来妩媚生"及"被山灵却笑，白发归耕"语，均可证明为久别重到，并系再度宦游归来以后之作。则其作于帅闽罢归之后为无疑。稼轩前此既不时游憩其地，则期思附近必原有可供憩居之所；此次之卜筑，当是自行相度，选最可意处而修造耳。

《铅山县志》卷三十《轶事》："辛稼轩卜地建居，形家以崩洪、芙蓉洲示曰：'二地皆吉。但崩洪发甚速，不及芙蓉洲悠久耳。'辛取崩洪，形者曰：'贪了崩洪，失却芙蓉，五百年后，只见芙蓉，不见崩洪。'后其言果验。"

按：此轶事是否实有，无可参证，姑附于此，聊备一说。

友人马会叔（大同）卒于本年冬季。

按：马会叔严州人，《续严州志》有传，引见词笺。志不载其生卒年。今查《陈止斋文集》卷十八"马大同特复元官致仕"制词有云:"霜台有请,因不可屈于恩;泉壤可怀,亦不容废以法。爰弃前咎,遂还故官。……肆予初政,浟有烦言;属尔沉疴,姑从薄责。谅兼忘于宠辱,何遽隔于幽明。东首拖绅,曷慰九原之恨;西清持橐,尚歆再命之荣。"此制词编列于绍熙五年十一月二十一日后,十二月二十三日前,故知马氏必卒于本年冬季。

● 宁宗（扩）庆元元年　乙卯（1195）　　稼轩五十六岁。
　　　　　　　　　　　　　　　　　　　　家居上饶

二月,赵子直（汝愚）罢右丞相,继责宁远军节度副使,永州安置。

《宋史·宁宗本纪》:庆元元年,"二月戊寅,以右正言李沐言,罢赵汝愚为观文殿大学士知福州。庚辰,兵部尚书章颖以党赵汝愚罢。甲申,谢深甫等再劾汝愚,诏与宫观。"

《宋史纪事本末·韩侂胄专政》:"初,韩侂胄欲逐汝愚而难其名,谋于京镗,镗曰:'彼宗姓也,诬以谋危社稷,则一网打尽矣。'侂胄然之,以秘书监李沐尝有怨于汝愚,引为右正言,使奏汝愚以同姓居相位,将不利于社稷,乞罢其政以安天位,杜塞奸源。是日,汝愚出浙江亭待罪,遂以观文殿大学士出知福州。甲申,谢深甫等论汝愚冒居相位,今既罢免,不当加以书殿隆名帅藩重寄,乞奉祠思咎,命提举洞霄宫。"

《宋史·赵汝愚传》:"赵汝愚,字子直,汉恭宪王元佐七世孙,居饶之馀干县。……除特进、右丞相,汝愚辞不拜,曰:'同姓之卿,不幸处君臣之变,敢言功乎。'乃命以特进为枢密使,汝愚又辞特进。孝宗将欑,汝愚议欑宫非永制,欲改卜山陵,与留正议不合,侂胄因而间之,出正判建康,命汝愚为光禄大夫右丞相,汝愚力辞至再三，不许。……侂胄欲逐汝愚而难其名，或教之曰：'彼宗姓，诬以谋危社稷，则一网无遗。'侂胄然之，擢其党将作监李沐为正言。沐，彦颖之子也，尝求节度使于汝愚，不得，奏汝愚以同姓居相位，将不利于社稷，乞罢其政。汝愚出浙江亭待罪，遂罢右相，除观文殿学士知福州。台臣合词乞寝出守之命，遂以大学士提举洞霄宫。……以中丞何澹疏，落大观文。监察御史胡纮，疏汝愚唱引伪徒，谋为不轨，乘龙授鼎，假梦为符。责宁远军节度副使，永州安置。"

《朱文公大全集续集》卷二《答蔡季通书》："北方之传果尔。赵已罢去，盖新用李兼济作谏官，一章便行。未知谁代其任。此深可虑。"

友人刘平国（宰）校文上饶，徐斯远（文卿）领乡荐。

《漫塘集》卷六《回艾节干庆长》："徐斯远尚友好学，安贫守道，不愧古人。顷岁校文上饶，惟以亲得此人为喜。所惠诗文三册，回思在上饶见斯远时，今整整四十年，而信上三君子皆已死矣。"

同书卷十九《送洪季扬（扬祖）教授横川序》："绍熙庚戌，余与严陵洪叔谊兄弟同登进士第，庆元乙卯又与叔谊同校文上饶，事竟，复同途归。"

陈振孙《直斋书录解题》卷十五："《萧秋诗集》一卷，玉山徐文卿斯远作。"

李祥、杨简、吕祖俭等以党赵汝愚被罢斥。

《宋史·宁宗纪》："三月甲寅，国子祭酒李祥、博士杨简以党赵汝愚罢。

"夏四月丁巳，太府寺丞吕祖俭坐上疏留赵汝愚及论不当黜朱熹、彭龟年等，忤韩侂胄，送韶州安置，（五月戊子，改送吉州安置。）己未，以余端礼为右丞相、京镗知枢密院事、郑侨参知政事，谢深甫签书枢密院事。庚申，太学生杨宏中等六人以上书留赵汝愚、章颖、李祥、杨简，请黜李沐，诏宏中等各送五百里外编管。

"六月丁巳，右正言刘德秀请考核真伪以辨邪正。癸酉，以韩侂胄为保宁军节度使，提举万寿观。"

冬十月，以御史中丞何澹奏劾，落职。

《宋会要·职官》七三之六三："庆元元年十月二十六日，前知汉州张缜罢祠禄，降授秘阁修撰知福州辛弃疾与落职。御史中丞何澹言缜累以受金见之白简，扢拭得郡，贪污如故；弃疾酷虐裒敛，掩帑藏为私家之物，席卷福州，为之一空（空）。"

《宋史》本传："庆元元年落职。"

期思新居之落成当在本年。

《稼轩词集·浣溪沙》题云："瓢泉偶作。"全词云："新葺茆檐次第成，青山恰对小窗横。去年曾共燕经营。　病怯杯盘甘止酒，老依香火苦翻经。夜来依旧管弦声。"

按：期思卜筑应在绍熙五年，已见前考，此词又有"去年曾共燕经营"句，必是营造时期凡亘数月，至本年燕子来后方次第落成，而此词则作于又一年后也。

● 庆元二年　丙辰（1196）　稼轩五十七岁

正月庚寅，以余端礼为左丞相，京镗为右丞相，郑侨知枢密院事，御使中丞何澹同知枢密院事。(《宋史·宁宗纪》)

同月壬午，赵子直（汝愚）卒，年五十七。

《宋史·赵汝愚传》:"永州安置。……时汪义端行词,用汉诛刘屈氂、唐戮李林甫事,示欲杀之意;迪功郎赵师召亦上书乞斩汝愚。汝愚怡然就道,谓诸子曰:'观侂胄之意,必欲杀我,我死,汝曹尚可免也。'至衡州,病作,为守臣钱鍪所窘,暴薨。天下闻而冤之。时庆元二年正月壬午也。"

道光《馀干县志·艺文志》刘光祖撰《宋丞相忠定赵公墓志铭》:"庆元元年正月……用李沐为右正言,沐与侂胄合谋,首论公将危社稷,公罢相。……公名益高,小人益忌,谓不重贬公,人言不已。八月以御史中丞何澹疏,落大观文,十二月,又以监察御史胡纮疏,责授宁远军节度副使,永州安置。公怡然就道。旧病渴,医以为热也,投寒剂。舟行潇湘间,雪大作,爱而玩之,寒外内侵,抵衡阳寝疾,甫四日,正月,乘舟薨,年五十有七。"

《朱文公大全集别集》卷一《与刘德修书》:"馀干竟以柩还,卜以此十日葬矣,冤哉痛哉。闻有为之赋诗摹印揭之都市而匿其名者,不知亦传到蜀中否?得其子婿书云:'道间〔病〕渴甚,误服凉剂,遂不能食。又感风寒,遂至大故,临行亦甚了了。'然向更不死,今必已度岭矣。前日闻讣,因就其婿家哭之。闻要路已有切齿者,亦且得行止分明也。"

三月王正之(正己)卒,年七十八。

《攻媿集》卷九十九《朝议大夫秘阁修撰致仕王公墓志铭》:"公旧字正之,至今以旧字行。……庆元二年三月二日属疾,却药不进,翌日终于正寝,享年七十有八。"

友人杨济翁(炎正)举进士及第,徐斯远(文卿)落第。

《诚斋集》卷一百十四《诗话》:"予族弟炎正字济翁,……年五十二乃登第,初仕宁远簿,甚为京丞相所知。"

《吉水县志·选举志》:"杨炎正,庆元二年丙辰邹应龙榜进士。"

《朱文公大全集》卷六十四《答巩仲至书》："比日秋冷,恭维幕府燕闲,起居佳福。此间数日前一水非常,今幸无他。闻下流颇有所损,不知果如何。……近日得昌父、斯远书,附到书一角,今附往。中有大卷,意必是诗,累年不见斯远一字,欲发封观之,又不欲破戒,或看毕幸转以见示也。但斯远省闱不偶,家无内助,嗣续之计亦复茫然,急欲为谋婚之计而未有其处,不知亲旧间亦有可为物色处否。想二公书中亦须说及此事。渠来见嘱,此间无处可致力,只得并奉浼也。"

按:朱氏此书年月未详。审其语意,知必在巩仲至居闽帅幕中时。查巩仲至名丰,婺州义乌人,《叶水心文集》有仲至本人及其母杨夫人墓志铭,以二志与朱氏通仲至各书合看,知其入闽幕当在庆元初年,其去职在庆元四年叶翥帅闽之后,则此书所谓"斯远省闱不偶"者,必指庆元二年之礼部试而言,盖徐氏于元年中乡举,本年自须参与进士试也。

夏四月甲子,余端礼罢。壬申,以何澹参知政事,吏部尚书叶翥签书枢密院事。(《宋史·宁宗纪》)

五月七日,妻兄范南伯(如山)卒,年六十七。

《漫塘文集》卷三十四《故公安范大夫及夫人张氏行述》："公讳如山,字南伯,邢台人。……女弟归稼轩先生辛公弃疾。辛与公皆中州之豪,相得甚。……以庆元二年五月七日卒,得年六十有七,官终忠训郎。"

徙居铅山县期思市瓜山之下。

《稼轩历仕始末》:"卜居广信带湖,为煨烬所变〔焚〕,庆元丙辰,徙居铅山县期思市瓜山之下。"

按：辛启泰《稼轩年谱》庆元二年下，亦记"所居毁于火，徙居铅山县期思市瓜山之下"。

又按：带湖雪楼毁于火事，亦见《刘后村大全集》及袁桷《清容集》中。《清容集·跋朱文公与辛稼轩手书》有云："公所居号带湖，一夕而烬，时文公犹无恙。"《后村集·诗境集序》有云："故诗境方公少（按：少字原脱，详下文语意补）时，语出惊人。为诚斋、放翁所少和（按：少字疑衍，和字当是知字之误）。稼轩所居雪楼火，公唁之，有'何处卧元龙'之句。"而据此二文，仍不能考知雪楼之毁应在何时。四卷本丁集有"和范廓之五月雪楼小集韵"之《谒金门》一阕，廓之编甲集时既未收入，当是作于淳熙十五年甲集刊成之后，淳熙十六年廓之别稼轩之前者，由此可推定雪楼之被火必在淳熙十六年后。《后村集·方信孺行状》中又有云："公美姿容，性疏豁豪爽，幼及交辛稼轩、陈同父诸贤。"此与《诗境集序》所谓"少时语出惊人，……稼轩所居雪楼火，公唁之"等语正相合，亦可证明"何处卧元龙"之句，为方氏少年之作。今以方氏行状与方氏之父崧卿《行状》及《墓志铭》（见《叶水心集》及周必大《平园续稿》）合看，知方氏生于淳熙四年丁酉，十八岁丁父忧，服除授广东番禺县尉。其与稼轩相识始于何时，无可考按，其唁雪楼被火之诗则当作于尉番禺之前，即庆元二年内也。

秋七月戊戌，以韩侂胄为开府仪同三司、万寿观使。八月丙辰，以太常少卿胡纮请权住进拟伪学之党。（《宋史·宁宗纪》）

九月，以言者论列，罢宫观。

《宋会要·职官》七五之六六："庆元二年九月十九日，朝散大夫主管建宁府武夷山冲佑观辛弃疾罢宫观。以臣僚言弃疾赃汙恣横，唯嗜杀戮，累遭白简，恬不少悛。今俾奉祠，使他时得刺一州，持一节，帅一路，必肆故态，为国家军民之害。"

以纠结徒党罪名再罢斥朱熹及其门徒。

《宋史·宁宗纪》："十二月，监察御史沈继祖劾朱熹，诏落熹秘阁修撰，罢宫观。窜处士蔡元定于道州。"

《宋史纪事本末·道学崇黜》："时台谏皆韩侂胄所引，汹汹欲以熹为奇货，然无敢先发者。……有沈继祖者，为小官时尝采摭熹《语孟》之语以自售，至是，以追论程颐得为御史，纮以疏草授之继祖，谓可立致富贵。遂论熹剽窃张载程颐之绪馀，寓以吃菜事魔之妖术，簧鼓后进，张浮驾诞，私立品题，收召四方无行义之徒，以益其党伍，潜形匿迹，如鬼如魅。乞加少正卯之诛，以为欺君罔世、污行盗名者之戒。其徒蔡元定佐熹为妖，乞编管别州。诏熹落职罢祠，窜元定于道州。"

● **庆元三年　丁巳（1197）**　　稼轩五十八岁。
　　　　　　　　　　　　　　　　家居铅山

春正月壬寅郑侨罢。癸卯，以谢深甫兼知枢密院事。(《宋史·宁宗纪》)

友人陈安行（居仁）卒，年六十九。

《攻媿集》卷八十九《华文阁直学士奉政大夫致仕陈公行状》："本贯兴化军莆田县，陈公居仁字安行，年六十有九，……庆元三年二月召赴行在，六月庚申抵家，甲寅疾势遽变，遂薨于正寝。"

十二月丁酉，以知绵州王沇请，诏省部籍伪学姓名。(《宋史·

宁宗纪》)

● **庆元四年　戊午（1198）**　稼轩五十九岁。
家居铅山

五月己亥，加韩侂胄少傅赐玉带，己酉，诏禁伪学。(《宋史·宁宗纪》)

复集英殿修撰，主管建宁府武夷山冲佑观。
《稼轩词集·鹧鸪天》题云："戊午拜复职奉祠之命。"
《宋史》稼轩本传："庆元元年落职，四年复主管冲佑观。"
　　按：稼轩帅福建时所带职名为"集英殿修撰"，绍熙五年罢任，是年九月降充"秘阁修撰"，一年后又以何澹论列而镌落职名。《宋史》不载本年复职事，词题则仅云复职，而未指明为"秘阁修撰"抑为"集英殿修撰"，袁楠《跋朱子与稼轩手书》(引见下年)，有"庆元四年公复殿撰"语，《会稽续志》亦谓稼轩于嘉泰三年以集英殿修撰知绍兴府，因知本年所复职名必即集英殿修撰也。
朱熹撰《稼轩谱序》："戊午，公复起，来主冲佑观，益相亲切。"
　　按：此序不见朱氏集中。右引诸语见《稼轩集钞存》附录朱熹《答辛幼安启》之案语中，疑由《铅山辛氏族谱》辑录者。称《稼轩谱》似未当。又查宋代食祠禄者，例不须亲往其地供职，朱序云云，似亦不合。颇疑此序乃后来人所伪为也。

是年吴子似（绍古）为铅山尉，相与酬唱甚多。
《铅山县志》卷十一《名宦志》："吴绍古，字子嗣，鄱阳人。庆元五年任铅山尉，多所建白。有史才，纂《永平志》，条分类举，先民故实搜罗殆尽。"

同书卷五《古迹志》："读书亭，宋庆元三年县尉吴绍古立。"

赵蕃撰《刘之道祠记》："鄱阳吴绍古子嗣来之明年，因诸生请，白于其长而复于学。涓良酌醴，告成如礼。庆元五年也。"

按：上引各文均见《铅山县志》，而于吴氏尉铅山之年份则各不相同。兹姑从赵氏之说而定其莅任在本年。

● 庆元五年　己未（1199）　　稼轩六十岁。
　　　　　　　　　　　　　　　家居铅山

友人朱晦庵（熹）来书以克己复礼相勉。

袁桷《清容居士集》卷四十六《跋朱文公与辛稼轩手书》："晦翁尝以'卓荦奇才股肱王室'期辛公，此帖复以'克己复礼'相勉，朋友琢磨之道备矣。尝闻先生盛年以恢复最为急议，晚岁则曰用兵当在数十年后。辛公开禧之际亦曰'更须二十年'。阅历之深，老少议论自有不同焉者矣。公所居号带湖，一夕而烬，时文公犹无恙。庆元四年公复殿撰，此书盖戊午岁以后所作，至六年则文公梦奠矣。今观此帖，益知前贤讲道，弥老不废，炳烛之功，良有以也夫。"

按：此书《朱文公文集》中失收。

友人傅岩叟（为栋）捐直发廪赈乡里之饥，稼轩欲讽庙堂奏官之。

陈文蔚《克斋文集》卷十《傅讲书生祠堂记》："铅山傅岩叟，……遇岁歉若霖潦邻里艰食，则捐金粟以赈之，易冻而温，变馁而充……岁己未，谷频年不熟，民间嗷嗷。州家以为忧，檄永丰丞林君汝皋至邑劝分。父老相率诣林自言，谓公不待劝分，先已捐直发廪；且能遍谕乡之诸豪，谓闭粜非所以恤灾。林以是深相归重。会先是，邑之多士亦以白令尹，父老之言益信。即以事闻之郡，郡闻之台。既核得其实，则转以申省。时稼轩辛公有时望，欲讽庙堂奏官之，岩叟以非其志辞，辛不能夺，议遂寝。"

是年七月钱表臣（之望）卒，年六十九。

《水心文集》卷十八《钱氏墓志铭》："公姓钱氏，讳之望，字表臣，……以庆元五年七月十八日卒，年六十九。"

八月王道夫（自中）卒，年六十。

《魏鹤山大全集》卷七十六《王氏墓志铭》："庆元五年八月癸未赍志以殁，……享年六十六。"

《宋史》王氏本传及《陈止斋集·王道夫圹志》均谓卒年六十，兹从之。

九月庚寅，加韩侂胄少师，封平原郡王。（《宋史·宁宗纪》）

● **庆元六年　庚申（1200）**　稼轩六十一岁。
家居铅山

春二月，友人杜叔高再来访。

稼轩有诗题云："同杜叔高、祝彦集观天保庵瀑布，主人留饮两日，且约牡丹之饮。"题下注云："庚申岁二月二十八日也。"

三月，友人朱晦庵（熹）卒。年七十一。稼轩为文往哭之。

《朱子年谱》："庆元六年庚申，七十一岁，三月甲子先生卒。"

《宋史纪事本末·道学崇黜》："六年三月，朱熹卒。将葬，右正言施康年言：'四方伪徒聚于信上，欲送伪师之葬。会聚之间，非妄谈时人短长，则谬议时政得失。乞下守臣约束。'从之。"

《宋史》稼轩本传:"熹殁,伪学禁方严,门生故旧至无送葬者,弃疾为文往哭之,曰:'所不朽者,垂万世名。孰谓公死,凛凛犹生。'"

冬十月丙戌,加韩侂胄太傅。(《宋史·宁宗纪》)

● **嘉泰元年　辛酉（1201）**　稼轩六十二岁。
家居铅山

● **嘉泰二年　壬戌（1202）**　稼轩六十三岁。
家居铅山

友人洪景卢（迈）卒,年八十。
钱大昕《洪文敏公年谱》:"嘉泰二年壬戌,八十岁,以端明殿学士致仕,未几卒。"

赵民则（像之）卒,年七十五。
《诚斋集》卷一一九《朝请大夫将作少监赵公行状》:"公讳像之,字民则,秦悼王之六世孙也。今居高安。……嘉泰二年四月二十三日以疾终于正寝,享年七十有五。"

曹困明（蛊）卒,年六十八。
《攻媿集》卷一百六《朝请大夫曹君墓志铭》:"君讳蛊,字困明,明之定海县人。……嘉泰二年九月朔以疾终于官舍,享年六十有八。"

党禁稍弛,政途久困之人间有起废进用者,稼轩亦其中之一人。

《宋史纪事本末·韩侂胄专政》:"〔十二月甲申〕侂胄欲以势力尽士大夫之心,薛叔似、辛弃疾、陈谦等皆起废显用。当时困于久斥者,往往损晚节以规荣进,政府枢密台谏侍从皆出侂胄之门,而苏师旦周筠又侂胄厮役亦得预闻国政,群小满朝,势焰薰灼。"

● 嘉泰三年　癸亥（1203）　稼轩六十四岁

夏,起知绍兴府兼浙东安抚使。（本传）

《会稽续志》卷二《安抚题名》:"辛弃疾,以朝请大夫集英殿修撰知,嘉泰三年六月十一日到任。"

疏奏州县害农六事,愿诏内外台察劾。

《文献通考》卷五《田赋考》五:"嘉泰三年知绍兴府辛弃疾奏州县害农之甚者六事:如输纳岁计有馀,又为折变,高估趣纳,其一也。往时有大吏,为郡四年,多取斗面米六十万斛及钱百馀万缗,别贮之仓库,以欺朝廷曰:'用此钱籴此米。'还盗其钱而去。愿明诏内外台察劾无赦。从之。"

创建秋风亭。

张镃《南湖集》卷十《汉宫春》词题云:"稼轩帅浙东,作秋风亭成,以长短句寄余;欲和久之,偶霜晴,小楼登眺,因次来韵,代书奉酬。"

丘崈《文定公词·汉宫春》题云:"和辛幼安《秋风亭》韵。癸亥中秋前二日。"全词云:"闻说瓢泉,占烟霏空翠。中著精庐。旁连吹台燕榭,人境清殊。犹疑未足,称主人胸次恢疏。天自与,相攸佳处,除今禹会应无。　　选胜卧龙东畔,望蓬莱对起,岩壑屏如。秋风夜凉弄笛,明月邀予。三英笑粲,更吴天不隔莼鲈。新度曲,银钩照眼,争看阿素工书。"

《会稽续志》卷一:"秋风亭在观风堂之侧,其废已久,嘉定十五年汪纲即旧址再建。纲自记于柱云:'秋风亭,辛稼轩曾赋词,脍炙人口,今废矣。余即旧基,面东为亭。'"

　　按:稼轩《汉宫春》词仅题云"秋风亭观雨",并未道及其缔造该亭之经过。据张、丘二人和章,知选地建亭始于稼轩为无可疑。其时间当在稼轩莅浙东任未久之时。汪纲柱上题记只云稼轩有词而不云亭为稼轩创建,亦不知何故。

冬,奏请于绍兴府诸暨县增置县尉,省罢税官。

《宋会要·职官》四八之八三:"嘉泰四年正月二十三日,诏绍兴府诸暨县添置县尉一员。以守臣辛弃疾奏:枫桥镇浙东一路冲要之地,乾道间尝升为义安县,至淳熙初复罢为镇,止有镇、税官各一员,无事力可以弹压,奸民无忌惮,乞增置县尉一员,以武举初任人注授。故有是诏。"

同书《职官》四八之一四二:"嘉泰四年正月二十三日诏省罢绍兴府诸暨县枫桥镇税官,令镇官兼领。从守臣辛弃疾之请也。"

　　按:诏旨既于四年正月行下,则奏请必在本年冬季,因著其事于此。

是年,浙东"盐鬻为害",稼轩"销弭"之力为多。

　　按:此事史文无考,惟卫泾《后乐集》卷一所载再起稼轩帅浙东之制命有云:"其以济南之名彦,载新浙左之旌麾。夫才固有其所长,政亦贵于相济。往者盐鬻为害,赖卿销弭居多,今闻怀绥以重来,必且望风而屏去。"所云"往者",当指本年,以稼轩别无官两浙时也。

招刘改之(过)、赵明翁(汝鐩)至幕府。

岳珂《桯史》卷二《刘改之》条:"嘉泰癸亥岁,改之在中都，辛稼轩弃疾帅越，闻其名，遣介招之，适以事不及行，作书归辂者，因效辛体赋《沁园春》一词，并缄往，下笔便逼真。其词曰：'斗酒彘肩，醉渡浙江，岂不快哉。被香山居士，约林和靖，与苏公等，驾勒吾回。坡谓西湖，正如西子，浓抹淡妆临照台。诸人者，都掉头不顾，只管传杯。　　白云天竺去来，图画里峥嵘楼观开。看纵横一涧，东西水绕，两山南北，高下云堆。逋曰不然，暗香疏影，只可孤山先探梅。蓬莱阁，访稼轩未晚，且此徘徊。'辛得之大喜，致馈数百千，竟邀之去。馆燕弥月，酬倡亹亹，皆似之，逾喜。垂别，赠之千缗，曰：'以是为求田资。'改之归，竟荡于酒，不问也。"

附录一：郭霄凤《江湖纪闻》："刘过字改之，吉州太和人也。性疏豪好施，辛稼轩客之。稼轩帅淮时，改之以母病告归，囊橐萧然。是夕，稼轩与改之微服纵登倡楼，适一都吏命乐饮酒，不知为稼轩也，命左右逐之。二公大笑而归，即以为有机密文书，唤某都吏，其夜不至。稼轩欲籍其产而流之，言者数十，皆不能解，遂以五千缗为改之母寿，请言于稼轩，稼轩曰：'未也，令倍之。'都吏如数增作万缗。稼轩为买舟于岸，举万缗于舟中，戒曰：'可即行，无如常日轻用也。'改之作《念奴娇》为别云：'知音者少，算乾坤许大，著身无处。……'"

按：上文凡有数误：稼轩一生未曾帅淮，其识拔改之，事在晚年帅浙东时。改之《念奴娇》词全文今尚具存《龙洲词》中，题云："回李侍郎大异。"与稼轩亦全不相涉也。

附录二：蒋子正《山房随笔》："辛稼轩帅浙东时，晦庵、南轩任仓宪使，刘改之欲见，辛不纳，二公为之地云：'某日公宴，至后筵便坐，君可来。门者不纳，但喧争之，必可入。'既而改之如所教，门外果喧哗，辛问故，门者以告，辛怒甚。二公因言：'改之豪杰也，善赋诗，可试纳之。'改之至，长揖，公问：'能诗乎？'曰：'能。'时方进羊腰肾羹，辛命赋之，改之对'寒甚，欲乞卮酒'。酒罢，乞韵。时饮酒手颤，馀沥流于怀，因以流字为韵，即吟云：'拔毫已付管城子，烂首曾封关内侯。死后不知身外物，也随尊酒伴风流。'辛大喜，命共尝此羹，终席而去，厚馈焉。"

  按：右文纰谬更甚。他姑不论，稼轩帅浙东时，朱、张二人均已前卒，何得于其时更任仓使宪使耶。

《后村大全集》卷一五二《刑部赵郎中墓志铭》："公讳汝鐩，字明翁。……父善坚。……擢嘉泰壬戌第，主东阳簿，辟崇陵桥道顿递官，易诸暨簿。帅稼轩辛公罗致幕下。辛性严峻，公独从容□□。"

会稽县丞朱圣与（权）供职勤敏，深为稼轩所敬赏。

《洺水集》卷十五《朱惠州行状》："本贯徽州休宁县千秋乡千秋里朱公，讳权，字圣与。……庆元五年以举主关升从事郎，调绍兴府会稽县丞。邑当东浙会府之下，三司委送纷沓，判决昼夜不倦。前后连帅如辛公弃疾、李公大性、李公浃皆敬赏之。"

为友人杜仲高（旃）开山田。

高翥《菊涧诗选喜杜仲高移居清河》诗题下自注云："稼轩为仲高开山田，仲高有《辛田记》。"

  按：开山田事在何年本无可考，唯查杜仲高为金华人，开山田必在其所居近处，是则必在稼轩帅浙东时也。

欲为友人陆务观（游）筑舍，陆辞之，遂止。

《剑南诗稿》卷六一《草堂》："幸有湖边旧草堂，敢烦地主筑林塘。"自注云："辛幼安每欲为筑舍，予辞之，遂止。"

  按：放翁晚年居于绍兴鉴湖之旁，知稼轩之欲为筑舍必在帅浙东时。

陈君举（傅良）卒，年六十七。

《攻媿集》卷九十五《宝谟阁待制赠通议大夫陈公神道碑》："公讳傅良，字君举。……嘉泰三年十一月十有二日终于里第，享年六十有七。"

岁杪召赴行在。

《会稽续志》卷二《安抚题名》："辛弃疾，……当年十二月二十八日召赴行在。"

● **嘉泰四年　甲子（1204）　稼轩六十五岁**

韩侂胄发动对金战争。

《宋史纪事本末·北伐更盟》："嘉泰四年春正月，韩侂胄定议伐金。时金为北鄙鞑靼等部所扰，无岁不兴师讨伐，兵连祸结，士卒涂炭，府库空匮，国势日弱，群盗蜂起，民不堪命。有劝韩侂胄立盖世功名以自固者，侂胄然之，恢复之议遂起。聚财募卒，出封椿库黄金万两，以待赏功，命吴曦练兵西蜀。既而安丰守臣厉仲方言：'淮北流民咸愿归附。'浙东安抚使辛弃疾入见，言：'金国必亡，愿属大臣备兵，为仓卒应变之计。'侂胄大喜。会邓友龙使金还，言：'金有赂驿使夜半求见者，具言金国困弱，王师若来，势如拉朽。'侂胄闻之，用师之意益决矣。"

是月，召见，言盐法。并言金国必乱必亡，愿属元老大臣预为应变计。

《朝野杂记》乙集卷十八《丙寅淮汉蜀口用兵事目》："〔嘉泰〕三年冬，知安丰军厉仲方言淮北流民有愿过淮者，帅臣以闻。会辛殿撰弃疾除绍兴府，过阙入见，言金国必乱必亡，愿付之元老大臣，务为仓猝可以应变之计。侂胄大喜，时四年正月也。"

按：稼轩由知绍兴府被召，《杂记》谓是时稼轩方除知绍兴府，误。

《庆元党禁》："嘉泰四年甲子，春正月，辛弃疾入见，陈用兵之利，乞付之元老大臣。侂胄大喜，遂决意开边衅。"

《宋史·韩侂胄传》："安丰守厉仲方言淮北流民愿归附。会辛弃疾入见，言敌国必乱必亡，愿属元老大臣，预为应变计。郑挺、邓友龙等又附和其言。"

《宋史》稼轩本传："四年，宁宗召见，言盐法。"

《剑南诗稿》卷五十七《送辛幼安殿撰造朝》诗："稼轩落笔凌鲍谢，退避声名称学稼。十年高卧不出门，参透南宗牧牛话。功名固是券内事，且葺园庐了婚嫁。千篇昌谷诗满囊，万卷邺侯书插架。忽然起冠东诸侯，黄旗皂纛从天下。圣朝厌席意未快，尺一东来烦促驾。大材小用古所叹，管仲萧何实流亚。天山挂旆或少须，先把银河洗嵩华。中原麟凤争自奋，残虏犬羊何足吓。但令小试出绪余，青史英豪可雄跨。古来立事戒轻发，往往逸夫出乘罅。深仇积愤在逆胡，不用追思灞亭夜。"

　　按：陆诗编次本年《上巳》诗之后，《三月三十日闻杜宇》诗之前，则其召见之命或在正月，而其自绍兴启行造朝，则当在三月间矣。

加宝谟阁待制，提举佑神观，奉朝请。（本传）

差知镇江府，赐金带。（本传）

《嘉定镇江志》卷十五《宋太守》："辛弃疾，朝议大夫、宝谟阁待制，嘉泰四年三月到。"

刘宰《漫塘文集》卷十五《贺辛待制弃疾知镇江》："奉上密旨，守国要冲。三辅不见汉官仪，今百年矣；诸公第效楚囚泣，谁一洗之？敢因画戟之来，遂贺舆图之复。岂比儿童之拍手，漫夸师帅之得人。某官卷怀盖世之气，如圯下子房；剂量济时之策，若隆中诸葛。大儿仅数文举，上床自卧元龙。赫然勋名，付之谈笑。继雁鹜于三尺，俾愁恨叹息之俱无；隶貔虎于五符，使灾害祸乱之不作。田园归去，翰墨生涯，驰骋百家，搜罗万象。得其小者，风蝉碎锦襹；宏而肆之，金薤垂琳琅。落纸云烟，争光日月。上会稽，探禹穴，方八命九命之增崇；坐宣室，思贾生，忽一节二节之促召。皇图天启，房运日衰。壶浆以迎，久郁遗民之望；肉食者鄙，谁裨上圣之谋？星拱百僚，雷同一说。自介圭之入觐，借前箸以为筹：究财货之源流，指山川之险易。金马玉堂之学士，闻所未闻；灞上棘门之将军，立之斯立。眷惟京口，实控边头。虽地之瘠、民之贫，然酒可饮、兵可用。茧丝保障，岂惟增北固之雄；约轶错衡，旋即首东都之会。某年几四十，才仅下中，向须菽水之供，故五斗米是为；今罹风树之戚，虽万钟禄何加。未忘父教之忠，有喜国仇之雪。矧鹪巢之有托，岂燕贺之敢稽。未终素幈之期，莫叩黄堂之下。执舍人之役，虽阻见于曹参；勒燕然之铭，或尚须于班固。"

数年来，稼轩屡次遣谍至金，侦察其兵骑之数，屯戍之地，将帅之姓名，帑廪之位置等。并欲于沿边招募土丁以应敌。至镇江，先造红衲万领备用。

程珌《丙子轮对札子》（二）："甲子之夏，辛弃疾尝为臣言：'中国之兵，不战自溃者，盖自李显忠符离之役始。百年以来，父以诏子，子以授孙，虽尽戮之，不为衰止。唯当以禁旅列屯江上，以壮国威。至若渡淮迎敌，左右应援，则非沿边土丁断不可用。目今镇江所造红衲万领，且欲先招万人，正为是也。盖沿边之人，幼则走马臂弓，长则骑河为盗，其视虏人，素所狎易。若夫通、泰、真、扬、舒、蕲、濡须之人，则手便犁钼，胆惊钲鼓，与吴人一耳，其可例以为边丁哉。招之得其地矣，又当各分其屯，无杂官军。盖一与之杂，则日渐月染，尽成弃甲之人，不幸有警，则彼此相持，莫肯先进；一有微功，则彼此交夺，反戈自戕，岂暇向敌哉。虽然，既知屯之不可不分矣，又知军势之不可不壮也；淮之东西分为二屯，每屯必得二万人乃能成军。淮东则于山阳，淮西则于安丰，择依山或阻水之地而为之屯，令其老幼悉归其中，使无反顾之虑，然后新其将帅，严其教阅，使势合而气震，固将有不战而自屈者。'又与臣言：'谍者师之耳目也，兵之胜负与夫国之安危悉系焉。而比年来有司以银数两、布数匹给之，而欲使之捐躯深入，刺取虏之动息，岂理也哉。'于是出方尺之锦以示臣，其上皆虏人兵骑之数，屯戍之地，与夫将帅之姓名。且指其锦而言曰：'此已废四千缗矣。'又言：'弃疾之遣谍也，必钩之以旁证，使不得而欺。如已至幽燕矣，又令至中山，至济南。中山之为州也，或背水，或负山，官寺帑廪位置之方，左右之所归，当悉数之。其往济南也亦然。'又曰：'北方之地，皆弃疾少年所经行者，彼皆不得而欺也。'又指其锦而言曰：'虏之士马尚若是，其可易乎。'盖方是时朝廷有其意而未有其事也。明年乙丑，弃疾免归。又明年丙寅始出师，一出涂地不可收拾：百年教养之兵一日而溃，百年葺治之器一日而散，百年公私之盖藏一日而空，百年中原之人心一日而失。邓友龙败，朝廷以丘崈代之，臣从丘崈至于淮甸，目击横溃，为之推寻其由，无一而非弃疾预言于二年之先者。"

按：据嘉靖本《洺水集》，《丙子轮对札子》凡二篇，首篇为泛论治体文字，此为其第二篇。《四库》本《洺水集》仅载前篇，后篇则一字未录，不知为有意之删除抑为无意之漏脱。稼轩一生志切恢复，且以知兵见推于时，而现时则除《十论》、《九议》及数篇奏疏仅存外，其生平言论均已不可复见；兹篇虽出程氏之手，其中则尽为转述稼轩言语者，稼轩之兵家韬略，由此仅可考见，故备录其有关各语如上。

以五十镒馈金坛刘平国（宰）。

《漫塘文集》卷十五《谢辛待制》："孤生屏处，已载二千石之良；专介鼎来，忽拜五十镒之馈。周之则受，感不容言。伏念某未报勔劳，荐罹祸衅，顾何求于当世，惟苟活于残年。时扣城闉，愧未忘于舐犊；日趋幕府，幸已遂于登龙。载月遄归，望尘弗再。方惭疏慢，敢意记怜：欲于燕寝凝香之馀，进之樽酒论文之列。虽回船已远，莫陪瀛洲山上之游；然折俎宠颁，犹是北海坐中之客。自惟庸琐，何克堪承。兹盖伏遇某官，悯士之贫，行古之道。谓唐贤之镇蜀，颇加厚于少陵；而长公之帅杭，亦垂情于和靖。故兹厚意，误及微踪。不胜铭佩之私，敢贡管蠡之见：今岁之稔虽及七八，时雨之愆岂无二三；如闻里正不申被旱之图，县吏惮受诉灾之牒；倘陈词有逾于八月，则吁哀莫彻于二天。仰冀慈祥，亟垂矜悯，赐之揭示，许以实闻，庶使穷阎尽被邦君之惠，是为小子不孤国士之知。"

拨丹徒县没官田百馀亩作学田。

《嘉定镇江志》附录："丹徒县薛村田一顷一十四亩二角，原系羽流宋其姓者之田，后没于官。嘉泰甲子守臣辛待制弃疾拨归本学。"

读宋高宗《亲征诏草》，为跋其后。

《弋阳县志》卷十二《艺文志》，载陈康伯绍兴辛巳所拟《亲征·诏草》，并附案语云："按《贤达录》云：'金亮渝盟，天子北伐，一时诏檄多出陈鲁公笔，读者痛愤，闻者流涕。'《鹤林玉露》载《辛巳亲征诏》，……云'此洪容斋笔也'，《容斋三笔》自录其四六亦及之，而陈氏家集公之孙景思辈刻其原草，有陈以初叙，庆元时何澹、谢深甫，嘉泰时陈谠、叶适、辛弃疾诸人跋。殆容斋呈稿，公亲点窜与？"其下引录稼轩《读亲征诏草跋》全文云："使此诏出于绍兴之初，可以无事仇之大耻；使此诏行于隆兴之后，可以卒不世之大功。今此诏与此房犹俱存也,悲夫。嘉泰四年三月门生弃疾拜手谨书。"

按:此跋语《宋史》本传及谢叠山《文章轨范》均加收录,唯无所署之年月,因依据《弋阳县志》备录于此。

冬十月朔,周子充(必大)卒,年七十九。

《攻媿集》卷九十三《忠文耆德之碑》:"嘉泰四年十月庚寅朔,故丞相少傅观文殿大学士益国周公年七十有九,薨于吉州之里第。"

是年袁起岩(说友)卒。

袁说友《东塘集》附录《家传》:"公讳说友,字起岩。建安人。生于绍兴庚申岁。年二十四,登隆兴进士丙科。……嘉泰甲子岁薨于德清寓第,享年六十有五。"

● 开禧元年　乙丑（1205）　稼轩六十六岁。
在镇江守任

三月,坐缪举,降两官。

《宋会要·职官》七四之一八:"开禧元年三月二日,宝谟阁待制知镇江府辛弃疾降两官,以通直郎张谟不法,弃疾坐缪举之责也。"

《宋史》稼轩本传:"坐缪举,降朝散大夫。"

刘改之(过)至京口访晤。

岳珂《桯史》卷二《刘改之》条:"庐陵刘改之过以诗鸣江西,……开禧乙丑过京口,余为饷幕庚吏,因识焉。"

蒋子正《山房随笔》:"稼轩守京口,时大雪,帅僚佐登多景楼，改之敝衣曳履而前，辛令赋雪，以难字为韵，即吟云：'功名有分平吴易，贫贱无交访戴难。'自此莫逆云。"

  按：稼轩与改之缔交，不始于本年。且稼轩于本年夏即罢职，而岳珂则以赴南宫试，于去年岁杪谒告而去，本年暮春方得归任所，因知改之来访必在春夏之交，更不得有咏雪之事。蒋氏所记，盖难凭信。

  魏庆之《诗人玉屑》卷十九引柳溪吕炎《近录龙洲道人》条云："刘过送王简卿归天台：'枚数人才难倒指，有如公者又东归。……'辛稼轩简云：'夜来见示《送王简卿》诗，伟甚。……'"

  按：王居安字简卿，台州黄岩人，《宋史》有传。传载韩侂胄当权时，将以苏师旦为节度使，居安言其不可，因为御史论劾，罢司农寺丞，主管仙都观。又据《宋会要·职官》七三之三二，嘉泰二年闰十二月十一日载，司农寺丞王居安与祠禄，"以臣僚言居安考校私试，所取必占前等，同列莫敢与争"。是知王简卿之归台州与刘改之之赋诗相送均应为嘉泰三年春初事。另据稼轩回简中既有"夜来见示"句，则知改之之录示稼轩，必在其客居京口时也。

夏六月改知隆兴府，旋以言者论列，与宫观。

  《嘉定镇江志》："辛弃疾……嘉泰四年三月到，开禧元年六月十九日改知隆兴府。七月初五日宫观。"

  《宋会要·职官》七五之三七："开禧元年七月二日，新知隆兴府辛弃疾与宫观，理作自陈。以臣僚言弃疾好色贪财，淫刑聚敛。"

  按：《宋史》稼轩本传于"坐缪举降朝散大夫"之下即连书"提举冲佑观"，据《镇江志》及《宋会要》文，知坐缪举降官为一事，因遭论而与宫观为另一事，不应合并为一也。

同月，宋廷下诏加强战备。

《宋史纪事本末·北伐更盟》:"六月,诏内外诸军,密为行军之计。"

林克斋闻稼轩移镇隆兴之命,有函致贺。

刘子实《翰苑新书》续集卷三《安抚类》,林克斋《通待制辛帅启》:"畴庸北固,易镇南昌。棠舍阴浓,不改江山之旧;松阶望峻,载观戟纛之新。先声鼎来,阖郡欲舞。顾趋承于末属,尤感发于私衷。盖谓自三光五岳之气分,叹英豪其有几;更四圣百年之治定,慨功业之良难。早聆季子之来归,众喜夷吾之复见。使表饵得行其策,则规恢岂俟于今。方期父老之椎牛,开关持劳;岂谓儿童之竹马,夹道候迎。抑九重深轸于此方,乃三锡重勤于老手。某官蓄雄刚之至德,负超卓之奇才,九卿高惟月之班,四国遍于蕃之绩。惟是胸中之湖海,飘然与造物者游;发为笔下之波澜,殆非食烟火人语。脱略轩裳之表,逍遥岩壑之姿。然而当世望其有为,吾君引以自近,旋由次对,荐界辅藩。居中则可寝谋于淮南,捍外则尚何忧于江左。维咽喉之内地,实襟带于上流。眷顾周行,见大夫无可使者;仪图宿望,一敌国岂不隐然。不妨玉节之重临,伫听金瓯之有命。某低回一第,连蹇半生,素亡愈人,矧未更事,猥玷公朝之荐口,重惭计幕之素餐。会逢十乘之启行,欣托二大之覆露。岂若秦之视越瘠,曾不动心;倘如晋之用楚材,或堪为役。"

> 按:林克斋名籍不详,据启中语意,当为豫章人。起句谓由北固易镇南昌,知其为本年写致稼轩者。稼轩于六月十九日奉移镇之命,未之任而为言者论罢,则林克斋此启当写于六七月之交也。

宋备战,金亦有所对应。

《宋史纪事本末·北伐更盟》:"〔八月〕丁亥,命湖北安抚司增招神劲军。乙巳,以郭倪为镇江都统,兼知扬州。"

又:"九月丁未,韩侂胄欲审敌虚实,遣陈景俊使金贺正旦。景俊还,金主璟谕之曰:'大定初,世宗许宋世为侄国,朕遵守至今。岂意尔国屡犯我边,以此遣大臣宣抚河南。及得尔国公移,朕即罢司,而尔国侵扰益甚。朕惟和好岁久,委曲含容,恐侄宋皇帝或未详知。卿归国,当具言之!'景俊还,以告,陈自强戒勿言,由是用兵益决。"

秋,归铅山。

《稼轩词集·玉楼春》题云:"乙丑京口奉祠归,将至仙人矶。"有句云:"直须抖擞尽尘埃,却趁新凉秋水去。"又《瑞鹧鸪》题云:"乙丑奉祠归,舟次余干赋。"有句云:"郑贾正应求死鼠,叶公岂是好真龙。"盖隐寓韩侂胄之倡议对金用兵,乃专为自身之声名权位计,非真有意恢复,故对稼轩旋用旋罢也。

● **开禧二年　丙寅(1206)　稼轩六十七岁**

差知绍兴府、两浙东路安抚使,辞免。

卫泾《后乐集》卷一《降授朝散大夫充宝谟阁待制提举建宁府武夷山冲佑观赐紫金鱼袋辛弃疾依前官特授知绍兴军府兼管内劝农使充两浙东路安抚使马步军都总管赐如故制》:"帅师承流,本以宽大奉行为首;会稽并海,思得文武牧御之才。属此畴咨,得于已试。惟素望凤烦于镇压,则赤子必善于抚摩。其即祠廷,往分阃制。某官谋猷经远,智略无前,方燕昭碣石之筑宫,何愧海滨之至;驾华山骒耳以行远,讵忘烈祖之知。久矣践扬,蔚有风采。爰擢登于禁从,将旋界以事功。其才任重有馀,盖一旦缓急之可赖;为吏太刚则折,此三期贤佐之未齐。朕惟甸四方而用俊民,岂以一眚而掩大德。其以济南之名彦,载新浙左之旌麾。夫才固有其所长,政亦贵于相济。往者盐鹫为害,赖卿销弭居多,今闻怀绥以重来，必且望风而屏去。惟宽严之不倚，庶操纵之适宜。噫，黄霸治如其前，终归长者；粤人轻而好勇，务在安之。可。"

《漫塘文集》卷十四，《上安抚辛待制》："恭审只奉尧言，载临禹会，五侯九伯，即专铁钺之征；万壑千岩，重仰诗书之帅。神人胥豫，宗社有休。恭维某官命世大才，济时远略，挺特中流之砥柱，清明寒露之玉壶。十载倦游，饱看带湖之风月；一麾出镇，迥临越峤之烟霞。上方为克复神州之图，公雅有誓清中原之志。乾旋坤转，虎啸风生。俟对西清，入陪闲燕；承流北府，出分顾忧。肆烦十乘之启行，尽董六师而于迈。然念京口之兵可用，徒侈流传；太仓之粟相因，未多红腐。必考杜牧自治之策，庶收宣王外攘之功。众窃迟之，我则异是。上还印绶，归卧林园，既乖曲突之谋，屡见俗庖之折。旋悔雁门之失计，轻用王恢；欲使淮南之寝谋，莫如汲黯。起家有诏，贺厦无涯。竹马欢迎，误喜细侯之至；木牛馈运，正须丞相之来。某傀别风姿，骤更岁律。曩窃棠阴之覆，今欣芝检之颁。一天独有二天，敢恃门墙之旧；今日以至后日，所祈山薮之容。诵咏罙深，敷陈罔既。"

按：稼轩此次奉诏知绍兴府之年月无可考。查稼轩于开禧元年六月离镇江守任，刘氏《贺启》中既有"傀别风姿，骤更岁律"语，则至早当在二年春。《续资治通鉴》叙其事于元年十一月内，误。

在宋金交兵过程中，宋兵立呈溃势。

《宋史纪事本末·北伐更盟》："〔夏四月庚午〕金闻皇甫斌分兵规取唐、邓，复命仆散揆领行省于汴，河南皆听节制，尽征诸道精兵，分守要害。命彰德守臣护韩琦坟，凡宋宗族所居，有司提控之。

"镇江都统制陈孝庆复泗州，江州统制许进复新息县，光州忠义人孙成复褒信县。

"五月辛巳，陈孝先复虹县。

"丁亥，韩侂胄闻已得泗州及新息、褒信、颍上、虹县，乃命直学士院李壁草诏，下伐金诏。略曰：'天道好还，中国有必伸之理；人心效顺，匹夫无不报之仇。蠢兹丑虏，犹托要盟，朘生灵之资，奉溪壑之欲，此非出于得已，彼乃谓之当然。军入塞而公肆创残，使来庭而敢为桀骜，洎行李之继遣，复嫚词之见加。含垢纳污，在人情而已极；声罪致讨，属胡运之将倾。兵出有名，师直为壮。言乎远，言乎近，孰无忠义之心？为人子，为人臣，当念祖宗之愤！'

"甲午，郭倪遣郭倬、李汝翼会兵攻宿州，败。还至蕲，金人追而围之，倬执马军司统制田俊迈以与金人，乃得免。时建康都统李爽攻寿州，亦败。

"皇甫斌败绩于唐州。时江州都统王大节攻蔡州，亦不克而溃。

"六月甲寅，邓友龙罢，以丘崈为两淮宣抚使。韩侂胄以师出无功，罢友龙而以崈代之，驻扬州。崈至镇，部署诸将，悉以三衙江上分守江、淮要害。侂胄遣人来议招收溃卒，且求自解之计。崈谓宜明苏师旦、周筠等偾师之奸，正李汝翼、郭倬等丧师之罪。崈欲全淮东兵力，为两淮声援，奏：'泗州孤立，淮北所屯精兵几二万，万一金人南出清河口，及犯天长等城，则首尾中断，堕敌计矣。莫若弃之，还军盱眙。'从之。于是王大节、李汝翼、皇甫斌、李爽等皆坐贬，斩郭倬于镇江。

"秋七月，韩侂胄既丧师，始觉为苏师旦所误。召李壁饮，酒酣，语及师旦始谋事。壁微摘其过以觇之，因极言：'师旦怙势招权，使明公负谤，非窜谪此人，不足以谢天下。'侂胄然之，翌日罢师旦，籍其家。寻除名，韶州安置。

"十月丙子，金仆散揆分兵为九道南下：揆兵三万，出颍、寿；完颜匡兵二万五千，出唐、邓；纥石烈子仁兵三万，出涡口；纥石烈胡沙虎兵二万，出清河口；完颜充兵一万，出陈仓；蒲察贞兵一万，出成纪；完颜纲兵一万，出临潭；石抹温兵五千，出盐川；完颜璘兵五千，出来远。

"胡沙虎自清河口渡淮，遂围楚州。

"十一月甲申，以丘崈签书枢密院事，督视江、淮军马。金人攻淮南日急，诏郭倪将兵驻真州以援之，又以崈督视江、淮军马。或劝崈弃庐、和州，为守江计。崈曰：'弃淮则与敌共长江之险，吾当与淮南俱存亡。'乃益增兵防守。

"金完颜匡陷光化、枣阳、江陵，副都统魏友谅突围奔襄阳。招抚使赵淳焚樊城，金人遂破信阳、襄阳、随州，进围德安府。

"金仆散揆引兵至淮，遣人密测淮水，惟八叠滩可涉，即遣奥屯骧扬兵下蔡，声言欲渡。守将何汝励、姚公佐以为诚然，悉众屯花靥以备之。揆乃遣赛不等潜师渡八叠，驻于南岸。官军不虞其至，遂皆溃走，自相蹂践，死者不可胜计。揆遂夺颍口，下安丰军及霍丘县。进围和州，屯于瓦梁河，以控真、扬诸州之冲，乃整军列骑，张旗帜于沿江上下。江表大震。

"十二月，金纥石烈子仁陷滁州，遂入真州。州之士民奔逃渡江者十馀万，知镇江府宇文绍节亟具舟以济，又廪食之。自是淮西县镇皆没于金。

"时金仆散揆欲通和罢兵，有韩元靓者，自谓琦五世孙，揆遣之渡淮，丘崈获之，诘所以来之故，元靓言：'两国交兵，北朝皆谓韩太师意。今相州坟墓、宗族皆不可保，故来依太师耳。'崈使毕其说，始露讲解之意。崈密使人护送北归，俾扣其实。元靓既回，崈得金行省文字，以闻于朝。韩侂胄方以出师屡败，悔其前谋，输家财二十万以助军，而谕崈募人持书币赴敌营议和。崈乃遣陈璧充小使，持书于揆，愿讲和息兵。揆曰：'称臣、割地、献首祸之臣，乃可。'崈复遣王文往，言：'用兵乃苏师旦、邓友龙、皇甫斌所为，非朝廷意。'且言：'今三人皆已贬黜。'揆曰：'侂胄若无用兵意，师旦等岂可擅专！'文还，崈复遣使相继以往，因许还其淮北流移人及今年岁币。揆始许之,自和州退屯下蔡,独濠州尚使一统军守之。"

进宝文阁待制。

又进龙图阁待制,知江陵府。令赴行在奏事。

按:以上均见《宋史》稼轩本传,唯均未著明其年月。据《魏鹤山大全集·吴猎行状》及《宋史·宁宗本纪》,知吴猎于开禧元年十二月知江陵,至开禧二年十二月改为湖北京西宣抚使。至开禧三年夏四月吴曦被诛后方改充四川宣谕使。稼轩知江陵之命或即在二年十二月吴猎改湖北京西宣抚使时。但在就任前而召赴行在奏事,奏事后即有试兵部侍郎之诏命,则稼轩实未往就职也。

是年友人刘改之(过)卒,年五十三。

岳珂《桯史》卷二《刘改之》条:"庐陵刘改之(过)以诗鸣江西,厄于韦布,放浪荆楚,客食诸侯间。开禧乙丑过京口,余为饷幕庚吏,因识焉。……余时与之饮西园。……既而别去,如崐山,大姓董氏者爱之,女焉。余未及瓜,而闻其讣。"

罗振常《订补怀贤录》载元殷奎《复刘改之先生墓事状》:"崐山慧聚寺东斋之冈,实故宋刘先生之墓在焉。先生讳过字改之,庐陵人也。……始,故人潘友文尹崐山,先生来客其所,遂娶妇而家焉。既卒,而友文为真州,以私钱三十万属其友具凡葬事,值其友死,不克葬。后七年,县主簿赵希楸乃为买山,卒葬之。"

王鏊《姑苏志》卷三十四《冢墓志》:"刘过墓在崐山县马鞍山。嘉定五年令潘友文、簿赵希楸葬之。陈极志,吕大中表。"

《怀贤录》载明陈谔《题刘龙洲易莲峰二公墓》:"改之、太初墓,相望玉峰南。同是庐陵士,皆年五十三。"

《怀贤录》罗振常案语云:"龙洲事迹,诸书所载略备,惟生卒年与存年无及之者。考《万历崑山志》称祠建于宋嘉定五年,即龙洲葬年也。殷奎《复墓事状》则谓没后七年始葬,以是推之,其卒当在开禧二年。又读陈谔《题墓》诗,知龙洲卒年五十三。由开禧二年上溯五十三年,则龙洲实生于绍兴二十四年甲戌也。"

彭子寿(龟年)卒,年六十五。

《攻媿集》卷九十六《宝谟阁待制致仕特赠龙图阁学士忠肃彭公神道碑》:"公字子寿,世为临江军清江县人。……开禧二年……三月二十三日终于家,享年六十有五。"

● 开禧三年 丁卯(1207) 稼轩六十八岁

宋金均有罢兵议和动向。

《宋史纪事本末·北伐更盟》:"春正月丁丑,丘崈罢,命张岩督视江、淮军马。时金已有和意,崈上疏乞移书金帅,以成和议;且言金人既指韩侂胄为首谋,若移书,宜暂免系衔。侂胄大怒,罢崈。

"二月,以知建康府叶适兼江淮制置使。适上言:'三国孙氏,尝以江北守江,自南唐以来始失之。乞兼节制江北诸州。'诏从之。时羽檄旁午,而适治事如平时,军需皆从官给,民以不扰,其防守皆尽法度。"

试兵部侍郎,两次上章辞免,方遂所请。

《后乐集》卷三《辛弃疾辞免除兵部侍郎不允诏》:"敕具悉,朕念国事之方殷,慨人才之难得,外而镇临方面,欲藉于威望;内而论思禁列,将赖于讦谟。熟计重轻之所关,莫若挽留而自近。卿精忠自许,白首不衰,扬历累朝,寔为旧德。周旋剧任,居有茂庸。建大纛以于蕃，趣介圭而入觐。虽戎阃正资于谋帅，而武部尤急于需贤。勉图厌难之勋，宜略好谦之牍，所辞宜不允。"

按：《宋史》稼轩本传谓"试兵部侍郎，辞免"。据此诏，知必系再辞而后得请也。

黄勉斋（榦）致书稼轩，对时事出处多所论列。

《勉斋集》卷四《与辛稼轩侍郎书》："榦拜违几舄，十有馀年，祸患馀生，不复有人世之念，以是愚贱之迹久自绝于门下。今者不自意乃得俯伏道左，以慰拳拳慕恋之私。唯是有怀未吐，而舟驭启行，深夜不敢造谒，坐局不敢离远，终夕展转，如有所失。恭维明公以果毅之资，刚大之气，真一世之雄也。而抑遏摧伏，不使得以尽其才；一旦有警，拔起于山谷之间，而委之以方面之寄，明公不以久闲为念，不以家事为怀，单车就道，风采凛然，已足以折冲于千里之外。虽然，今之所以用明公与其所以为明公用者，亦尝深思之乎？古之立大功于外者，内不可以无所主，非张仲则吉甫不能成其功，非魏相则充国无以行其计。今之所以主明公者何如哉：黑白杂揉，贤不肖混淆，佞谀满前，横恩四出，国且自伐，何以伐人？此仆所以深虑夫用明公者尤不可以不审夫自治之策也。国家以仁厚揉驯天下士大夫之气，士大夫之论素以宽大长者为风俗，江左人物素号怯懦，秦氏和议又从而销靡之，士大夫至是奄奄然不复有生气矣：语文章者多虚浮，谈道德者多拘滞，求一人焉足以持一道之印，寄百里之命，已不复可得，况敢望其相与冒霜露、犯锋镝、以立不世之大功乎？此仆所以又虑夫为明公用者无其人也。内之所以用我与外之所以为我用者，皆有未满吾意者焉。"（此书各本均止于此，玩其语意似未完）。

按：黄氏此书当写于稼轩已除兵部侍郎而辞免未获之时，故以侍郎见称。

与在京宫观。

《宋会要·刑法》六之四四:"开禧三年三月二十六日,吏部尚书兼给事中陆峻,兵部尚书宇文绍节。……龙图阁待制在京宫观辛弃疾……状奏:逆曦就戮,族属悉当连坐,恭奉圣旨,令臣等集议合得刑名闻奏。"

> 按:据此文知稼轩于本年春间始终在临安,当是辞免兵侍之后,即予在京宫观,因而一时未得离去。宋制,食祠禄者例不须亲往供职,惟在京宫观则不许外居耳。

三月末,叙复朝请大夫。

蔡幼学《育德堂外制集》卷一《辛弃疾叙朝请大夫制》:"推贤达能,士之素志;失举连坐,国之旧章,法虽必行,情或可亮。具官某夙怀气概,自许功名,被器使于累朝,历蕃宣于数路,更事既久,阅人亦多。胡决择之未精,以荐扬而自累。爰因霈宥,浸叙前官。观过知人,朕岂追尤于既往;惟善举类,卿其益谨于将来。"

> 按:宋代官阶,朝议大夫之下为朝请大夫,朝请大夫之下为朝散大夫。稼轩以所荐张谟不法,于开禧元年三月"坐谬举降两官",即由朝议大夫降为朝散大夫。两年以来,虽一再进职,而官阶迄未复旧,及今方因"霈宥"而叙复朝请大夫。此所谓"霈宥",不知究缘何事。查蔡集此制列置于"吴总落宝文阁直学士"、"程松澧州安置"两制词之间,《宋会要·刑法》六之二四系前一诏于三月二十七日丙寅,《宋史·宁宗本纪》亦系后一诏于三月丙寅,然则稼轩之叙复朝请大夫亦必与此两事在同一日内也。

继又叙复朝议大夫。

同书同卷《辛弃疾叙朝议大夫制》:"侍从之臣,朕所望以汲引人物,共济事功;然人之难知或至于失举,而其心可察也。具官某材高一世，名在累朝，方乍去于论思，固尚深于简注。乃以微累，未复前阶；甄涤之常，朕亦何吝。尔其勉思报国，益务进贤。毋惩创于一人，而自沮其推毂之志，斯朕之所以望尔者，尚念之哉。"

　　按：《蔡集》此制列置于"项安世落直龙图阁"制词之前。今查《宋会要·职官》七四之二五，系项氏落直龙图阁事于七月二十二日，然则稼轩之叙复朝议大夫至晚亦当在同一月日也。

夏四月，以方信孺为国信所参议官如金军。

《宋史纪事本末·北伐更盟》："夏四月，以方信孺为国信所参议官，如金军。时韩侂胄募可以报使金帅府者，近臣荐信孺可使，自萧山丞召赴都，命以使事。信孺曰：'开衅自我，金人设问首谋，当以何辞答之？'侂胄矍然。信孺遂持张岩书以行。"

归铅山。八月得疾。

《稼轩词集》有《洞仙歌》一阕，题云："丁卯八月病中作。"结句云："羡安乐窝中泰和汤，更剧饮无过，半醺而已。"

　　按：据此词，知当时必是卧病家中，故有"安乐窝"之句，唯归在何时则不可考见耳。

进枢密都承旨，令疾速赴行在奏事。未受命，并上章陈乞致仕。九月初十日卒。特赠四官。

《两朝纲目备要》卷十："〔九月〕己卯召辛弃疾。——侂胄复有用兵意，遂除弃疾枢密院都承旨，疾速赴行在奏事。会弃疾病死乃已。"

《育德堂外制集》卷三《辛弃疾待制致仕制》："下赐环之诏，正切须材；慕垂车之荣，遽闻谢事。勉从忧悯，载锡宠章。具官某蕴识疏明，临机果毅，功名自许，早已负于奇材；险阻备尝，晚益坚于壮志。事我烈祖,逮于冲人,畴其外庸,登之法从。顾归休之未久,曾眷注之不忘。念熟赞于边筹,俾入承于密旨。胡然抱病,亟此乞身。即次对之旧班,疏文阶之新渥,以崇体貌,以贲丘园。无竞维人,方缅怀于故老;勿药有喜,尚永介于寿祺。"

《宋史》稼轩本传:"进枢密都承旨,未受命而卒。赐对衣金带,守龙图阁待制致仕,特赠四官。"

辛启泰编《稼轩年谱》:"家居,进枢密都承旨,未受命卒,盖丁卯九月初十日也。"

乾隆《铅山县志》卷七《仕业门》稼轩小传有云:"历官兵部侍郎,枢密都承旨,卒。家无馀财,仅遗诗词、奏议、杂著书集。"

康熙《济南府志》卷三十五《人物志》稼轩小传有云:"进枢密都承旨,临卒大呼杀贼数声而止。"

按:《济南府志》云云,未知所本。既不能确证其事之有无,姑存其说于此。

葬铅山县南十五里阳原山中。

王恽《秋涧大全集》卷三十一《过稼轩先生墓》诗题下注云:"在铅山州南十五里阳原山中。二十七年自福唐作。"

按:辛启泰编《稼轩年谱》及元陆友仁《砚北杂志》所著葬地均与王恽之说相同。

《铅山县志》卷三十"茔墓":"辛忠敏弃疾墓,在七都虎头门。宋绍定间赠光禄大夫,敕葬于此。旧有金字碑立驿路旁,曰稼轩先生神道。"

交游中哀诗祭文等现唯存陆(务观)、项(平甫)二人之作,馀已无可考矣。

陆游《剑南诗稿》卷八十《寄赵昌甫》诗:"君看幼安气如虎,一病遽已归荒墟。"

项安世《平安悔稿》册二《答杜仲高来书哭兄伯高及辛待制且言杜氏至仲高始预荐榜》诗："康庐之麓蠡之皋，太息书生杜仲高。待制功名千古杰，贤良文字万夫豪。泪痕频向西风滴，场屋新随举子曹。且为门阑辟青紫，轲亲威父一生劳。"

刘克庄《后村诗话续集》卷四："项平庵《祭辛幼安》：'人之生也能致天下之憎，则其死也必享天下之名。岂天之所生必死而后美，盖人之所憎必死而后正，呜呼哀哉。死者人之所恶，公乃以此而为荣；予者公之所爱，必当与我而皆行。局旦暮而相从，固予心之所爱；尚眠食以偷生，恨公行之不待！'自昔哀词未有悲于此者。"

● 嘉定元年　戊辰（1208）　稼轩辛后一年

摄给事中倪思劾稼轩迎合开边，请追削爵秩，夺从官恤典。

《鹤山先生大全集》卷八十八《显谟阁学士特赠光禄大夫倪公墓志铭》："公讳思，字正甫，湖州归安县人。……擢乾道二年进士第，授遂安军节度掌书记，丁少师忧，再调筠州军事判官，明谨据正，不为苟从。辩庐陵冤狱，为刑狱使者辛弃疾所知。自后旁郡疑狱，率从公决。……嘉定元年兼修国史实录院修撰，同知贡举。三月，给事中许奕使虏，公暂摄其事。内侍李枢、符澄、李益、徐考叔久窜得归，公执不行。盖是时斥宦寺之党韩者，甘昺再图知省而惧不获，使其子宗茂首以四珰尝外庭，闻公之风而寝。公又言辛弃疾迎合开边，请追削爵秩，夺从官恤典。陈自强罪侔侂胄，不可异罚，乞用丁谓、王黼故事，远窜，簿录其家。"

按：倪思弹章今失传。辛启泰编《稼轩年谱》开禧二年下有云："先生因韩侂胄将用兵，值其生日作词寿之云：'如今塞北，传得真消息：赤地人间无一粒，更五单于争立。熊黑百万堂堂，维师尚父鹰扬。看取黄金假钺，归来异姓真王。'假钺、真王皆曹操司马昭秉政时事。先生辛后为倪正甫所论，尽夺遗恩，即指此词。"未知其所本为何。但查倪氏于韩侂胄当权时，依违于附韩、反韩者之间，模棱两可。《庆元党禁》载其知贡举时与刘德秀等逢迎韩意，奏论文弊，上言"伪学之魁以匹夫窃人主之柄，鼓动天下，故文风未能丕变，乞将语录之类，并行除毁"。是科取士，稍涉义理，悉见黜落。及侂胄殂灭，乃复反颜相击，曾对彼深加赏识畀倚如稼轩者，亦复遭其捃摭，则无论于弹章中藉口何者，其事均无足深论。在倪氏论列之后，是否果从其请，《墓志》中未曾言及，但据下列辨谤一事测之，盖已悉如所请矣。

是年丘宗卿（崈）卒，年七十四。

徐自明《宋宰辅编年录》："嘉定元年七月癸丑，丘崈同知枢密院事。……疾革，再上章纳禄，八月四日薨，年七十四。"

● 嘉定□年

稼轩第五子穮为文辨谤。

李刘《梅亭四六标准》卷三十八《代回辛宣教穮辨谤》："惠以朋笺，申之俪语。辨先正之谤，劲气凛然；叙通家之情，高怀厚甚。恭维某官象贤济美，燕誉蜚英，李师中之读书，不难擢第；王文正之有子，犹未沾恩。是非以久而明，公侯必复其始。一生一死，讵敢为翟公之交；三沐三薰，所望听韩子之说。某缅怀契阔，倍有盍伤。吾言之听者谁欤，法当小待；子归而求有馀也，愿益自强。"

按：《辨谤文》作于何年，所辨之谤何所指，俱无可考，颇疑其即针对倪思之弹章而发。《四六标准》中多代何异酬答之文，此文虽未注明代谁人作，唯据"叙通家之情"及"一生一死，讵敢为翟公之交"等语，知必为稼轩在世时友人。何异年八十一方卒，为稼轩朋辈中享寿最高者。嘉定五年壬申尚为《容斋随笔》作序文，同年四月中浣又作《梅隐堂记》（见《永乐大典》卷七二三九堂字韶十七叶引），知其卒至早当在嘉定五年之后。因疑梅亭此文亦代何氏作者。兹姑附次倪氏劾案之后以俟详考。

● 理宗（昀）绍定三年　庚寅（1230）稼轩卒后二十三年

铅山县宰章谦亨建西湖群贤堂，祀铅山乡贤十六人，稼轩亦其中之一人。

陈文蔚《克斋集》卷十《铅山西湖群贤堂记》："苕溪章侯来宰铅山，……于西湖之傍，买屋一区，取是邑前后名贤之所经历，邦人之有行义，寓客之为时望者，不以爵秩穷卑，姓名显晦，凡有善可书，莫不传之以著其始末，赞之以扬其德美，祠之以表其敬共。大者则取其讲学之功，道统之继，辨异端似是之非，发前圣未明之蕴，扶人极，立世教，有功于万世者；其次则志气之激昂，风烈之峻拔，忠君孝父，舍生取义，有如秋霜烈日，足以激贪而起懦；其下则居官可纪，处乡以义，厉金石不移之操，剖藩篱尔汝之私；以至履行之修饰，文章之典雅，足以传世而行远者，莫不取之。凡一十有六人。堂以'群贤'扁之，仿钱塘湖上之意。……侯名谦亨，字牧叔。其先政贰卿尝历言路，议论风采有足尚者，宜侯克世其家云。绍定庚寅二月既望，颍川陈文蔚记。"

徐元杰《楳埜集》卷十一《稼轩辛公赞》："公名弃疾，字幼安，其先济南人，徙于邑之期思。靖康之难，祖朝请公累族众不克南渡，常诲先生无忘国仇。绍兴末，虏渝盟，乃与郡豪耿京纠合义兵二十五万以图恢复。泊高宗劳师建康，亟入条奏大计，上伟其忠，骤用之。会逆寇攻剽江右，先生毅然请行，衣绣节制军马，期以一月荡平，果如其言。晚登禁从。所居有瓢泉、秋水。《谏藳》、《词集》行于世。"赞曰：'摩空节气，贯日忠诚，绅绶动色，草木知名。《阳春白雪》，世所共珍，秋水、瓢泉，清哉斯人。'"

　　按：上《传赞》一首，《稼轩集钞存》收录于杂录文中，云辑自《播芳大全文粹》。今查《播芳大全文粹》并无此文。《文粹》为魏齐贤、叶棻二人所编，书前有南徐许开序文，作年为绍熙庚戌，书中所收虽亦间有绍熙以后之作，可为绍熙中尚未成书之证，然嘉泰、开禧间之作品则概未见收，更绝无绍定而后之作。《钞存》所注出处自必有误。又，此《传赞》今见《四库》本《楳埜集》卷十一，同卷尚有《赵嘉遴传赞》一首。《钞存》及同治《铅山县志》均谓为铅山县令章谦亨作。今查乾隆《铅山县志》卷十一《艺文志》附存明费宷作《铅山县志后序》云："予兄鹅湖先生初及第，读中秘书，考求四方故事，间得乡邑遗文，如《群贤堂赞》出楳埜徐先生手作，所以记诸贤行实者甚详，因录以示吾子弟。宷窃叹焉：夫楳埜乡人也，群贤堂乡制也，记于乡者弗能存而顾存之于秘籍，则夫秘籍弗及者于所遗亦已多矣。"又同书卷七《寓贤志》云："陈文蔚，字才卿，上饶人。……门人徐元杰，字伯仁，号楳埜，上饶人，亦追随鹅湖讲学数年。章公立群贤堂，请文蔚作记，元杰为赞。"此均可证知《传赞》确出楳埜之手，谓出章氏者亦误也。

● **绍定六年　癸巳（1233）　稼轩辛后二十六年**

赠光禄大夫。

　　《宋史》本传："绍定六年赠光禄大夫。"

● 端平元年　甲午（1234）　稼轩辛后二十七年

稼轩婿范炎召赴都堂审察，辞疾不赴。特转承议郎，与宫观。

洪咨夔《平斋文集》卷十九《范炎辞免赴都堂审察特转承议郎与宫观制》："敕具官某：高帝有尊显贤士之诏，而鲁两生不至。朕收揽众正，如茅斯拔，尔顾安贫乐天，不屑弓旌之诏，《易》所谓履道坦坦，幽人正吉非耶。进秩赋祠，姑遂雅志，病愈造朝，尚其有待。可。"

　　按：洪咨夔之任中书舍人及知制诰，均在端平元年，故知范炎之被召必亦是年事。

《后村大全集》卷十一与友人李丑父酬唱诗自注云："端平初元，召审八士，予预焉。惟张洽、赵端颐、范炎三君子力辞不至。"

● 恭帝（㬎）德祐元年　乙亥（1275）　稼轩辛后六十八年

加赠少师，谥忠敏。

《宋史》本传："咸淳间，史馆校勘谢枋得过弃疾墓旁僧舍，有疾声大呼于堂上，若鸣其不平，自昏暮至三鼓不绝声。枋得秉烛作文，旦且祭之，文成而声始息。德祐初，枋得请于朝，加赠少师，谥忠敏。"

稼轩后裔

按：辛启泰编《稼轩年谱》，谓据《铅山辛氏谱》，稼轩共九子：穮、秬、秠、穗、穰、𥼕、秸、襃、䆿，其名字次第或即以长幼为序者。就中䆿早殇，馀八人亦多乏子嗣者。谢枋得于《祭辛稼轩先生墓记》中谓"见公之曾孙多英杰不凡，固知天于忠义有报"。但其后则日益式微，至不能守其坟墓。今依次著其传衍大概于后，正文均照录辛启泰谱，有所增补则附次于其后。

一、穮，无子。

二、秬，任崇仁尉，抚浮兴伍俱之子为嗣，传八世止。

三、秠，官朝请大夫，直秘阁，潼州提刑。四子，皆官于朝。五世孙乐，迁福建崇安县。又有从铅山迁贵溪之瑶璩者，皆秠裔也。今亦不著。

按：潼州提刑当为潼川提刑之误。洪咨夔《平斋集》卷二十一，《辛秠潼川府路提点刑狱制词》有云："尔秠，世传威望，身佩材名，直指夔、巫，奸宄屏息，其进以典东川之狱。"《历代名臣奏议》卷三三九《御边门》，监察御史吴昌裔又奏曰："臣蜀人也，向在台时屡言蜀事。……今闻虏骑径破阆中，分为两队，一沿江至顺庆，一绝流指潼川。曹友闻以转战败于芭蕉谷，刘孝全以食尽溃于鸡翁隘，赵彦呐以羸卒退保剑门，今又之江油，杨恢以无兵御阆寇，今已趋东关，辛秠以按部行，项容孙以新除去，潼、遂、顺庆皆无守臣，惊移之舟邀截于虏，捭面赴江死者以数十万计。此得于著作郎李心传十月十七日成都书报如此。吁！蜀亡矣。"

按：据《续资治通鉴》，吴昌裔于理宗端平二年十二月与杜范、徐清叟并擢监察御史。又据《宋史·理宗纪》，端平三年九月壬午，曹友闻与元兵战于大安军阳平关，兵败死之。知昌裔此奏必即在端平三年冬，其时辛秠尚在潼川提刑任也。

又按：徐元杰《楳埜集》卷十二有《挽辛宪若》诗五首：其一，"在昔我先翁，礼廑先正隆。潭潭带湖府，凛凛玉溪风。夜韭觞筹里，春花唱咏中。怀哉秋水去，世好孰如公。"据此可知所挽者必为稼轩之子。其二，"荣显宜超躐，威声憺外陲。边疆多险历，麾节两朝推。范子甲兵有，张名草木知。急流缘底勇，路口岘山碑。"据此知所挽之人必尝持使节于边远之地。其三，"十载居闲学，瓢泉映洁清。陶潜黄菊趣，杜老白鸥盟。云自无心出，春随有脚行。知非古巴蜀，使指若为情。"据此知所挽者持节之地为古代巴蜀，正为潼川府路，则必为挽辛秠之诗无可疑也。其四，"旌廉优召节，丏佚得临漳。静退家庭旧，清芬滋味长。病中知命见，力上挂冠章。了了遗言善，虽亡实不亡。"据此可知秠之病卒盖仅逾五十岁耳。其五，"眷义门墙旧，交游手足如。方勤来妣赗，忍写慰公书。继世多先烈，诸郎总令誉。观音山路黯，飞些重欷歔。"据此知秠之子必多英俊者，则辛《谱》"四子皆官于朝"句必不误也。

四、穛，仕至迪功郎，六世孙祐，登永乐丙戌林环榜进士，官河南盐察御史，生二子，俱殇。

按：《铅山县志·人物志·宦业》："辛祐字吉之，弃疾裔也。永乐丙戌进士。大学士杨荣荐授监察御史，坐事调陆水令，公勤廉慎，治行卓异。复入为御史。宣德初，上言时事，献《守成十六帝策》，自夏启以至宋真宗，皆为之旁注表帖，上嘉纳之。杨文贞公士奇在朝语人曰：'若辛公可谓真直指矣。'里中有故人子，素与祐欢，后其人任侠乱禁，绝不与通。其它节概类是。"

五、穮，仕至承务郎，无子。

按：《梅亭四六标准》有《回辛宣教穮启》，有"象贤济美，燕誉裴英"等语，当亦贤而有才者也。

六、穟，仁至承务郎；子庸，黄朴榜进士；子徽，官承德郎，无子。

按：谢枋得《同会辛稼轩先生祠堂记》谓与会者"有稼轩之孙辛徽庆美"。据谱所载，则辛徽实稼轩曾孙也。

七、秸，生子早卒。

八、褎，无子。

辛启泰编《稼轩年谱》后记云："启泰幼读《宋史》，至公本传，辄慨然太息，想见其为人。岁乙未，游学白鹿洞书院，同舍詹君春芳，铅山人也，从之问公后裔，则云'某少时见辛氏一人持画像求售'而已。詹时年已四十许也。既辛绍业从铅山得公手辑《济南辛氏谱》及《铅山辛氏谱》，且言：'公墓旁近地今为他姓侵逼，至为可伤。'按《铅山谱》，公九子：穮、秬、秠、穟、穮、穟、秸、褎、醯，醯早殇，其八子名皆从禾，盖即名轩之意焉。……嗟乎，自公至今，五六百年，后裔衰息式微，至不能守其坟墓。生平著作又不尽存，其存者如奏议等篇，谢叠山所谓西汉人物也，而

《十论》人犹疑为临川黄兑悦道作。公之孤忠大节,始终如一,顾亭林乃有廉颇思用赵人之议。甚有以害理灭义,荒陋无稽之书,妄托公名,真赝是非混焉。颠倒如此,不诚深可慨哉。爰不自揆,为编年谱,其采摭以《宋史》及《纲鉴补》、《宋元史略》为主,以近所抄公集及各家集为附。世系从《济南谱》,生卒年月日时从《铅山谱》。或者以二谱为疑,然公大父名与《进十论札子》中所称合,诗中有哭龘十五章,可征已。"

附　　录

辛稼轩画像赞　陈亮
密斋续笔记一则　谢采伯
同会辛稼轩先生祠堂记　谢枋得
祭辛稼轩先生墓记　谢枋得
宋兵部侍郎赐紫金鱼袋稼轩历仕始末
养疴漫笔记事一则　赵溍
辛幼安　于钦
辛殿撰小传　王恽
归潜志记事一则　刘祁
辛稼轩画像赞　袁桷
宋史辛弃疾传
龙洲道人　吕炎
南康志陈秬传
辛幼安　顾炎武
书顾亭林论稼轩词后　辛启泰

辛稼轩画像赞　陈亮（《龙川文集》卷十）

眼光有棱，足以照映一世之豪。背胛有负，足以荷载四国之重。出其毫末，翻然震动。不知须鬓之既斑，庶几胆力之无恐。呼而来，麾而去，无所逃天地之间；挠弗浊，澄弗清，岂自为将相之种。故曰：真鼠柱用，真虎可以不用，而用也者所以为天宠也。

密斋续笔记一则　　谢采伯

莺粟，红白二种，痔下者随色用之即愈。辛稼轩患此，已殆甚，一异僧以陈莺粟煎全料人参败毒散，吞下感通丸十馀粒，即愈。

同会辛稼轩先生祠堂记
谢枋得（《叠山先生文集》卷七）

唐虞五臣皆有帝王之才，三国英雄仅了将相之事。器不大不能以运天下。余谈稼轩久，知其人。与同志会于金相寺，过其庵，可以想见夫器之大。夜宿祠堂前。公平日为官但以只鸡斗酒为膳，明日奠以只鸡斗酒。庸人谓武侯祠堂不可忘，悲其定中原、兴汉室、有志而不遂也。天地间好功名必待真男子，尽多器大者得之。吾党必有成稼轩之志者，毋忘此会。同志：关大猷（子远）、应君实（伯诚）、虞公著（寿翁）、南方应得人、王济仲、胡子敬、云晁、蓝国举、张海潜、颜子宗、吴志道、袁太初、林道安、周人杰（淑贞）、吴仁寿、李仁权、赵平民。外有稼轩之孙辛徽（庆美）如会。咸淳七年十月二十三日记。

> 按：据《铅山辛氏家谱》，徽为稼轩之曾孙，谢氏《祭稼轩墓记》亦谓"见公之曾孙多英杰不凡"，此文则谓"稼轩之孙辛徽庆美"，"孙"字上当脱一"曾"字。

祭辛稼轩先生墓记　　谢枋得（《叠山先生文集》卷七）

稼轩字幼安，名弃疾。列侍清班，久历中外。五十年间，身事四朝，仅得老从官号名。稼轩垂殁乃谓枢府曰："侂胄岂能用稼轩以立功名者乎？稼轩岂肯依侂胄以求富贵者乎？"自甲子至丁卯而立朝署四年，官不为边阃，手不掌兵权，耳不闻边议。后之诬公以片言只字而文致其罪，孰非天乎？嘉定名臣无一人议公者，非腐儒则词臣也。公论不明则人极不立；人极不立则天之心无所寄，世道如之何。

枋得先伯父尝登公之门，生五岁，闻公之遗风盛烈而嘉焉。年十六岁，先人以稼轩奏议教之，曰："西汉人物也。"读其书，知其人，欣然其执节之想。乃今始与同志升公之堂，瞻公之像，见公之曾孙多英杰不凡，固知天于忠义有报矣。为信陵置守冢者，慕其能共人也；祭田横墓而叹者，感其义高能得士也；谒武侯祠至不可忘，思其有志定中原而愿不遂也。有疾声大呼于祠堂者，如人鸣其不平，自昏暮至三更不绝声，近吾寝室愈悲。一寺数十人，惊以为神。

公有英雄之才，忠义之心，刚大之气，所学皆圣贤之事，朱文公所敬爱，每以"股肱王室、经纶天下"奇之，自负欲作何如人。昔公遇仙，以公真相乃青兕也。公以词名天下。公初卜，得《离》卦，乃南方丙丁火，以镇南也。后之诬公者，欺天亦甚哉。

二圣不归，八陵不祀，中原子民不行王化，大仇不复，大耻不雪，平生志愿百无一酬，公有鬼神岂能无抑郁哉。六十年来，世无特立异行之士为天下明公论，公之疾声大呼于祠堂者，其意有所托乎？枋得倘见君父，当披肝沥胆以雪公之冤，复官，还职，恤典，易名，录后，改正文传，立墓道碑，皆仁厚之朝所易行者。然后录公言行于书史，昭明万世，以为忠臣义士有大节者之劝。此枋得敬公本心，亲国之事，亦所以为天下明公论、扶人极也。言至此，门外声寂然。枋得之心必有契于公之心也。以只鸡斗酒酬于祠下。文曰：

呜呼，天地间不可一日无公论，公论不明则人极不立，人极不立天地之心无所寄。本朝以仁为国，以义待士夫，南渡后宰相无奇才远略，以苟且心术用架漏规模，纪纲、法度、治兵、理财无可恃，所恃扶持社稷者惟士大夫一念之忠义耳。以此比来忠义第一人，生不得行其志，没无一人明其心，全躯保妻子之臣，乘时抵瞒之辈，乃苟富贵者，资天下之疑，此朝廷一大过，天地间一大冤，志士仁人所深悲至痛也。公精忠大义，不在张忠献、岳武穆下。一少年书生，不忘本朝，痛二圣之不归，闵八陵之不祀，哀中原子民之不行王化，结豪杰，志斩房馘，挈中原还君父，公之志亦大矣。耿京孔（死？），公家比者无位，尤能擒张安国归之京师，有人心天理者闻此事莫不流涕。使公生于艺祖、太宗时，必旬日取宰相。入仕五十年，在朝不过老从官，在外不过江南一连帅。公没，西北忠义始绝望，大仇必不复，大耻必不雪，国势远在东晋下，五十年为宰相者皆不明君臣之大义，无责焉耳。

宋兵部侍郎赐紫金鱼袋稼轩
历仕始末　《铅山辛氏宗谱》

辛公稼轩，名弃疾，字幼安，其先济南中州人，宋高宗绍兴十年庚申五月十一日卯时生。十四岁领乡荐。为忠义军节度使掌书记，三十有一年辛巳十二月，奉耿京表诣行在（加）〔所〕，升补承务郎、天平军节使掌书记，江阴军签判，广德军通判，司农寺簿，知滁州，江东帅参军，仓部员外郎，仓部郎中。后为江西提点刑狱，又除秘阁修撰，（东）京〔西〕运使，知江陵府、湖北安抚，知隆兴府、江西安抚，大理寺少卿，湖北运使，知潭州、〔湖南〕安抚，右文殿修撰，再知隆兴府、〔江〕西安〔抚〕，福建提刑，大理寺卿，集英殿修撰、知福州、〔福建〕安抚，知绍兴、浙东安抚，宝谟阁待制、知镇江府，宝文阁待制、历城县开国男、知江陵府、湖北安抚，龙图阁待制、尚书兵部侍郎，枢密都承旨。官通奉大夫，赠光禄大夫。

初寓京口，后卜居广信带湖，为煨烬所（变）〔焚〕，庆元丙辰徙铅山期思市瓜山之下，所居有瓢泉秋水。

开禧丁卯九月初十终于家。卒之日，家无馀财，仅遗生平词、诗、奏议、杂著、书集而已。

绍定庚午赠少保、光禄大夫，谥忠敏。奉敕葬铅山鹅湖乡洋源〔山〕。立神道碑于官路。勒墓碑门石〔右？〕

养疴漫笔记事一则　赵溍

陈同甫名亮，号龙川。始闻辛稼轩名，访之，将至门，遇小桥，三跃而马三却。同甫怒，拔剑挥马首，推马仆地，徒步而进。稼轩适倚楼望见之，大惊异，遣人询之，则陈已及门，遂定交。

稼轩帅淮时，同甫与时落落，家甚贫，访稼轩于治所，相与谈天下事。酒酣，稼轩言南北之利害：南之可以并北者如此，北之可以并南者如此。且言："钱塘非帝王居：断牛头之山，天下无援兵；决西湖之水，满城皆鱼鳖。"饮罢，宿同甫于斋中。同甫夜思："稼轩沉重寡言，醒必思其误，将杀我以灭口。"遂盗其骏马而逃。月馀，同甫致书稼轩，微露其意，假十万缗以济贫，稼轩如数与之。

辛幼安　于钦（《齐乘》卷六《人物志》）

辛幼安，济南人。《宋名臣言行录》黜稼轩不取。朱文公称曰："稼轩帅湖南，赈济榜只用八字，虽只粗法。便见他有才。"况其忠英之气见于辞翰者不一。尝言曰：'仇虏六十年后必灭，虏灭而宋之忧方大。"其识如此。宋人既以伧荒目之而不柄用，中原又止以词人目之，为可惜也。故识之。（《宋实录》载幼安赞韩侂胄用兵，侂胄败，幼安获罪于士论。非也。稼轩豪杰之士，枕戈待旦，有志于中原久矣，宋人举国听之，岂无所成？侂胄之败，正陈同甫所谓"真虎不用，真鼠枉用"之所致，以此议公可乎？）

辛殿撰小传 王恽（《秋涧先生大全集》卷九十四《玉堂嘉话》）

弃疾字幼安，济南人。姿英伟，尚气节。少与泰安党怀英友善。肃慎氏既有中夏，誓不为金臣子。一日与怀英登一大丘，置酒曰："吾友安此，余将从此逝矣。"遂酹别而去。既归宋，宋士夫非科举莫进，公笑曰："此何有，消青铜三百，易一部时文足矣。"已而果擢第。孝宗曰：'是以三百青凫博吾爵者乎？其为授观文殿修撰。"及议边事，主和者众，公曰："昔齐桓公雪九世之耻，《春秋》媺之，况我与金人不同戴天仇耶。今日之计，有战伐而已。"时丞相侂胄当轴，与公议合，自是败盟开边，用兵于江、淮间者数年。公（方）〔力〕为居多。开禧二年除知绍兴府，至陛辞，复以金人必乱、宜亟攻为言。辞情慷慨，义形于色。继侂胄再议恢复，乃以枢密都承旨召公于越，中道以疾卒。道号稼轩居士。今文集中寿南涧翁者，盖侂胄也。初，公在北方时，与竹口尝游泰山之灵岩，题名曰六十一上人，破辛字也。至元二十年，予按部来游，其石刻宛在。

按：上文几于无一是处。然亦唯其纰谬之甚，遂亦不足置辨。第所云曾于灵岩见稼轩题名"六十一上人"事，与《名迹录》中"辛稼轩印曰'六十一上人'，盖破其姓文也"之记事相参，或不妄也。

归潜志记事一则 刘祁

党承旨怀英，辛尚书弃疾，俱山东人。少同舍。属金国初遭乱，俱在兵间，辛一旦率数千骑南渡，显于宋。党在北方擢第入翰林,有名,为一时文字宗主。二公虽所趣不同,皆有功业宠荣,视前朝陶谷、韩熙载亦相况也。后辛退闲,有词《鹧鸪天》云:"壮岁旌旗拥万夫,锦襜突骑渡江初。燕兵夜娖银胡觮,汉箭朝飞金仆姑。　追往事,叹今吾,春风不染白髭须。却将万字平戎策,换得东家种树书。"盖纪其少时事也。

辛稼轩画像赞　　袁桷(《清容居士集》卷十七)

妖雏殂江,八方沸腾。手提模糊,仗义南兴。闽、越、荆、湘,是镇是绳。智名勇功,蔑如浮云。逸屡尼之,耳若不闻。声裂金石,湛厥心君。运有南北,孰言一之?时有未完,矢词室之。卒全其归,莫能踬之。带湖维居,乔木郁新。目光背甲,佩兮振振。审像式瞻,宛其不泯。

宋史辛弃疾传　　《宋史》卷四百一

辛弃疾字幼安,齐之历城人。少师蔡伯坚,与党怀英同学,号辛、党。始筮仕,决以蓍,怀英遇《坎》,因留事金;弃疾得《离》,遂决意南归。金主亮死,中原豪杰并起,耿京聚兵山东,称天平节度使,节制山东、河北忠义军马,弃疾为掌书记,即劝京决策南向。

僧义端者,喜谈兵,弃疾间与之游,及在京军中,义端亦聚众千馀,说下之,使隶京。义端一夕窃印以逃,京大怒,欲杀弃疾,弃疾曰:"丐我三日期,不获,就死未晚。"揣僧必以虚实奔告金帅,急追获之。义端曰:"我识君真相,乃青兕也,力能杀人,幸勿杀我。"弃疾斩其首归报,京益壮之。

绍兴三十二年,京令弃疾奉表归宋,高宗劳师建康,召见,嘉纳之,授承务郎、天平节度掌书记,并以节度使印告召京。会张安国、邵进已杀京降金，弃疾还至海州，与众谋曰：'我缘主帅来归朝，不期事变，何以复命？"乃约统制王世隆及忠义人马全福等径趋金营，安国方与金将酣饮，即众中缚之以归，金将追之不及。献俘行在，斩安国于市。仍授前官，改差江阴签判。弃疾时年二十三。

乾道四年通判建康府，六年，孝宗召对延和殿。时虞允文当国，帝锐意恢复，弃疾因论南北形势及三国、晋、汉人才，持论劲直，不为迎合。作《九议》并《应问三篇》、《美芹十论》献于朝，言逆顺之理、消长之势、技之长短、地之要害甚备。以讲和方定，议不行。迁司农寺主簿。

出知滁州。州罹兵烬，井邑凋残。弃疾宽征薄赋，招流散、教民兵、议屯田，乃创奠枕楼、繁雄馆。

辟江东安抚司参议官，留守叶衡雅重之。衡入相，力荐弃疾慷慨有大略，召见，迁仓部郎官。提点江西刑狱，平剧盗赖文政有功，加秘阁修撰。调京西转运判官。差知江陵府兼湖北安抚。迁知隆兴府兼江西安抚。以大理少卿召。出为湖北转运副使，改湖南。寻知潭州兼湖南安抚。

盗连起湖、湘，弃疾悉讨平之，遂奏疏曰："今朝廷清明，比年李全、赖文政、陈子明、李峒相继窃发，皆能一呼啸聚千百，杀掠吏民，死且不顾，至烦大兵蕲灭。良由州以趣办财赋为急，吏有残民害物之政而州不敢问；县以并缘科敛为急，吏有残民害物之状而县不敢问。田野之民，郡以聚敛害之，县以科率害之，吏以乞取害之，豪民以兼并害之，盗贼以剽夺害之，民不为盗，去将安之？夫民为国本，而贪吏迫使为盗，今年剿除，明年划荡，譬之木焉，日刻月削，不损则折。欲望陛下深思致盗之由，讲求弭盗之术，无徒恃平盗之兵。申饬州县，以惠养元元为意，有违法贪冒者，使诸司各扬其职，无徒按举小吏以应故事，自为文过之地。"诏奖谕之。又以湖南控带二广，与溪峒蛮獠接连，草窃间作，岂惟风俗顽悍，抑武备空虚所致，乃复奏疏曰："军政之敝，统率不一，差出占破，略无已时，军人则利于优闲窠坐，奔走公门，苟图衣食，以故教阅废弛，逃亡者不追，冒名者不举。平居则奸民无所忌惮，缓急则卒伍不堪征行，至调大军，千里讨捕，胜负未决，伤威损重，为害非细。乞依广东摧锋、荆南神劲、福建左翼例，别创一军，以湖南飞虎为名，止拨属三牙密院，专听帅臣节制调度，庶使夷獠知有军威，望风慑服。"诏委以规画。乃度马殷营垒故基，起盖砦栅，招步军二千人，马军五百人，傔人在外，战马铁甲皆备。先以缗钱五万于广西买马五百匹，诏广西安抚司岁带买三十匹。时枢府有不乐之者，数沮挠之，弃疾行愈力，卒不能夺。经度费钜万计，弃疾善斡旋，事皆立办。议者以聚敛闻，降御前金字牌，俾日下住罢，弃疾受而藏之，出责监办者，期一月飞虎营栅成，违坐军制，如期落成，开陈本末，绘图缴进，上遂释然。时秋霖几月，所司言造瓦不易，问须瓦几何，曰"二十万"。弃疾曰："勿忧。"令厢官自官舍神祠外，应居民家取沟匽瓦二，不二日皆具，僚属叹伏。军成，雄镇一方，为江上诸军之冠。

加右文殿修撰，差知隆兴府兼江西安抚。时江右大饥，诏任责荒政。始至，榜通衢曰："闭粜者配，强籴者斩。"次令尽出公家官钱银器，召官吏、儒生、商贾、市民，各举有干实者，量借钱物，逮其责领运籴，不取子钱，期终月至城下发粜。于是连樯而至，其直自减，民赖以济。时信守谢源明乞米救助，幕属不从，弃疾曰："均为赤子，皆王民也。"即以米舟十之三予信。帝嘉之，进一秩。以言者落职。久之，主管冲佑观。

绍熙二年起福建提点刑狱。召见，迁大理少卿。加集英殿修撰，知福州，兼福建安抚使。弃疾为宪时尝摄帅，每叹曰："福州前枕大海，为贼之渊，上四郡民，顽犷易乱，帅臣空竭，缓急奈何。"至是，务为镇静。未期岁，积锱至五十万缗，榜曰备安库。谓闽中土狭民稠，岁俭则籴于广，今幸连稔，宗室及军人入仓请米，出即粜之，候秋贾贱，以备安钱籴二万石，则有备无患矣。又欲造万铠，招强壮，补军额，严训练，则盗贼可以无虞。事未行，台臣王蔺劾其用钱如泥沙，杀人如草芥，且夕望端坐闻王殿。遂丐祠归。庆元元年落职，四年，复主管冲佑观。

久之，起知绍兴府，兼浙东安抚使。四年，宁宗召见，言盐法，加宝谟阁待制，提举佑神观，奉朝请。寻差知镇江府，赐金带。坐缪举，降朝散大夫，提举冲佑观。差知绍兴府、两浙东路安抚使，辞免。进宝文阁待制，又进龙图阁，知江陵府。令赴行在奏事，试兵部侍郎，辞免。进枢密都承旨，未受命而卒。赐对衣金带，守龙图阁待制致仕，特赠四官。

弃疾豪爽尚气节，识拔英俊，所交多海内知名士。尝跋绍兴间诏书曰："使此诏出于绍兴之前，可以无事仇之大耻；使此诏行于隆兴之后，可以卒不世之大功。今此诏与仇敌俱存也，悲夫。"人服其警切。帅长沙时，士人或诉考试官滥取第十七名《春秋》卷，弃疾察之信然，索亚榜《春秋》卷两易之，启名则赵鼎也，弃疾怒曰："佐国元勋，忠简一人，胡为又一赵鼎！"掷之地。次阅《礼记》卷，弃疾曰："观其议论，必豪杰士也，此不可失。"启之，乃赵方也。

尝谓："人生在勤，当以力田为先。北方之人，养生之具不求于人，是以无甚富甚贫之家。南方多末作以病农，而兼并之患兴，贫富斯不侔矣。"故以稼名轩。

为大理卿时，同僚吴交如死，无棺敛，弃疾叹曰："身为列卿而贫若此，是廉介之士也。"既厚赙之，复言于执政，诏赐银绢。

弃疾尝同朱熹游武夷山，赋《九曲棹歌》，熹书"克己复礼"、"夙兴夜寐"题其二斋室。熹殁，伪学禁方严，门生故旧至无送葬者，弃疾为文往哭之，曰："所不朽者，垂万世名。孰谓公死，凛凛犹生！"

弃疾雅善长短句，悲壮激烈。有《稼轩集》行世。

绍定六年赠光禄大夫。咸淳间史馆校勘谢枋得过弃疾墓旁僧舍，有疾声大呼于堂上，若鸣其不平，自昏暮至三鼓不绝声，枋得秉烛作文，且且祭之，文成而声始息。德祐初，枋得请于朝，加赠少师，谥忠敏。

龙洲道人　吕炎（《近录》，引自《诗人玉屑》卷十九）

刘过《送王简卿归天台》："枚数人才难倒指，有如公者又东归。班行失士国轻重，道路不言心是非。载酒青山随处饮，谈诗玉麈为谁挥。归期趁得东风早，莫放梅花一片飞。""千岩万壑天台路，一日分为两日程。事可语人酬对易，面无惭色去留轻。放开笔下闲风月，收敛胸中旧甲兵。世事看来忙不得，百年到手是功名。"辛稼轩简云："夜来见示《送王简卿》诗，伟甚，真所谓'横空盘硬语，妥帖力排奡'者也。健羡，健羡。"

> 按：王居安字简卿，台州黄岩人，《宋史》有传。传载韩侂胄当权时，将以苏师旦为节度使，居安言其不可，因为御史论劾，罢司农寺丞，主管仙都观。刘过送行诗当即作于此时。吕炎生平事历俱不详，其书既为《诗人玉屑》所引用，则其人必稍早于魏庆之，其所引述稼轩致刘过书简中语，当可信也。

南康志陈秬传　《永乐大典》卷三一四九陈字韵引

秬字和成，初调江夏令，筑长堤以捍水；再调善化令，佐淮东总幕，被旨筑楚州城。李侍郎（椿）、张端明（杓）、辛待制（弃疾）皆器重之。终池州倅。

> 按：陈秬生平别无可考，其所任各职之起迄年月亦不可知，因附录其略传于此。

辛幼安　　顾炎武（《日知录》卷十三）

辛幼安词："小草旧曾呼远志，故人今有寄当归。"此非用姜伯约事也。《吴志》："太史慈，东莱黄人也。后立功于孙策。曹公闻其名，遗慈书，以箧封之。发省无所道，但贮当归。"幼安久宦南朝，未得大用，晚年多有沦落之感，亦廉颇思用赵人之意尔。观其与陈同甫酒后之言，不可知其心事哉。

书顾亭林论稼轩词后　　辛启泰（《稼轩集钞存》卷末）

稗说载："辛稼轩帅淮时，陈同父造访，相与痛饮，酒酣，极陈南北利害。同父夜宿斋中，以稼轩素简默，既醒，必杀己灭口，因窃马逃去。已复遗书微露其意，假千缗以济乏，稼轩如数与之。"夫南北利害，不出形势事机二者，乃同父环视钱塘，辄谓其城可灌，而不以为忌，忠敏醉言，可执之以为口实乎。即令语涉非义，为友者亦惟有曲原之、直责之而已，妄疑其杀己，与阴利其贿己，皆非所以为同父也。且忠敏于当时利害无不慷慨直言危论于君友之前，何有于酒后哉。甚矣小人之厚诬君子也。公词中"故人今有寄当归"句，与苏长公"山中故人应有招我归来篇"句，意正相同。当归故事，特泛用以对远志，非指金言也。乃顾亭林以为有廉颇思用赵人之意，而引稗说以证之，谬矣。公此词作于知镇江时，年已六十余，其仕宋亦几四五十年，所不获大用者，徒以不能事时宰相韩侂胄耳。初，公以《周易》筮，得《离》，为南方，志遂以定，金固非尝仕之国也，其时金宰相亦未必不如韩侂胄也。以暮齿而违筮言，以直道而思他适，以旧人而切新图，虽庸夫且知其不可，况公常与晦庵、同父诸贤道德仁义相与切劘者乎。余既斥稗说，因读《日知录》，遂并书其后。辛启泰。

编　　后

　　四传二谱（即《北宋政治改革家王安石》、《岳飞传》、《陈龙川传》、《辛弃疾（稼轩）传》与《韩世忠年谱》、《辛稼轩年谱》）六部著述，是先父邓广铭宋代人物传记系列的代表作。这几位杰出人物，依其在历史上活动的时间顺序来讲，是王安石（1021～1086）、韩世忠（1089～1151）、岳飞（1103～1142）、辛弃疾（1140～1207）和陈亮（1143～1194）；而就先父个人的研究而言，则是自陈亮（龙川）开始而展延至辛弃疾（稼轩），又至韩世忠、岳飞和王安石的。

　　自青年时代起，先父即对历史上一些建立了大功业、具有高亮奇伟志节的英雄人物有着无限憧憬之情；受罗曼罗兰《悲多芬传》等传记题材的文学作品影响，他发愿要把文史融合在一起，希望像司马迁写《史记》那样，以自己的文笔去书写中国历史上的英雄人物。

　　以宋代历史作为主要的研究方向，以撰著宋代杰出人物谱传作为治学生涯的重要内容，这一学术道路的选择，与先父求学期间所居处的人文环境、时代思潮、国家民族的现实境遇以及他从之受业的硕学大师密不可分。上个世纪30年代中期，先父在北京大学读书期间，正值民族危亡迫在眉睫，南宋的爱国志士例如"推倒一世之智勇，开拓万古之心胸"的陈亮，"以气节自负，以功业自许"的"一世之豪"辛弃疾，"尽忠报国"而战功卓著、襟怀雄伟的岳飞，相继引起了他的注意，震撼着他的心灵。在胡适先生的指导下，从《陈龙川传》出发，他终于走上了谱传史学的路子。而到90年代后期，已届九十高龄的先父，最终修订成就了《北宋政治改革家王安石》一书，完成了他笔下最后的一部人物传记。

追求至真、至善、至美的境界，是先父至高无上的学术理想。在他一生中，许多著作都经过反复的修订、增补乃至彻底改写，仅就四传二谱而言，《辛稼轩年谱》改写过一次，《岳飞传》改写过两次，《王安石》修订和改写了三次。按照他的计划，原准备在有生之年把四部宋人传记全部改写一遍，惜因疾病而未竟其志。

先父辞世前，曾经吟诵辛弃疾祭奠朱熹的文字："所不朽者，垂万世名；孰谓公死，凛凛犹生。"这段沉郁而又慷慨的话语，正是先父倾尽毕生之力抒写刻画的宋代历史人物共同形象的概括，也体现着他心之所思、情之所系的不懈追求。

由衷感谢高校古籍整理委员会当年对于先父修订宋代人物传记工作的宝贵支持，感谢生活·读书·新知三联书店在先父百年诞辰之际的鼎力襄助，使四传二谱今天得以整体呈现在读者面前。

邓小南
丙戌岁秒于北京大学朗润园